Dieter E. Zimmer

Die Bibliothek der Zukunft

Text und Schrift in den Zeiten des Internet

Hoffmann und Campe

Die Deutsche Bibliothek – CIP-Einheitsaufnahme
Zimmer, Dieter E. : Die Bibliothek der Zukunft :
Text und Schrift in den Zeiten des Internet /
Dieter E. Zimmer
– 1. Aufl. – Hamburg : Hoffmann und Campe, 2000
ISBN 3-455-10421-5

Schutzumschlag: Angela Dobrick
Satz: Utesch GmbH, Hamburg
Druck und Bindung: Clausen & Bosse, Leck
Printed in Germany

Inhalt

Vorweg

Unter den Anfeuerungs- und Katastrophenrufen der Propheten vollzieht sich in den Schriftlandschaften der Kultur gegenwärtig der einschneidendste Umbruch seit Gutenbergs Zeiten. Alles Geschriebene, bisher mit Kohle, Tinten und anderen Farbstoffen auf Tierhäute oder Lumpenbrei oder Holzauszüge gekratzt, geschmiert oder gepresst, ist dabei, sich zu entmaterialisieren. Es nimmt einen neuen Zustand an, den computergerecht digitalen. Was dem Papier anvertraut wurde, überantwortet sich der Elektrizität. Das Massige verflüchtigt sich zu schwerelosen Signalen. Das Langsame huscht mit Lichtgeschwindigkeit um den Erdkreis. Das Einmalige kann überall sein. Das externe Gedächtnis, das Archiv der Menschenkultur ändert seinen Aggregatzustand. Wenn ein Schriftsteller oder Geisteswissenschaftler oder Journalist vor zehn Jahren bekannte, ein Computer werde ihm nie ins Haus kommen, so klang das noch standhaft und wacker, als verteidige da jemand unvergängliche Kulturwerte gegen die Versuchungen einer leichtlebigen Zeit. Heute outet man sich mit einem solchen Bekenntnis nur noch als einer, der keine Ahnung hat. Wer den Computer boykottiert, schadet nur sich selbst. Niemand, der viel liest und schreibt, wird um ihn herumkommen. Dieses Buch enthält sich der Euphorie wie des Alarmismus. Die ausholende kulturkritische Geste überlässt es anderen. Es beobachtet den Umbruch mit skeptischer, aber nicht von vornherein ablehnender Neugier und sieht im übrigen erst einmal näher hin.

Eine derartige Umwälzung bringt unvermeidlich Probleme und vielerlei Verunsicherungen mit sich. Der Computer ist eigentlich eine Rechen- und keine Schreib- und Lesemaschine; der Umgang mit Text und den Schriften der Welt gehört nicht zu seiner natürlicher Mitgift und muss ihm erst mühsam beigebracht werden. Dass er nie da gewesene Möglichkeiten der Textarbeit eröffnet, will erst einmal begriffen sein. Ob und wann das beschriebene und bedruckte Papier obsolet wird, lässt sich nur ahnen, wenn man sich nüchtern über die Vor- und Nachteile der entkörperlichten Schrift klar wird. Wer den Computer als universales Schreib- und Lesegerät benutzt, hat mehr davon, wenn er versteht, was er kann und was nicht und warum. Bis zur Unentzifferbarkeit entstellte eMails muss man sich zwar gefallen lassen, aber man müsste sie nicht selbst ebenfalls verschicken. Wer bei der Suche in elektronischen Bibliothekskatalogen gewisse Eigenheiten nicht beherzigt, richtet keinen Schaden an, aber findet wahrscheinlich nicht, was er sucht. Wer ein Zitat braucht, kann zwar weiter ganze Bücher nach ihm durchforsten und alle Verwandten und Bekannten in die Suche einspannen, aber er käme schneller und sicherer ans Ziel, wenn er wüsste, welche elektronischen Textarchive es inzwischen gibt und wie man zu ihnen findet und mit ihnen umgeht. Natürlich kann man die Kunde von der Großen Virtuellen Weltbibliothek hören und diese für eine Naturgewalt halten oder eine Verschwörung des militärisch-industriellen Komplexes oder das Hirngespinst von spinnerten Computerfreaks; aber man kann sich auch dafür interessieren, was da wirklich entsteht, und dann vielleicht sogar Nutzen daraus ziehen.

An den Fundamenten unserer Kultur findet eine radikale Veränderung statt, und was sich verändert, verändert sich mit atemraubender Schnelligkeit. Es kann nicht allein Sache der Fachleute sein, die es ersonnen haben und die inzwischen schon bei der übernächsten Neuerung sind. Alle müssen wir uns in der Welt des Geschriebenen neu orientieren lernen.

Die Bibliothek der Zukunft

Jemand geht in die Bibliothek. Er findet das Haus, das er kennt wie kein zweites, atmet noch einmal tief durch, steigt die Treppe hoch, versucht, sich an einen Verfassernamen zu erinnern, macht die Tür auf, zieht die Straßenschuhe aus, setzt sich an den Arbeitstisch, füttert schnell noch die Katze, wirft die Kaffeemaschine an, bootet den Computer – und schon tut sich vor ihm die Bibliothek auf, die größte der Welt, die universale Bibliothek. Denn diese ist überall, auch bei ihm zu Hause, gleich neben der Espressomaschine. Wo früher Bibliotheken waren, sind heute Grünanlagen. Bibliotheken aus Stein und Beton und Glas sind überflüssig und wurden geschleift oder in Multimediaerlebnisparks verwandelt. Die neue, die allgegenwärtige Bibliothek ist aus elektrischem Strom …

Wird es so kommen? Stirbt im Zeitalter der Digitalität die Bibliothek als das steinerne Depositorium von Büchern?

Nein, so wird es nicht kommen. Die Bibliothek, wie wir sie kennen, wird sich nicht in verstreute Einzelarbeitsplätze am Computer auflösen, in die reine Virtualität. Sie wird fortbestehen als ein Gebäude aus Stein und Beton und Glas, mit Magazinen und Lesepulten, in dem die Benutzer verweilen und wo auch weiterhin Bücher und Zeitschriften aufbewahrt und Wort für Wort gelesen werden. Hoffentlich stehen die Druckmedien in der Bibliothek der Zukunft in offenen, jedem jederzeit zugänglichen Regalen; da das sich ständig vermehrende Papierquantum ständig größere Lagerungsprobleme aufwirft, wird

wenig benutzte Literatur gleichwohl in schwerer zugänglichen Kompaktmagazinen untergebracht werden müssen. Denn bei den Büchern und Zeitschriften wird es sich keinesfalls nur um Altbestände handeln. Auch der papierene Teil der künftigen Ex-Bibliothek wird weiter wachsen. Allerdings wird nicht die absolute Menge, wohl aber die Zuwachsrate Anfang des neuen Jahrtausends möglicherweise etwas zu sinken beginnen.
Diese Verlangsamung indessen ist keine Bedrohung für die Bibliothek oder gar die Lesekultur, sondern eine Chance. Selbst die üppigst bemessene Bibliothek wäre der Masse des Geschriebenen nicht mehr lange gewachsen, wenn alles auf gebundenem oder geleimtem Papier stehen müsste. Irgendwann ließe es sich nicht mehr bezahlen und aufstellen, und dieses Irgendwann käme schneller, als man meint, denn bei dem Informationszuwachs handelt es sich um ein exponentielles Wachstum. Zudem ließe sich in diesem sich hoch türmenden Informationsmassiv aus Papier nichts mehr auffinden. Die Wissenschaft würde an ihrer eigenen Produktivität ersticken, wenn nicht ein immer größerer Teil des Geschriebenen in die elektronische Form überführt würde.
Es trifft sich also günstig, dass im Bereich der Schriftlichkeit zur Zeit die dramatischste Umwälzung nicht seit Gutenberg, sondern seit der Erfindung der Schrift vor fünftausendeinhundert Jahren in Mesopotamien im Gange ist: dass Text sich auf elektronischen Geräten in einem anderen, unmateriellen Aggregatzustand aufbewahren, weitergeben und erschließen lässt, dem digitalen. Die Bibliothek der Zukunft wird deshalb zu einem großen und sich rasch ausweitenden Teil eine elektronisch-digitale sein. Darum muss sie eng mit einem Rechenzentrum verkoppelt werden – dessen Hauptaufgabe heute, in einer Zeit verteilter Computerleistung, im übrigen nicht mehr darin besteht, schiere Rechenkapazitäten zur Verfügung zu stellen, sondern Netze zu managen. Da die technischen Konkretisierungen der digitalen Information einem rapiden Wandel unterworfen sind und nie-

mand absehen kann, welche Erfordernisse sie in zwanzig, zehn, auch nur fünf Jahren mit sich bringen werden, muss die Bibliothek der Zukunft flexibel sein, bis in die Raumaufteilung.
Ein mindestens ebenso großes, weltweites Problem besteht darin, dass der rechtliche Rahmen für die Verbreitung und Nutzung der digitalen Medien bestimmt werden muss. Einerseits drängt alles auf leichten, freien, allgemeinen Zugang – was ihn bremste, erschiene als geradezu wissenschaftsfeindlich. Andererseits verursachen auch digitale Medien Kosten, insgesamt wahrscheinlich sogar höhere als Druckmedien, und irgendjemand muss sie tragen, sonst werden die betreffenden Urheber- und Vermittlungsleistungen einfach nicht erbracht. Auch von den Bibliotheken kann niemand verlangen, digitale Angebote ohne zusätzliches Personal, zusätzliche Räumlichkeiten und zusätzliche Sachmittel herbeizuzaubern. Sie sollen nicht das gleiche wie bisher auf teilweise andere Art machen, sondern mehr.
Ein weiteres Problem hängt mit der ungewissen, aber nach den Maßstäben konventioneller Bibliotheken jedenfalls kurzen Lebensdauer der digitalen Medien zusammen. Eine Bibliothek ist nicht nur ein Institut, das dem Benutzer Information zugänglich macht, sondern auch eines, das sie archiviert, und zwar tendenziell auf ewig. Sie ist das Archiv der Wissenschaften und Künste und muss sammeln, sogar das, was im Moment keinen Benutzer interessiert. Manchem Bibliothekar wäre es lieb, wenn die Benutzer wegblieben und er sich ganz der Aufgabe der Langzeitkonservierung widmen könnte, die schwierig genug ist. Der Kampf gegen das jedem Medium eingebaute Verfallsdatum wird in der Ära der Digitalität immer mehr Zeit und Mittel und Kraft in Anspruch nehmen.
Schließlich ist die Unkörperlichkeit und sozusagen die Flüssigkeit der digitalen Information nicht nur ein Vorteil für die Bibliothek. Einerseits macht gerade sie ihre Attraktivität aus: Sie nimmt keinen Raum in Anspruch außer Speicherplatz auf den Festplatten und Übertragungskapazität in den Leitungen, und

alles Geschriebene lässt sich wunderbar schnell und leicht verändern und über Datennetze überallhin verteilen. Diese sind in ständiger Bewegung, ein einziges Gebrodel. Man kann nicht sicher sein, am Nachmittag unter derselben Adresse vorzufinden – überhaupt je wiederzufinden –, was man am Morgen nach langer Suche aufgespürt hatte. Die durchschnittliche Lebensdauer eines Dokuments im World Wide Web beträgt heute 44 bis 70 Tage. Oft weiß man nicht genau, wo etwas herkommt; nie, welche gut- oder böswilligen Veränderungen es auf dem Weg durchgemacht hat. Die Bibliothek der Zukunft wird einiges in diesem immerwährenden Gewoge einfrieren (»spiegeln«) und dauerhaft archivieren müssen. Aber was? Wie oft? In welcher Art von Speicher? Und wie erschlossen, damit man jemals etwas wiederfindet?

Die digitale Revolution der Schriftlichkeit bringt es mit sich, dass auch Ton und Bild, das stehende wie das bewegte, auf die gleiche Weise konserviert und transportiert werden können wie reiner Text. So wird die Bibliothek der Zukunft eine multimediale sein – und auch darum keine Bibliothek im Wortsinn, kein bloßes »Bücherbehältnis«. De facto ist sie es bereits seit längerer Zeit nicht mehr; die großen Bibliotheken zählen ihren Besitz schon seit Jahrzehnten nicht mehr in »Büchern und Zeitschriften«, sondern in »Bestands-« oder »Medieneinheiten«, und wenn die digitalen Bestände zunehmen, werden sie ihn unter »Informationseinheiten« oder »Datenobjekten« führen.

Zunächst war völlig offen, ob und in welchem Maß der Bildschirm als Lesegerät akzeptiert würde; man konnte für möglich halten, dass sich eines nicht fernen Tages alles Lesen und Schreiben am Monitor abspielen werde. In den zwei Jahrzehnten der Textverarbeitung am Computer hat sich jedoch eine klare Faustregel herausgebildet: Am Bildschirm wird nachgeschlagen, gelesen wird auf Papier. Sie leitet sich nicht aus irgendwelchen sinnesphysiologischen Gesetzen ab, sondern resümiert einfach, was den meisten erfahrungsgemäß am liebsten ist: Längere Texte, die genau studiert, eventuell sogar annotiert und markiert werden sollen und in denen bei der Lektüre hin und zurück geblättert werden muss, kommen den Lesern in der Papierform mehr entgegen als in der elektronischen. Je länger etwas ist, desto weniger mag man es am Bildschirm lesen; lange Texte liest man dort höchstens unter Zwang – wenn der Drucker gerade defekt und man nicht sicher ist, ob man den betreffenden Text im Netz je wiederfindet. Das Limit liegt bei etwa zweitausend Wörtern, sechs Druckseiten, die bei stark aufgelockerter Typografie etwa zwanzig Bildschirmfüllungen ergeben, bei kompakter die Hälfte. Das Optimum sind ein bis drei Bildschirmfüllungen. Die Hauptvorteile digitaler Veröffentlichungen dagegen sind: die Geschwindigkeit (nicht so sehr die Verbindungsgeschwindigkeiten online, sondern eher die Publikationsbeschleunigung durch die Umgehung der langen Prozedur von Texterfassung, Druckvorstufe, Drucken, Binden und Versand) und die Möglichkeit, ungeheure Textmengen – ganze Bibliotheken – schnell und zuverlässig nach bestimmten Textstücken zu durchsuchen. Darum werden Nachschlagewerke aller Art zunehmend auch oder nur noch elektronisch angeboten werden, Monografien hingegen und wohl sogar die gründlicheren Zeitschriften (im Unterschied zu schnelllebigen Informationsblättern) nach wie vor als Druckwerke oder parallel in digitaler und analoger Form.

Die künftige Ex-Bibliothek wird darum eine Schnittstelle zwischen den verschiedenen Aggregatzuständen der Information sein müssen. Sie braucht also mehr als einerseits Magazine und Lesepulte, andererseits Bildschirmarbeitsplätze und Lesegeräte für eBooks. Sie braucht Drucker und Scanner, um elektronische Dokumente in papierene zu verwandeln und umgekehrt. Und ihre Druckmöglichkeiten müssen hohen Qualitätsansprüchen genügen. Gerade weil die Leser für das gründliche Studium von längeren Texten samt ihren multimedialen Zutaten auf absehbare Zeit das Papier dem Bildschirm vorziehen werden, wird es ihnen verstärkt auf die sensuellen, die haptischen Qualitäten des gedruckten Textes ankommen; die endlosen Papierschlangen hämmernder Matrixdrucker wären keine Alternative zum Bildschirm.

Einerseits wohnt der heutigen Entwicklung ein starker Sog zur Auflösung aller Zentren inne, auch der Bibliotheken. Über die Telefondose und den Rechner auf dem Arbeitstisch (der unter Umständen zu Hause oder in jedem Hotelzimmer stehen kann) oder sogar über sein Handy kann sich – potenziell – jeder mit jedem, jeder Wissenschaftler mit jedem anderen Wissenschaftler der Welt und jeder Datenbasis in Verbindung setzen. Ebenso könnte jeder seine eigenen Mitteilungen an die Allgemeinheit auf seinen eigenen Server stellen, und schon wären sie weltweit online verfügbar. Eigentlich bestünde für niemanden mehr eine Notwendigkeit, sich das gesuchte Informationsklümpchen aus einem bestimmten Gebäude namens UB oder IKZ (Informations- und Kommunikationszentrum, wie die Bibliothek der Zukunft vielleicht heißen wird) abzuholen. Die ganze Welt wird zu einer riesigen virtuellen Bibliothek, und der Eingang ist überall.

Andererseits jedoch wird eben die Virtualität der großen virtuellen Bibliothek diesen Zukunftstraum nachhaltig stören: Computer und ihre Peripheriegeräte werden von Krankheiten befallen, Server müssen gewartet werden oder geben ihren Geist ganz auf, die technischen Innovationszyklen beschleunigen sich, einzelne Dokumente werden auf andere Server verlegt und sind nicht mehr auffindbar, Netzadressen werden geändert, in den Leitungsnetzen kommt es zum Stau – wenn die großen Hochschulserver heute eine Information ein Jahr zur Verfügung halten, gilt das schon als lange. Zu einem Teil ist das Virtuelle also immer auch das Unauffindbare und das nicht mehr Erreichbare und wird es bleiben. Darum werden Orte gebraucht, wo wenigstens ein Grundbestand an häufig benutzter Literatur in Buchform vorhanden ist. Es wäre viel zu umständlich und nebenbei auch viel zu teuer, sie jedesmal aus den Netzen von sonstwo herbeizuschaffen und eigens in die Papierform zu überführen.

Der Beruf des Bibliothekars wird sich mit den Bibliotheken verändern, hin zum Bibliothekar-Informatiker-Dokumentaristen. Das Navigieren im immer unüberschaubareren Informationsozean verlangt ein Expertenwissen, das unmöglich jeder Einzelne für sich erwerben kann und das irgendwo gebündelt werden muss: auch in den Bibliotheken. Ihre Benutzer werden sich ebenfalls ändern müssen, und manch einer auch unter den Wissenschaftlern wird es mit Sorge sehen und der traditionellen Bibliothek nachtrauern.

Und nichts wird ihn zwingen, die Bibliothek der Zukunft in Anspruch zu nehmen – nur die Tatsache, dass er sich selber aus dem Prozess der Wissenschaft ausschlösse, wenn er sich nicht auf sie einstellt.

Vom Ruß auf Holz zum Pixel im Kristall

Früher nannte man nur fromme Halluzinationen »Vision«. Heute heißen auch technische Fantasien so. So resümierte 1995 der amerikanische Romancier Lance Olsen, einer der Protagonisten der Avant-Pop-Bewegung, die moderner sein will als die Postmoderne, die Vision vom Ende des Buchs aus Papier: ». . . wenn wir überhaupt noch von Büchern im konventionellen Sinn reden können. Bald wird es in Leder gebundene Computer geben, die so groß sind und sich so anfühlen wie elegante gebundene Romane und die nicht viel mehr kosten als ein Paar coole Sneakers. Du klappst sie auf und findest nebeneinander zwei flimmerfreie hinterleuchtete Bildschirme, die so aussehen wie zwei Seiten in einem Buch. Du liest die beiden Seiten, du tippst an einen der Bildschirme, und zwei weitere Seiten erscheinen. Du liest das eine ›Buch‹ aus und nimmst dir ein anderes, etwas in der Größe einer Kreditkarte, steckst es rein und fängst von vorne an . . . Du lädst dir [irgendeinen Roman], nach dem dir gerade der Sinn steht, aus dem Web herunter, vergrößerst oder verkleinerst die Schrift nach Belieben, machst dir das Layout, in dem du es lesen willst, und rettest jedes Jahr Millionen von Bäumen – alles das für einen Bruchteil der Kosten eines traditionellen gedruckten Romans, da beim elektronischen Publizieren Zwischenhändler und Druckkosten eingespart werden. Und die Bibliothek? Wer braucht denn noch die traditionelle Bibliothek, wenn es doch die zentrale globale elektronische Bibliothek gibt, wo alles vorhanden ist, was je geschrieben wurde, und wo man fürs Ausleihen nicht mehr tun muss, als sich einzuloggen, eine Suche durchlaufen zu lassen und das Gewünschte ins eigene System zu downloaden?«

Elektronische Bücher wie das beschriebene gab es schon ein paar Jahre später. Dass ihnen irgendwann die Zukunft gehört, steht fest. Wie bald sie ihnen gehört, ist nach wie vor offen. Bisher hat sich das beschriebene und bedruckte Papier gut behauptet. Als in den Achtzigerjahren die Textverarbeitung am Bildschirm aufkam, lautete die Vision: das papierlose Büro. Tatsächlich stieg der Papierverbrauch in den Büros trotz Textverarbeitung munter weiter. Gewiss, ohne sie hätte er vielleicht noch stärker zugelegt. Aber die Leichtigkeit, mit der sich jedes digitale Schriftstück vervielfältigen lässt, und das perfekte Aussehen, das der Computer selbst noch der flüchtigsten und unfertigsten Textskizze verleiht, war mit Sicherheit von Anfang an ein neuer, zusätzlicher Anreiz zum Papierverbrauch. Heute ist das papierlose Büro kaum noch einen Witz wert. Aber dass das bedruckte Papier sich bisher über alle Erwartung widerständig gezeigt hat, ist keinerlei Garantie dafür, dass es auch morgen noch das selbstverständliche Schriftmedium sein wird.

Als im März 2000 Stephen King seine neue Horrorstory *Riding the Bullet* gratis oder gegen eine geringe Schutzgebühr auf die Server einiger Internetbuchhandlungen stellte und sich gleich am ersten Tag 400 000 Interessenten dafür fanden, fuhr dem Buchhandel und der Verlagsszene ein mächtiger Schreck in die Glieder. Es wäre indessen voreilig, den Erfolg als generelles Votum des Lesepublikums für das elektronische Buch und gegen das Buch aus Papier zu interpretieren. Als Tom Wolfe 1997 mit großem Erfolg seinen Kurzroman *Ambush at Fort Bragg* ausschließlich als Audiobuch veröffentlichte, hieß das auch nicht, dass diesem die Zukunft gehörte und das traditionelle Buch ausgedient hatte. Erstens hat nicht jeder Schriftsteller so unbeirrbare Fans wie Stephen King. Zweitens war er der erste internationale Bestsellerautor, der zugunsten der elektronischen auf die Printausgabe verzichtete, und genoss damit im Internet einen Aufmerksamkeitsbonus, der sofort verloren wäre, wenn viele es ihm nachtäten. Drittens wird selbst King den Schnäppcheneffekt nicht beliebig wiederholen und alle seine Opera künftig verschenken können. Und viertens sagt die Zahl der Downloads überhaupt nichts darüber, ob die Geschichte als eBook lieber gelesen wurde, als sie als konventionelles Buch gelesen worden wäre. Dennoch dürfte der King-Schock heilsam gewesen sein. Das Jahr 2000 könnte sich als eine Art digitale Wasserscheide erweisen. Die Möglichkeit der elektronischen Publikation mit allen ihren Implikationen lässt sich nicht länger ignorieren und verdrängen.

Wann würden die Leser das Buch im Stich lassen? Wenn ein Trägermedium da wäre, das die Hauptvorteile des Papiers besäße, sie aber mit den Vorteilen elektronischer Displays verbände: das einerseits so weich, so faltbar, so transportabel, so strapazierfähig wäre wie Papier, das sich in die Tasche stecken oder mit Eselsohren versehen oder im Bett lesen oder mit an den Strand oder in die Badewanne nehmen ließe – und das andererseits überall mit wechselnden digitalen Inhalten geladen werden könnte. Vor zehn Jahren klang eine solche Anforderungsliste noch wie ein Nie. Heute tut sie es nicht mehr. Die Frage ist inzwischen: Wann werden in den Augen der Leser die Vorteile der Digitalität gewisse nicht so leicht zu beseitigende Nachteile gegenüber dem Papier überwiegen?

Es sind bereits verschiedene eBooks am Markt oder der Marktreife sehr nahe – LCD-Displays in Buchgröße und im Hochformat, die formatierten Text anzeigen, welcher aus kleinen speziellen Speichermodulen oder aus dem Internet hineingelangt; eins davon (es nennt sich Everybook) lässt sich aufklappen wie ein Buch und hat zwei gegenüberliegende Farbdisplays. Microsoft setzt auf seine ClearType-Software, die das Lesen am Bildschirm angenehmer macht: höhere Auflösung des Schriftbildes, sorgfältiger auf die Bildschirmanzeige abgestimmte Typografie; sie lässt sich auf speziellen Taschen-PCs wie auf den normalen Farb-LCD-Displays von Notebook-Computern einsetzen. Dann brauchte man also nur noch einen einzigen buchähnlichen Gegenstand zu besitzen, und er könnte alle Bücher der Welt enthalten (sofern sie in digitaler Form vorliegen). Werden sich solche eBooks durchsetzen? Welches davon?

Ehe diese Frage auch nur gestellt werden kann, müssen zwei andere Fragen geklärt sein. Wenn jedes der kommenden Lesegeräte nur die speziell darauf zugeschnittenen Dokumente anzeigen kann und nicht auch die der Konkurrenz, hat keines von ihnen eine Chance. Und wenn sich die als eBook angebotenen digitalen Inhalte raubkopieren lassen, wird kein Verlag, der bei Verstand ist, seine Bücher ins Netz und in die digitale Welt entlassen.

Es darf sich also nicht der Normenwirrwarr wiederholen, der die Einführung des Videorecorders und der DVD jahrelang behindert hat. Vielleicht ist das Problem schon behoben. 1999 haben sich über fünfzig Verlage, Softwarehäuser und Hardwarehersteller auf den Open-eBook-Standard verständigt, der sicherstellen soll, dass jedes konforme eBook auf jedem konformen Lesegerät gleich welchen Herstellers »läuft«. Im Wesentlichen besagt der Standard: Jedes eBook ist in der kommenden Seitenbeschreibungssprache des World Wide Web abgefasst, in XML. Sein Verlag zwar kann Darstellungsmethoden hinzufügen, die über die Möglichkeiten von XML hinausgehen, kann zum Beispiel Videosequenzen oder Dateien im Format Acrobat-PDF einbetten (das selber ein Rivale für den Open-eBook-Standard ist), aber für alles muss es die Rückfalloption XML geben, damit das betreffende eBook auch auf Lesegeräten »gerendert« wird, die die zusätzlichen Formate nicht verstehen.

Ein gemeinsames Schutzverfahren gegen eBook-Piraterie gibt es derzeit nicht, nur einige Vorschläge und Entwürfe. Die Hauptschwierigkeit besteht darin, dass sich eBooks nicht so rigoros schützen lassen wie Software. Wer Software kauft, erwirbt diese nicht. Er erwirbt nur die Lizenz, sie selber auf einem einzigen Computer zu installieren und zu nutzen. Ein eBook, das nicht auch exzerpiert, sondern nur gelesen werden könnte – und zudem nur vom Käufer selbst und allein auf seinem eigenen Lesegerät und erst nach dem Kauf –, hätte keine Chance. Den Lesern wird erlaubt und technisch ermöglicht werden müssen, sich Teile herauszukopieren, das Ganze an Freunde und Verwandte zu verleihen, es auf anderen Lesegeräten als dem eigenen zu lesen und schon vor dem Kauf darin zu blättern, es muss downloadbar sein, und Bibliotheken müssen es ausleihen können – eine technische und juristische Aufgabe, die viel Fingerspitzengefühl beim Ausbalancieren von Misstrauen und Vertrauen verlangen wird.

Der Siegeszug des eBooks könnte aber auch dadurch gebremst werden, dass die bisherigen Lesegeräte alle noch zu buchunähnlich sind – zwar genauso groß und schwer und möglicherweise demnächst ebenso gut lesbar, aber nicht so flexibel und transportabel und strapazierfähig, von der Badewannenprobe nicht zu reden, die auch einem Papierbuch nicht wirklich bekommt, aber einem eBook schon gar nicht. Auch hat ein Buch aus Papier einen weiteren großen Vorteil, den alle diese Lesegeräte nicht haben: Es besteht nicht nur aus einem oder zwei Displays, sondern in Wahrheit aus Hunderten.

Aber es sind inzwischen andere, papierähnlichere Displays in Sicht. Eine Displaytechnik, auf die Kodak und andere setzen, sind die OLEDs, selbstleuchtende farbige Dioden aus organischem Material. Eine zweite ist Nicholas Sheridons Gyricon oder E-Paper (entwickelt bei Xerox PARC), eine Gummifolie, in die Kügelchen mit einer schwarzen und einer weißen Hemisphäre eingebettet sind, die sich durch elektrische Impulse drehen lassen – ein leichtes, flexibles, billiges und beliebig oft elektrisch beschreibbares Medium, ein Zeitungsblatt sozusagen, das sich elektronisch mit immer wieder neuen Inhalten füllen lässt. Eine dritte Displaytechnik, die das Papier nicht ablösen, aber sozusagen transzendieren möchte, ist das am MIT entwickelte E-Ink:

eine Flüssigkeit voll von Mikrokapseln, in denen wiederum Millionen von weißen Farbpartikeln in einem schwarzblauen Medium schwimmen, die von Elektroden an die Oberfläche oder nach unten gezogen werden. Jede Kapsel ein Bildpunkt: Je nachdem, ob die Pigmente oder das Medium oben sind, ist er weiß oder schwarz. Der Vorteil gegenüber Gyricon bestünde in der höheren Auflösung; außerdem soll sich die »Tinte« auf vielerlei Trägerfolien aufbringen lassen, auch auf echtes Papier. Ein einziges Buch aus mit E-Ink beschichteten leeren Papierseiten könnte dann nacheinander jedes digitale Buch der Welt anzeigen.

Den Artikel, in dem sie ihre elektronische Tinte vorstellen, beginnen die Autoren (Jacobson u. a. 1998) mit einer Würdigung des Buches. Sie wissen, welcher Herausforderung sich ihre Erfindung stellen muss, und das spricht für diese. »Ein Buch ist etwas grundsätzlich anderes als ein Computerbildschirm, denn es ist die Verkörperung einer großen Zahl simultaner hochauflösender Displays. Wenn wir eine Seite umblättern, geht die vorherige nicht verloren. In der Evolution hat das Gehirn eine hochentwickelte räumliche Landkarte erworben. Wer ein Hand- oder Lehrbuch kennt, kann eine gesuchte Information sehr zielstrebig auffinden, wie etwa die Fähigkeit beweist, sich daran zu erinnern, ob man etwas früher einmal, wenn auch noch so kurz, auf einer linken oder rechten Seite gesehen hat. Die haptische Beziehung zu der Raumkarte des Gehirns stellt darüber hinaus eine so natürliche wie effektive Schnittstelle dar ... Die Verkörperung der Information auf vielen simultanen Seiten ermöglicht ferner Textvergleiche und lässt dem glücklichen Zufall Raum. Wir können einen dicken Band mit Text und Grafik durchblättern und einen Finger als Lesezeichen an die interessanteste Stelle stecken. Wir können eine große Zahl ähnlicher Elemente miteinander vergleichen, etwa um festzustellen, welche von mehreren grafischen Darstellungen am meisten befriedigt. Natürlich haben traditionelle Bücher auch einen Nachteil: Ihr Inhalt ist unveränderbar.«

Vielleicht wird das Material, auf dem das Buch und die Zeitung von morgen steht, auch ganz anders heißen. Undenkbar jedenfalls ist es nicht mehr, und wenn es eines Tages da ist, könnte der Abschied vom Buchdruck sehr schnell gehen. Man rechnet damit, dass Gyricon und E-Ink frühestens 2003, spätestens 2010 marktreif werden.

Microsoft sagt voraus, schon um 2005 würden elektronische Bücher eine Selbstverständlichkeit sein und 2020 nur noch 10 Prozent aller Bücher aus Papier. Zeitungen spüren den Anbruch der neuen Ära schon heute: Die Kleinanzeigen, aus denen sich viele zu einem Großteil finanzieren, wandern unwiederbringlich ins Internet ab. Eine Weile werden gedruckte und elektronische Ausgaben nebeneinander koexistieren; etwa ab 2005, so eine Prognose, werden mehr Mittel in die digitalen Periodika fließen als in die gedruckten, ab 2010 werden immer mehr Printausgaben ganz eingestellt, und 2020 wird es gedruckte Zeitungen und Zeitschriften nur noch in einigen Nischenbereichen geben.

Seitdem es die Möglichkeit gibt, die Inhalte schwerelos und mit Lichtgeschwindigkeit über die ganze Welt zu verteilen, nimmt sich der weite Weg aus dem Wald in die Papiermühle und in die Druckerei und in die Handelsstufen und in die Hand des Lesers und aus seinem Papierkorb zurück in die Natur einfach anachronistisch aus. Die Männer, die gegen Mitternacht schwere Karren mit frischen Zeitungen durch die Straßen ziehen, damit das Volk am frühen Morgen von Kohls Ehrenwort und Naddels Rausschmiss erfahre, gehören eindeutig dem letzten Jahrhundert an. Ein paar Jahre früher oder später, je nachdem, wie die Displaytechnik vorankommt – jedenfalls geht die Ära des Buchdrucks zu Ende, und die der Digitalität hat bereits begonnen, und da beißt die Maus keinen Faden mehr ab.

Alles, immer, überall – die Große Virtuelle Weltbibliothek

Wenn der mit Revolutionen aller Art überfütterte Zeitgenosse in den Zeitungen auf Überschriften stößt wie »Bonn baut globale digitale Bibliothek« und sich dabei überhaupt etwas denkt, dann wohl dies: Jetzt seien sie also tatsächlich dabei, »dem Computer« die Bücher der Bibliotheken einzuverleiben, und demnächst könne man sich den Gang zur Bibliothek sparen und sich das gewünschte Buch, den gewünschten Aufsatz direkt in den Computer auf seinem Arbeitstisch holen. Wie praktisch! Oder: Wie schrecklich! (Wenn man nämlich immer noch an Papier und Druckerschwärze hängt.) Seit zwei Jahrzehnten spukt die Idee einer universellen virtuellen Bibliothek durch einige vorausschauende Köpfe: allem Veröffentlichten seine Erdenschwere zu nehmen und es mit Lichtgeschwindigkeit von jedem Ort an jeden anderen zu befördern. Man setzt sich irgendwo an einen Bildschirm, murmelt ein paar Befehle, und schon zaubern die vernetzten Computer von überall herbei, was man gerade zu lesen, zu betrachten, zu hören wünscht. Aber das wird vorläufig Science-Fiction bleiben. Ihre Autoren leiden nicht an einem Überschuss an Fantasie. Sie haben zu wenig davon. Sie können sich offenbar nicht vorstellen, wie viel je geschrieben und gedruckt wurde und noch geschrieben werden wird. Keine Einzige der bestehenden Bibliotheken wird sich je in den Zustand völliger Virtualität auflösen.

Warum der Blüten- oder Alptraum von der Großen Virtuellen

Weltbibliothek niemals wahr werden wird, lässt sich leicht demonstrieren. Das Geld, immer das Geld. Aber das mache doch der Computer alles automatisch? Erstens kostet auch der Rechner Geld, und zwar eine Menge. Dass die Computertechnik sich bisher in rasendem Tempo verbilligt hat und vorläufig weiter verbilligen wird – alle achtzehn Monate die doppelte Leistung für dasselbe Geld –, ist zwar richtig; dafür ist jede Ausrüstung schon fünf Minuten nach der Anschaffung veraltet und muss nach spätestens drei bis fünf Jahren ersetzt werden. Allein die technische Ausstattung jedes der vierzig Multimedia-Leseplätze im neuen Haus der Deutschen Bibliothek in Frankfurt am Main hat 10 000 Mark gekostet, von den laufenden Lizenzgebühren für die digitalen Inhalte zu schweigen – wenige Bibliotheken werden sich dergleichen leisten können. Zweitens ist auch der Datentransport und die Verwaltung der Netze nicht umsonst. Und drittens: Seit einigen Jahren geht zwar so gut wie allem Gedruckten ein digitales Vorstadium voraus, veröffentlicht aber wird das meiste nur gedruckt. Alles dies, und alles Ältere sowieso, müsste nachträglich digitalisiert werden, retrodigitalisiert. Die Kosten?
Eine kleinere deutsche Universitätsbibliothek hat etwa eine Million Bücher und für Neuanschaffungen einen jährlichen Etat von drei Millionen Mark, von dem sie fünfzig- bis siebzigtausend Druckwerke kaufen kann. Die nachträgliche Digitalisierung von Werken aus dem älteren Bestand, die Retrodigitalisierung, kann auf zweierlei Art vorgenommen werden. Entweder der Text wird gescannt und anschließend mittels automatischer Schriftzeichenerkennung durch den Computer in digitalen Text verwandelt. Oder eine Seite wird gescannt und als Image-Datei gespeichert – dann behandelt der Computer sie wie eine Grafik. Text-als-Image macht in jedem Fall die Erschließung nötig: Es muss, »von Hand« und nach feststehenden Regeln, beschrieben werden, was da gescannt wird. Die Seitenkosten können bei dieser Methode rund zehn Mark betragen; für hochwertige Scans kostbarer Bücher, die einen interpretierenden wissen-

schaftlichen Kommentar des Bibliothekars oder Restaurators benötigen, sind sie natürlich sehr viel höher. Billiger ist die automatische Konversion. Eine aufwändige seitenweise Erschließung ist dabei nicht nötig, denn der Computer kann das entstehende digitale Objekt automatisch auf jede Zeichenfolge durchsuchen – seinen »Volltext«, wie das Wort lautet, und nicht etwa nur nur die beschreibenden »Metadaten« –, sodass es sich in gewisser Weise selbst erklärt oder vielmehr wie ein Buch seine eigene Erklärung ist. Bei diesem Verfahren entstehen Seitenkosten von drei Pfennig bis eine Mark; dazu kommen die Kosten für den Speicherplatz und die Vorhaltung. Bei unproblematischen Büchern kommt man also mit weniger als einer Mark pro Seite aus, bei problematischen, die viel »manuelle« Nacharbeit erfordern, braucht man wesentlich mehr. Sagen wir der Einfachheit halber: im Durchschnitt eine Mark pro Seite. Eine Million Bücher hat etwa 260 Millionen Seiten. Digitalisierungskosten: 260 Millionen, so viel wie siebenundachtzig jährliche Erwerbungsetats. Die Bibliothek würde nichts mehr kaufen und in siebenundachtzig Jahren als Universitätsdigitalbibliothek neu eröffnen, leider ohne die Bücher – und die elektronischen Publikationen – der letzten siebenundachtzig Jahre.

Falsch, werfen die Visionäre ein, und zwar zu Recht. Es muss ja nicht jedes *Buch* digitalisiert werden. Es genügt, wenn jeder *Titel* irgendwo digitalisiert wird. Tatsächlich, wenn große amerikanische Bibliotheken heute ihre alten Zettelkataloge in maschinenlesbare Form überführen, »retrokonvertieren«, finden sie bis zu 80 Prozent ihrer Bestände bereits im großen computerisierten Verbundkatalog des OCLC*[1] mit seinen gut 37 Millionen Titelsätzen vor, und je größer diese Datenbank wird, desto seltener muss ein älterer Titel neu katalogisiert werden. Der größte Teil jedes Bibliotheksbestandes ist auch anderweitig vorhanden, Uni-

1 Mit einem * gekennzeichnete Begriffe oder Namen sind im Linkkatalog (ab Seite 267) näher erläutert.

kate sind selten. Sagen wir also, jene ehrgeizige wissenschaftliche Bibliothek fände viele Weggenossinnen und müsste nur jedes fünfte Buch des eigenen Bestands selber digitalisieren. Das aber wären noch immer über siebzehn Jahre ohne jede Neuanschaffung – oder hundertfünfundsiebzig, wenn sie die 10 Prozent ihres Erwerbungsetats, die sie heute bestenfalls für die Erhaltung ihres Bestandes ausgibt, hinfort ganz in die Retrodigitalisierung stecken würde. Am Ende der Aktion wäre sie eine museale Bibliothek ohne aktuelle Literatur, aber mit einer Menge zweifelhafter Digitalisate.

Immer noch zu pessimistisch, würde ein hartgesottener Visionär erklären. Wie viele Bücher gibt es denn auf der Welt? Wenn in dem großen amerikanischen Verbundkatalog bisher 37 Millionen Titel stehen und er zwar weiter wächst, aber vorwiegend durch die laufenden Neuzugänge und immer weniger durch die Erfassung von Altbeständen weiterer Bibliotheken, dann wird man damit rechnen können, dass aus den vordigitalen Zeiten etwa 40 Millionen Titel in den amerikanischen Bibliotheken vorhanden sind. Und wenn man berücksichtigt, dass die meisten Titel, die je irgendwo auf der Welt gedruckt wurden, ihren Weg in eine dieser amerikanischen Bibliotheken gefunden haben, darf man annehmen, dass es insgesamt nicht sehr viele mehr als diese 40 Millionen geben wird, jedenfalls kaum mehr als doppelt so viele; sodass mit einer Gesamtzahl von etwa 60 Millionen zu rechnen wäre. 60 Millionen – und wenn sich nun die ganze Menschheit vornähme, diesen Bestand zu digitalisieren und damit sowohl zu bewahren als auch universell zur Verfügung zu stellen, ein Jahrhundertprojekt vielleicht … Technisch wäre es womöglich machbar, aber die Menschheit wird es mit Sicherheit nicht beschließen, so wenig, wie sie beschließen wird, auf den Mond auszuwandern. Darum wird die Große Virtuelle Weltbibliothek erst am St. Nimmerleinstag feierlich eröffnet werden.

Und warum auch sollte es sie geben? »Der Zweck jeder großen Bibliothek besteht darin, obskure Bücher aufzubewahren … solche, die wir nicht so stark begehren, dass wir sie selber besitzen möchten«, schrieb der amerikanische Romancier Nicholson Baker in einem passionierten Essay, der beklagte, wie leichtfertig viele amerikanische Bibliotheken heute ihre alten Zettelkataloge nicht nur ausrangieren, sondern physisch vernichten – ein Massaker, vergleichbar mit der Vernichtung der Bibliothek von Alexandria, wie er meint. Schätzungsweise wird nur jedes zwanzigste Buch, das eine Bibliothek in ihren Magazinen hat, jemals ganz gelesen. Die meisten stehen an ihrem Platz im Regal und warten auf den Leser, der eines Tages genau dieses eine von ihnen braucht. Das muss auch so sein. Der Wert einer Bibliothek bemisst sich nicht allein an der Benutzernachfrage. Bibliotheken sind die Archive, in denen die Menschheit ihre Geschichte gegenwärtig hält. Wenn ein Wörterbuch nur die Stichwörter aufwiese, die sein Käufer jemals nachschlagen wird, wäre es zwar dünner, aber völlig nutzlos. Ein Wörterbuch, eine Bibliothek, eine Datenbank soll möglichst viel von dem enthalten, was eines unvorhersehbaren Tages einer ihrer uneinschätzbaren Benutzer in ihr suchen *könnte*. Der alte Druck aus dem Jahre 1623 oder 1953 muss gar nicht an jedem Ort der Erde sofort auf dem Bildschirm erscheinen. Es reicht, wenn man überhaupt und ohne allzu große Mühe in Erfahrung bringen kann, wo jenes Dornröschen schlummert.

Dennoch werden Texte, »Volltexte« (nämlich nicht nur ihre bibliografischen Beschreibungen) digitalisiert und indiziert (und damit automatisch durchsuchbar gemacht), und ihre Zahl wird zunehmen, wenn auch nicht explosionsartig, jedenfalls nicht, sofern rückwirkend digitalisiert werden müsste, was nur gedruckt vorliegt. In den letzten fünf Jahren des zwanzigsten Jahrhunderts hat sich die Situation bereits sehr stark verändert. Gab es zu Anfang der Neunzigerjahre nur vereinzelte, zufällig aufgeschüttete Inseln digitalisierter Literatur, alle das Werk einiger weniger Enthusiasten, »Freizeitprojekte«, so findet man zu Beginn des einundzwanzigsten Jahrhunderts zumindest im englischen, französischen und deutschen Sprachraum einen Großteil der klassischen und frühmodernen Literatur als eText im Internet oder auf CD-ROM vor. Ebenso explosionsartig vermehrt hat sich die Menge der Information, die von vornherein entweder auch oder nur elektronisch zu haben ist, und das verändert das gesamte wissenschaftliche Publikationswesen von Grund auf. Explosionsartig vermehrt haben sich bereits die Möglichkeiten der Online-Recherche in Bibliothekskatalogen.

So bleibt die einheitliche Große Virtuelle Weltbibliothek einerseits eine Utopie, ein Luftschloss, ein Hirngespinst. Andererseits schießen um uns her bereits Teile ihrer elektrischen Mauern in die Höhe.

Während der letzten hundert Jahre hat sich die Zahl der wissenschaftlichen Veröffentlichungen etwa alle sechzehn Jahre verdoppelt, in einigen Naturwissenschaften sogar alle zehn, und nichts deutet darauf hin, dass sich dieser Trend verlangsamte. Solange er sich nicht mindestens halbiert, besagt er unter anderem, dass zu jedem beliebigen Zeitpunkt die Zahl der aktiven und also publizierenden Wissenschaftler größer ist als die Zahl sämtlicher Wissenschaftler der bisherigen Menschheitsgeschichte. »Um einen Sinn für diesen Trend zu bekommen: Die *Chemical Abstracts* brauchten zweiunddreißig Jahre, von 1907 bis 1938, um die Zahl von einer Million zu erreichen. Die zweite Million brauchte achtzehn Jahre, die dritte acht, die vierte vier Jahre und acht Monate und die fünfte drei Jahre und vier Monate. Wenn wir annehmen, dass vor 1907 in der Chemie keine Million Aufsätze geschrieben worden war, bedeutet das, dass allein in den letzten zwei bis drei Jahren mehr Chemie-Papers veröffentlicht worden sind als in der gesamten Menschheitsgeschichte vor dem zwanzigsten Jahrhundert« (der Ökonomieprofessor Eli M. Noam).

Nicht, dass die Menschheit alle sechzehn Jahre doppelt so klug und weise würde. Das meiste dieses Faktenwissens in den Naturwissenschaften, die den Löwenanteil beisteuern, ist durchaus vorläufiger Art und nach drei bis fünf Jahren nicht widerlegt, aber überholt, ersetzt von genauerem Wissen. Für den Fachwissenschaftler beginnt die Geschichte seines Faches, für die er sich interessieren muss, vor höchstens fünf Jahren. Legte er drei Jahre lang eine Pause ein, um fern der Hektik seines Labors in der Stille Kakteen zu züchten, so hätte er den Anschluss verloren und müsste von vorn anfangen.

Es fällt uns schwer, exponentielles Wachstum auch nur zu denken, geschweige denn mit ihm fertig zu werden, wie schon der Kaiser der Sage erfahren musste, der dem Erfinder des Schachspiels ein Reiskorn auf dem ersten Feld, zwei auf dem zweiten, vier auf dem dritten und so fort zusagte. Nach der einen Überlieferung wurde er wahnsinnig, nach der anderen ließ er lieber den Erfinder köpfen. Alle zehn bis sechzehn Jahre müssten also eigentlich doppelt so viele Publikationen gedruckt, erworben, erschlossen und archiviert werden, und auch das Überholte muss aufbewahrt werden und zugänglich bleiben, nicht nur aus Verpflichtung zur Historie, sondern weil vielleicht ja doch noch jemand darauf zurückkommen könnte. Selbst die fantastischsten Steigerungen der Anschaffungsetats der Archive und Bibliotheken, selbst die geräumigsten Anbauten an die Magazine kämen eines Tages nicht mehr mit.

Es ist nicht nur eine Platzfrage. Mit der Menge der Informationen wächst auch die Schwierigkeit, eine bestimmte einzelne darin aufzufinden. Eine nicht auffindbare Information aber ist für alle irdischen Zwecke so gut wie nichtexistent, so wie ein verstelltes Buch in einer Bibliothek verschwunden ist und bleibt, es sei denn, der Zufall brächte es eines Tages wieder ans Licht. Und wenn der einzelne Forscher auf seinem Spezialgebiet nicht mehr zuverlässig in Erfahrung bringen kann, was schon erforscht wurde, kommt seine Forschung zum Stillstand. Dies ist der Punkt, da die Wissenschaft in ihren selbsterzeugten Fluten ertrinken müsste. Die Digitalisierung gewährt ihr einen beträchtlichen Aufschub.

Darum kann man höchstens noch in einigen Geisteswissenschaften, deren Wissen nicht ausschließlich kollektiv, sondern vorwiegend individuell erworben wird, der Meinung sein, die Digitalisierung bringe der Wissenschaft keinen Nutzen, ja, sie bringe die Wissenschaft um ihre Wissenschaftlichkeit, wie der Konstanzer Bibliothekar Uwe Jochum in einem provozierenden Artikel schrieb. Die Flüssigkeit, ja Flüchtigkeit des Digitalen ist in der Tat ein Problem des Übergangs, eines der größten. Aber die Antwort kann nicht lauten, dass man dann eben bei der guten alten Zeitschrift, der guten alten Monografie bleiben sollte. Die traditionelle Publikationsweise ist dem zunehmendem Informationsdruck nicht gewachsen, und die Empfehlung, die Forscher sollten doch bitte etwas gemächlicher denken, wird nicht nur nicht befolgt werden – selbst wenn sie befolgt würde, schöbe das nur den Zeitpunkt ein wenig hinaus.

Wer bei der Suche in einem elektronischen Schlagwortkatalog je 17 873 Treffer gelandet hat, und sei es, um sich ein Kochrezept zu beschaffen, der weiß, was gemeint ist, und ahnt, was bevorsteht.

»Ihre Suche würde über 2700 Titel ergeben und das System verlangsamen. Sie kann darum zur Zeit nicht ausgeführt werden. Versuchen Sie es spät abends oder früh morgens noch einmal«, melden einem die Opacs großer amerikanischer Bibliotheken. Aber selbst um drei Uhr nachts, wenn alle anderen das System in Ruhe lassen, würde man ihm die gleiche Frage nicht noch einmal stellen. Einen Titel wollte man. Was soll man mit 2700?

Das Problem der Informationsgesellschaft besteht nicht nur darin, immer mehr Menschen immer mehr Information zur Verfügung zu stellen; es müssen gleichzeitig Mittel und Wege gefunden werden, die immer reichlicher fließenden Informationen zu verwalten, zu erschließen und menschengerecht zu filtern. »Suche einengen!«, lautet der unentwegte Ratschlag der Suchmaschinen. Aber wie? Wonach man auch sucht, selbst nach den obskursten Dingen, dauernd erhält man heute im Internet 3000, 30 000 oder 300 000 Treffer, die allermeisten ohne jeden Bezug zum

Gesuchten oder aus anderen Gründen völlig nutzlos; dann engt man die Suche mit allen Tricks und Kniffen ein, und es sind immer noch 999 und zu viele, und wenn in ein paar Jahren zehnmal so viele Server im Netz ihren Dienst versehen, wie viele werden es dann sein? Wenn die ganze Erde zu einem einzigen Heuhaufen geworden ist? Wird man dann nach der Nadel auch nur noch zu suchen wagen?

Information als Landplage

Der Neonbegriff Kommunikations- und Informationszeitalter suggeriert eine Welt, die von immer informierteren Menschen bevölkert ist. Irgendjemand hat einmal ausgerechnet, dass eine einzige Sonntagsausgabe der *New York Times* mehr Information enthält, als ein Mensch des siebzehnten Jahrhunderts in seinem ganzen Leben aufzunehmen Gelegenheit hatte. Wenn dem so wäre, müsste jemand, der heute sein Leben in einer Eremitage verbrächte und nichts anderes zur Kenntnis nähme als die Sonntagsausgaben der *Times*, im höheren Alter mindestens zweitausend Mal so informiert sein wie sein bedauernswerter Urahn. Was die Menge der »Daten« angeht, denen die Menschen ausgesetzt sind, mag das rechnerisch sogar stimmen. Jener Mensch im siebzehnten Jahrhundert wusste aber auch ohne die Sonntagsausgabe der *New York Times* wahrscheinlich alles, was er für sein Leben wissen musste. Wir wissen auch mit zehn Zeitungsabonnements wahrscheinlich nicht, was wir für unser Leben eigentlich wissen müssten. Das größere Informationsangebot führt nicht notwendig zu größerer Informiertheit. Information, das sind zunächst nur beliebige Daten-Bits auf der Suche nach Menschen, die sich von ihnen informiert fühlen. Informiertheit ist integriertes und erinnertes Wissen: Daten-Bits, die im Gehirn haften geblieben sind und sich dort in einen Sinnzusammenhang eingeordnet haben.

Zwar wird offensichtlich mehr Information produziert und immer schneller und breiter verteilt als je zuvor. »Eine Flutwelle von Information überschwemmt die Gesellschaft. Es werden mehr Bücher denn je geschrieben und wahrscheinlich weniger denn je gelesen. Das Kabelfernsehen bringt Hunderte neuer Fernsehkanäle. Und bald wird die Spracherkennungstechnologie endlich den Punkt erreichen, da jeder zufällige Gedanke, noch während man ihn ausspricht, aufgeschrieben und fast auf der Stelle über elektronische Mail, Fax oder einfache Junk-Mail an Hunderte unschuldiger Mitbürger verteilt werden kann« (Eli M. Noam). Aber der allgemeine Informationsstand will nicht im gleichen Maß mitsteigen. Der Grund ist nicht die Renitenz der Menschen, die sich weigern, von der herrlichen Informationstechnologie Gebrauch zu machen. Der Grund liegt vielmehr in der mentalen Verarbeitungskapazität der Menschen, die den Informationsprozess begrenzt und dazu führt, dass Information sich zum Teil selbst zunichte macht.

Je mehr Fahrzeuge unterwegs sind, desto schwerer kommt jedes Einzelne voran, bis zum Verkehrskollaps. Und je mehr Informationsvehikel auf immer mehr Kanälen auf Wanderschaft geschickt werden, desto geringer wird die Wahrscheinlichkeit, dass sie die Adressaten erreichen. Es liegt nicht an der Enge der Kanäle, die sich sehr viel leichter verbreitern lassen als Betonstraßen, es liegt daran, dass die Aufnahmekapazität der Adressaten stagniert. Angesichts des Informationsregens, der auf sie niederprasselt, fühlen sie sich zunehmend verwirrt, überfordert und sogar desinformiert. Am Ende muss all die Fülle ja durch einen Flaschenhals: das individuelle menschliche Gehirn, und dessen Aufnahmefähigkeit lässt sich nicht wesentlich erweitern. Informationsüberlastung heißt das Stichwort. Es ist erwiesen, dass die Überlast sogar krank machen kann. Das stärkste einigende Band der Menschen dürfte bald die Grundhaltung sein: »Das muss ich doch nicht auch noch wissen!«

Ein amerikanischer Betriebssoziologe rechnete schon 1962 aus, dass der typische Manager nur ein Hundertstel bis ein Tausendstel der für seine Entscheidungen relevanten Information aufnehmen kann. Man wagt sich gar nicht mehr vorzustellen, wie viele Nullen heute notwendig wären, um das Missverhältnis zwischen Angebot und individuellem Fassungsvermögen auszudrücken. Der Information gegenüber befinden wir uns längst in der Defensive. Auf dem Weg zu einer bestimmten Information muss man durch immer größere Halden von Datenmüll und Infoschrott hindurch, in denen Fußangeln ausgelegt sind, und hat man sie schließlich gefunden, so macht sie einem als Erstes klar, dass ihr Wert nur relativ ist und wir noch weitere brauchen. Die besondere, die gerade gesuchte Information erscheint uns höchst wertvoll, aber Informationen an sich entwerten sich gegenseitig immer mehr und werden in ihrer Menge zur Landplage.

Die Begrenztheit des Fassungsvermögens macht, dass die Kommunikationstechnologie die Kommunikation gleichzeitig erleichtert und erschwert hat. Die Chance, irgendeine Antwort von irgendeinem Menschen zu erhalten, sinkt mit der Menge der Fragen, die an ihn gerichtet werden. Was einmal ein simpler praktischer Anrufbeantworter war, hat sich bei größeren Firmen und Institutionen zu einem verwinkelten Ansagebauwerk ausgewachsen, aus dem keine Tür mehr zu einer echten menschlichen Stimme führt, mit dem Ergebnis, dass ein unplanmäßiger Auskunftswunsch keinerlei Antwort mehr erhält und der Fragende sich mehr im Stich gelassen fühlt als in der Zeit ohne jede Kommunikationstechnologie. Die Hotline ist in den wenigen Jahren ihrer Existenz zu einem Synonym für die Unerreichbarkeit von Information geworden: statt Antworten bezahlte Zwangsbeschallung in endlosen Warteschleifen. Es stimmt ja – wer pausenlos auf allen Kanälen, per Briefpost, Telefon, Mobilfunk, Pager, Fax, eMail, Voice-Mail, Bulletin Board, Video Conferencing Anfragen und Aufforderungen erhält, muss immer stärker auswählen, welche er beantworten will, und am Ende wäre er vielleicht lieber völlig unerreichbar, müsste er nicht befürchten, dass es seinen eigenen Botschaften genauso ergeht. Wer irgendeine Arbeit mit öffentlichen Folgen verrichtet, käme zu nichts mehr,

wollte er auf jede Ansprache reagieren. Ein Großteil der Arbeitskraft in einem Büro gilt heute nicht der Kommunikation, sondern der raffinierten Kommunikationsabwehr.
Der britische Stressforscher David Lewis veranstaltete im Auftrag von Reuters Business Information 1996 eine Erhebung unter 1300 Managern und diagnostizierte angesichts der Ergebnisse ein »Information Fatigue Syndrome«, ein Infoüberlastsyndrom: »Die schiere Menge an Daten aus der eMail, der Voice-Mail, dem Internet, dem Web, aus Fax, Nachrichtenkanälen und kommerziellen Online-Diensten und so weiter scheint schneller zu wachsen, als das Gehirn die gelieferte Information assimilieren kann.« Ein Drittel der Befragten, bei den Älteren sogar noch mehr, glaubte, der Informationsandrang führe bei ihnen zu gesundheitlichen Störungen. Zwei Drittel gaben an, für ihre Arbeit einen hohen Informationsinput zu benötigen, fast die Hälfte aber sah sich außerstande, die eingehende Informationsflut zu bewältigen. 43 Prozent meinten, die Infoüberlast verzögere oder verhindere Entscheidungen.
»Manchmal kann einem nichts Schlimmeres passieren«, schrieb der amerikanische Kommunikationsökonom Eli Noam, »als ebendas zu bekommen, was man bekommen wollte. Und vielleicht erleben wir genau dies bei der Informations- und Kommunikationsrevolution. Im Ganzen kommt sie nicht schlecht voran, aber eben dadurch schafft sie ihr eigenes Problem. Wir leben im Zeitalter der Information, arbeiten in der Informationswirtschaft, sind umgeben von Informationstechnologie, und die ist kleiner, schneller, cleverer, billiger denn je. Und trotzdem – warum fühlen wir uns als Einzelne wie als Organisationen eher belagert von Information denn als ihre Herren ...? Der Grund könnte sein, was man das Paradox der Informationstechnologie nennen kann: Je mehr wir davon haben, desto weiter bleiben wir bei der Bewältigung der Information zurück.«
Das Informationszeitalter verlangt nach Strategien der Informationsbewältigung. Welche Möglichkeiten gäbe es?

Die eine: schneller lesen. Das Lesen wird zum Browsen, und wer einem Autor etwas Freundliches sagen will, sagt heute: Ich werde Ihnen am Wochenende eine Stunde »Qualitätslesezeit« widmen. Das heißt, höchstens am Wochenende kommt dieser Mensch manchmal noch zum richtigen altmodischen Lesen. Oder so: »Farbdruck reduziert die Qualitätslesezeit von Managern von 90 auf 30 Minuten pro Woche und erhöht die Merkfähigkeit um 83 Prozent.« An Buntem geht mehr in die Köpfe.

Die zweite Möglichkeit heißt: Multitasking. Zum Beispiel gleichzeitig einen Report studieren, den PC booten, ein Telefongespräch führen, das Radio laufen lassen und zum Faxgerät hinüberschielen. Leider funktioniert es nicht. Unser Zentralnervensystem ist so ausgelegt, dass es seine volle Aufmerksamkeit jeweils nur auf einen Gegenstand richten kann. Was nur am Rande unserer Aufmerksamkeit aufscheint, können wir nicht verstehen, und was wir nicht verstehen, können wir uns nicht merken. Mentales Multitasking ist nur ein modern tuendes Wort für steinalte Flüchtigkeit.

Die dritte Möglichkeit: die Information komprimieren. Wir leben längst in einer Zeit der Resümees, der Abstracts. Ein Journalist muss glauben, dass sich alles beliebig kurz sagen lässt. Aber er weiß auch, dass manche Themen durch Kürze umgebracht werden. Wer nur noch Überschriften und Kurzfassungen zur Kenntnis nimmt und bei allem auf die griffige Formel aus ist, die den Fall erledigt, weiß bald gar nichts mehr. Es wurde schon argumentiert, dass die Schriftsprache mit ihren langen Wörtern viel zu viel Zeit koste und durch Piktogramme ersetzt werden sollte, die die Information direkter und umstandsloser an den Mann bringen. Aber es geht nicht um die Wahrnehmungsgeschwindigkeit, sondern um die Geschwindigkeit des Verstehens, also um die Fähigkeit, ein Gedankenobjekt mit dem Strahl konzentrierter Aufmerksamkeit zu verfolgen, und die wird sich auch durch die geraffteste Symbolsprache nicht steigern lassen.

Die vierte Verteidigungsstrategie heißt: filtern. Besonders informationsgestresste Entscheidungsträger lassen nur noch streng vorsortierte Infofragmente an sich heran. Der Preis ist Wirklichkeitsverlust.

Wenn das alles nicht geht oder nichts nützt, bleibt nur zweierlei: abschalten oder noch länger arbeiten, noch mehr Zeit vor dem Bildschirm verbringen. Dieses Mehr stößt rasch an physische Grenzen, und wie ein großer Feldversuch des Human-Computer Interaction Institute der Carnegie-Mellon-Universität gezeigt hat, macht jede Wochenstunde im Internet den User um genau 0,5 Prozent einsamer und um 1 Prozent depressiver, geht also auf Kosten unserer mitmenschlichen Kontaktfähigkeit.

Natürlich ist auch dies eine jener Informationen, die die Leute überfluten und denen gegenüber sie sich in den schützenden Zustand abwartenden Zweifels zurückziehen: Heute so, morgen so, aber bis die Nachricht von morgen kommt, ist die von heute längst vergessen. Dennoch ist sie keine bloße Meinung, kein bloßer Einfall eines Internetgegners, sondern das Ergebnis eines aufwändigen und genau überwachten Feldversuchs, an dem 1995 und 1996 93 Pittsburgher Familien teilnahmen, 253 Personen. Vor dem Versuch hatte keine der Familien einen Computer, und gerne ließen sie sich von den Sozialforschern einen samt Internetanschluss ins Haus stellen. Die maßen einerseits, wie oft und wie lange und auf welche Weise sie von ihm Gebrauch machten, und gleichzeitig, wie sich ihre anderen Sozialkontakte weiterentwickelten und wie es um ihren Gemütszustand bestellt war – wie einsam, wie gestresst, wie deprimiert sie sich fühlten. Das Ergebnis verblüffte die Forscher, die an einer besonders computerstolzen Universität lehrten und anscheinend zu der weitverbreiteten Meinung tendiert hatten, der vernetzte Computer mit seinen neuen Kommunikationsmöglichkeiten werde die Menschen geselliger und weniger einsam machen und damit auch ihrer Lebensfreude Auftrieb geben. Nichts da. »Die Ergebnisse dieser Studie präsentieren ein überraschend widerspruchsfreies Bild von den Folgen der Internetnutzung. Wurde das Internet mehr benutzt, so ging mit diesem Mehr ein geringer, aber statistisch signifikanter Schwund der sozialen Teilnahme einher, gemessen an den Kontakten innerhalb der Familie und der Größe des lokalen Bekanntenkreises. Gleichzeitig nahmen Einsamkeit … und Depression zu« (Robert Kraut u. a. 1998).

Woran lag es? Nicht daran, meinten die Forscher, dass der Computer viel von der Zeit aufgefressen hatte, die vorher für soziale Aktivitäten frei gewesen war, denn die Computer waren teilweise durchaus für soziale Kontakte benutzt worden, etwa für eMail. Sondern daran, dass sich im Internet, aus der Ferne, nur schwache persönliche Bindungen aufbauen lassen, die leicht wieder zerfallen. »Selbst starke Bindungen, die durch die elektronische Kommunikation aus der Ferne aufrechterhalten werden, sind eher anderer Art und schwächer als starke Bindungen, die auf physischer Nähe beruhen.« Wirkliche Freunde hatte im Internet niemand gefunden. Die virtuelle Umtriebigkeit hatte das reale Bindungsbedürfnis nicht ersetzen können.

Der vernetzte Computer bringt einen großen Zugewinn, aber er kostet auch etwas, und es wird seinen Nutzern nicht erspart bleiben, Gewinn und Kosten gegeneinander auszubalancieren. Der Computer muss in das Leben und nicht das Leben in den Computer integriert werden. Der Mensch braucht die physische Nähe seiner Artgenossen, nicht nur die technisch vermittelte; er braucht richtige Wolken, nicht nur einen Bildschirmschoner; er muss sich mit anderen Menschen auseinandersetzen und nicht nur mit Symbolen; er braucht das echte Leben, nicht dessen Ersatz durch eine noch so gekonnte Simulation. Oder wie es in einem späten Gedicht von Enzensberger heißt: »Die Fähigkeit, eine Pfeife vom Bild einer Pfeife zu unterscheiden, ist weit verbreitet. Wer Cybersex mit Liebe verwechselt, ist reif für die Psychiatrie. Auf die Trägheit des Körpers ist Verlass. Das Zahnweh ist nicht virtuell. Wer hungert, wird von Simulationen nicht satt. Der eigene Tod ist kein Medienereignis. Doch, doch, es gibt ein Leben diesseits der digitalen Welt: das einzige, das wir haben.«

In der Informationsgesellschaft tobt ein Kampf um eine der wertvollsten nichterneuerbaren Ressourcen, unsere Aufmerksamkeit. Ein Großteil der Information, die täglich durch die Postsortieranlagen und Telefon- und Datenleitungen befördert wird, ist vagabundierende Information, die niemand bestellt hat und niemand haben will; der Aufkleber »Keine Werbung!« an den Hausbriefkästen hat Symbolwert. Diese Information kann nicht warten, bis einer sie sucht. Sie muss alles daran setzen, uns wider unseren Willen zu informieren. Aufmerksamkeitsheischer üben sich in den neuen Künsten des Pushing und Spamming. Alles muss sich größer und gröber und bunter und lebhafter und lauter geben, bis in dem allgemeinen Lärm gar nichts mehr zu verstehen ist.
Die Information aber, die ankommt, verteilt sich auf immer kleinere Interessentengruppen. Die Menschen wissen mehr denn je, aber über immer speziellere Gegenstände, der eine über Anabolika, der andere über Anabolie. Es schrumpft der gemeinsame Vorrat an Wissen. Es wird nie wieder so etwas wie einen Kanon des Wissens geben, das alle haben oder von dem sie wenigstens denken, dass sie es eigentlich haben sollten. Vor zwei, drei Jahrhunderten konnte sich ein Gelehrter noch einbilden, alles Wissenswerte zu wissen. Bis vor zwei, drei Jahrzehnten konnte er sich einbilden, wenigstens auf seinem Fachgebiet alles zu wissen und sich den großen Rest in Form einer soliden, kompakten Enzyklopädie ins Regal stellen zu können. Heute erleben wir das Ende der traditionellen Enzyklopädien, die sich ins Netz aufzulösen beginnen. Im Zeitalter der Massenkommunikation zerfällt die Gesellschaft in immer kleinere Nischen und Konventikel von Gleichgesinnten und Gleichinformierten. Der Informationsstand der Spezialisten, die wir alle wohl oder übel werden müssen, ist dank Informationstechnologie hoch und aktuell, aber das kann er nur sein, weil er immer enger wird. »Ein Großteil der Welt«, schreibt David Shenk in seinem Buch *Datenmüll und Infosmog*, »ist heute tat-

sächlich in eine dichte elektronische Infrastruktur eingebunden, aber innerhalb dieser Einheit wird der verdrahtete Planet zugleich immer fragmentierter.«

Das globale Dorf wird wohl wahr, aber anders, als man sich das einmal vorgestellt hatte. Es wird nicht die Welt zu einem einzigen großen Dorf, sondern die ganze Informationsgesellschaft splittert sich auf in lauter kleine Dörfer, deren Bewohner über die ganze Welt verstreut sind: statt des einen globalen Dorfs viele global verteilte Dörfer.

Nichts anderes meint der *Bericht über die menschliche Entwicklung 1999* des Entwicklungsprogramms der Vereinten Nationen, wenn er feststellt: »Quer über alle traditionellen nationalen Gemeinschaften hinweg entstehen immer mehr Online-Gemeinschaften, die sich durch Politik, ethnische Zugehörigkeit, Interessen, Geschlecht, Arbeit oder soziale Anliegen verbunden fühlen ... Soziale Randgruppen und Minderheiten haben Cyber-Gemeinschaften gebildet, die durch Online-Austausch Einigkeit und Stärke gewinnen.« Cybergemeinschaften: global verteilte Dörfer.

Wie derselbe Bericht klarmacht, gibt aber auch dies die wahre Sachlage noch nicht wieder. Diese Cybergemeinschaften sind über den Globus höchst ungleichmäßig verteilt. Einige Regionen sind dicht mit ihnen bedeckt, in anderen fehlen sie fast vollständig. 2,4 Prozent der Weltbevölkerung nutzen heute das Internet; aber in den Vereinigten Staaten sind es 26,3 Prozent und in Südasien nur 0,04. Für die Mehrheit der Menschen ist und bleibt der Zugang zu Computern und zum Internet unerschwinglich; abgesehen davon, dass Analphabeten auch gar nichts damit anzufangen wüssten. »Der Kauf eines Computers würde den durchschnittlichen Bangladeschi mehr als acht Jahreseinkommen kosten, während ein durchschnittlicher Amerikaner nur einen Monatslohn dafür ausgeben muss.«

Die Mehrheit der Menschen bleibt von der Informationsgesellschaft mit ihren global verteilten Dörfern ausgeschlossen; sie wohnt weiter in echten Dörfern, und wenn sie diesen massenhaft entflieht, dann nicht in den Cyberspace, sondern in deren Fortsetzung als städtische Slums.

In manchen Ländern mit dürftigen Post- und miserablen Telefonverhältnissen haben sich in den Städten »Internet-Cafés« etabliert – hier keine Orte, wo Yuppies in schicker Umgebung zwischen ein paar Drinks ein wenig im Web surfen, sondern karge Etablissements, wo ein paar PCs an der Wand stehen und in der Ecke eine Kaffeekanne und jüngere Leute eilig Post schreiben oder in die Computer brüllen und Touristen Online-Zeitungen von zu Hause lesen, die einzigen Stationen weit und breit, wo jemand überhaupt Kontakt mit dem Rest der Welt aufnehmen kann. Hier wurden mithilfe des Computers einige Stadien der Kommunikationsentwicklung übersprungen, aber es ist immer nur eine junge dünne Oberschicht, die von diesem Sprung Gebrauch machen kann. »Weltweit ist der typische Internet-Nutzer männlich, jünger als fünfunddreißig Jahre, verfügt über eine Universitätsausbildung und ein hohes Einkommen, ist Stadtbewohner und spricht Englisch – ein Mitglied einer sehr elitären globalen Minderheit.« Draußen gehen die wetterzerfurchten Leute auf Reifensohlen vorbei und ahnen nichts von den Cybergemeinschaften da drinnen.

Die Informationsgesellschaft ist keine Gesellschaft der gleichmäßig Informierten. Die Information teilt die Welt noch einmal in Habende und Habenichtse und verbreitert so die Kluft, die zwischen ihnen sowieso besteht. Zugespitzt gesagt: Die Habenichtse erreicht Information nur schwer, weil sie nicht darauf vorbereitet sind und sie sich nicht leisten können, und die Habenden, weil sie zu viel davon haben und sich ihrer erwehren müssen.

Literatur aus der Steckdose

So etwa klingen die hochgemuten Szenarien, die heute entworfen werden, dieses von einem Professor der Universität Chicago: Ein Mädchen in einer deutschen Dorfschule (oder einer Großstadtschule in Bombay) kommt auf die Idee, etwas über große Komponisten wissen zu wollen; im Computer auf ihrem Arbeitstisch stößt sie auf ein Chorwerk von Brahms; während sie über ihre Kopfhörer prompt der Musik lauscht, verfolgt sie am Bildschirm das Original der Partitur, stoppt und wiederholt den Gesang nach Belieben, spielt sich einzelne Stimmen vor, klickt sich dann weiter zu Biografien von Brahms oder zu vielerlei Anmerkungen zum Gehörten. Und wenn sie fertig ist, hat sich ihr Bild von Musik und überhaupt von Schule radikal verändert (John W. Berry).

Technisch wird es machbar sein. Wenn man unter großer Selbstverleugnung gewaltige Mittel darauf konzentrierte, könnte man genau diesem Mädchen genau dieses Bildungserlebnis schon heute verschaffen. Bliebe nur die Frage, ob sie es überhaupt wünscht. Aber einen allgemeinen Zustand werden solche Szenarien nie beschreiben. Niemals wird so gut wie alles von Menschen Geschaffene in digitaler Form vorliegen, an jedem Ort jedem zur freien Verfügung stehen und physische Bibliotheken wie Archive überflüssig machen. Dazu ist die Menschheit einfach immer viel zu produktiv gewesen.

Die Unmöglichkeit der allumfassenden digitalen Bibliothek sollte aber niemanden zu dem Schluss verleiten, der heutige Leser und auch noch seine Enkel und Urenkel könnten das ganze Internet vergessen. Dass es nie alles geben kann, heißt nicht, dass es nichts gibt. Es gab vor einigen Jahren noch fast nichts an Literatur in digitaler Form, gibt heute mehr, als man erwartet, und bald wird es sehr viel geben. Anders als noch vor fünf, sechs Jahren ist es nicht mehr ganz und gar unwahrscheinlich, dass man ein bestimmtes Buch, eine bestimmte Zeitschrift auch am eigenen Bildschirm vorfinden könnte. Die Chancen steigen ständig. Vor jedem Gang in die Buchhandlung oder in die Bibliothek tut man gut daran, erst einmal »im Netz« nachzusehen.

Für den Benutzer, der sich heute ins World Wide Web aufmachte, um dort ein bestimmtes digitales Medienobjekt zu finden, einen elektronischen Text (kurz eText genannt), eine elektronische Zeitschrift (eJournal), aber auch ein digitalisiertes Bild, ein Tondokument oder einen Film, ist die größte Hürde schon heute nicht mehr der Mangel, sondern die unsortierte Überfülle. Wer um die Jahrhundertwende auf die naive Idee gekommen wäre, eine der allgemeinen Suchmaschinen, etwa *Altavista*, im Web nach dem Stichwort <literature> fahnden zu lassen, hätte 3 634 297 Adressen gefunden, allen voran die eines kalifornischen Chipherstellers, der sich auf Lesegeräte spezialisiert hat. Machte er aus dem Suchwort <Literatur> und engte die Suche auf die deutsche Sprache ein, so landete er immer noch 670 535 Treffer, und an Platz eins stünde das *Literaturcafé im Internet*, eine elektronische Literaturzeitschrift. Beherzigte er daraufhin überwältigt den Rat, die Suche einzuengen, und suchte stattdessen nach <Shakespeare>, so wären es immer noch 361 706 Treffer, und angeführt würde die Liste von einem Website, der beweisen will, dass Shakespeare seine Stücke gar nicht geschrieben hat (die Earl-of-Oxford-Hypothese im Internet). Deutschsprachige Adressen zum Suchwort <Goethe> fänden sich 89 575, und die Nummer eins wäre die Startseite des Goethe-Instituts. Aber auf diese Weise bliebe man offensichtlich noch vor dem Aufbruch stecken. »Das Internet ist ein einziges Durcheinander«, schreiben die Aufräumer von der *Internet Public Library**. »Da niemand es verwaltet, ist das auch kein Wunder. Es gibt dort viele interessante, lohnende und wertvolle Dinge – und eine Menge, die reine Zeitverschwendung sind.« Wer am Rand dieses Dschungels steht und keinen Wegweiser findet, kann gleich wieder umkehren. Aber wo geht es zu den Wegweisern?

Dafür gibt es Lotsen, Kataloge der Kataloge sozusagen, Metaverzeichnisse, an die sich der Einsteiger zunächst wenden sollte. Einer, dem man sich am Beginn der Suche gut anvertrauen kann, ist das Web-Verzeichnis *Yahoo!*. Es führt einen, übersichtlich aufgeschlüsselt, zu vielen Tausenden von Web-Adressen, die etwas mit Autoren, Literatur, Büchern, Bibliotheken zu tun haben; in der spezialisierten deutschen Fassung sind es weniger, aber immer noch ein paar Tausend. Es sind bei weitem nicht alle; aber da sie nicht automatisch zusammengetragen wurden, sondern von lebenden Menschen gesichtet, ist die Wahrscheinlichkeit groß, dass man hier etwas vorfindet, was einem weiterhilft.

Schlecht fährt auch nicht, wer einen der Freizeitlotsen in Anspruch nimmt, die die Wirrnis erkannt haben und ihre Dienste anbieten. Vor allem den Amsterdamer Antiquar Piet Wesselman, der ein (englischsprachiges) Web-Adressenverzeichnis namens *Book Lovers** angelegt hat und unterhält. Oder, wenn man einen deutsch sprechenden Lotsen wünscht, den Hans Dampf Oliver Gassner (*OLLi**); oder den Leipziger *Bibliomaniac** Markus Kolbeck; oder, etwas steifer, aber auch professioneller, den Diplomgeografen Markus Neteler in Hannover (*BBB**).

Alles dies sind hingebungsvolle Liebhaberarbeiten, aber sie zeigen auch, dass sich dieser Lotsendienst bald nicht mehr als Liebhaberei betreiben lassen wird. Schon jetzt gibt es mehr Literatur im Internet, als einer in seiner Freizeit entdecken und sichten könnte. Die Menge wächst, und das Internet ist ständig im Fluss: Was man eben auf einem Server in Illinois entdeckt hat, ist vielleicht nächste Woche nach Nevada umquartiert oder ganz aufgegeben worden. Wenn ein solches Verzeichnis jedoch nicht ständig ergänzt und aktualisiert wird, wimmelt es schnell von überholten oder gänzlich toten Links, neben dem Zuviel der andere Albtraum der Netzenutzer. »Muss noch graben« oder »Leider komme ich gerade nicht dazu, das Ding aktuell zu halten«, steht in entwaffnender Offenheit in Gassners Kommentaren. In der Situation wäre jeder; die Zeit der Amateurpiloten der Morgendämmerung geht zu Ende.

Wer meinte, aus den Computernetzen stürze heute unaufhaltsam eine Geröllawine digitaler Bücher auf uns zu, der könnte falscher gar nicht liegen. Immer noch sind die meisten frei verfügbaren eTexte im Web Produkte idealistischer Freizeitbetätigung. Nur wenige große Bibliotheken haben angefangen, winzige Kostproben ihrer Bestände online verfügbar zu machen, nur wenige Universitätsinstitute haben es bisher als ihre Aufgabe angesehen, Texte digital zu erschließen. Seit 1997 stellt die Deutsche Forschungsgemeinschaft vier Millionen Mark im Jahr für die Retrodigitalisierung zur Verfügung. Damit wurden etwa vierzig Einzelprojekte in Angriff genommen – »der Grimm«, »der Adelung«, »der Lexer«, »der Zedler«, historische Kartenbestände, Bildsammlungen, Reichstagsdokumente, Beethoven-Erstdrucke – alles unter der Losung »Virtueller Lesesaal«, das heißt vielgefragte Werke, die keine Bibliothek gern ihren Benutzern ausliefert und die in vielen Bibliotheken fehlen. In der Regel als Image-Dateien digitalisiert, können sie überall am Bildschirm gelesen werden, ohne dass ihnen Schaden entsteht. Vor allem wurden zwei Digitalisierungszentren eingerichtet, die Know-how sammeln und ausstrahlen sollen, eines in Göttingen, das andere in München. Das Göttinger DigitalisierungsZentrum hat unter anderem eine zweiundvierzigzeilige Gutenberg-Bibel* gescannt, die online und auf CD-ROM zur Verfügung steht.

So wird nach und nach einiges zusammenkommen. Das meiste aber, was man an digitalisierter Literatur heute im Web vorfindet, ist die Sache aufopferungsvoller Amateure.

Warum aber macht sich jemand überhaupt die Mühe? Warum

sollte sie sich jemand machen? Wo die User doch am Bildschirm zwar unbegrenzt nachschlagen, aber ungern und nur im Notfall längere Texte lesen, Texte von mehr als fünf bis sechs Druckseiten Länge? Ein Buch von fünfhundert Seiten druckt man sich auch nicht selber aus, nicht nur wegen des damit verbundenen Zeitaufwands, sondern auch wegen der Kosten. Viele merken es zwar gar nicht, aber für eine Seite Hardcopy kostet allein das Verbrauchsmaterial, Papier und Tinte oder Toner, mindestens 6 Pfennig. Für dasselbe Geld oder weniger könnte man sich meist eine Paperbackausgabe des betreffenden Buchs kaufen, und die wäre besser lesbar und kein unhandlicher Stapel durcheinander geratender loser Blätter. Das setzt dem, was Bibliotheken digitalisieren sollten, von vornherein Grenzen: Es müssen Bücher oder Dokumente sein, an die man sonst nicht leicht herankäme oder in denen Interessenten in genügender Zahl nur kurz, aber möglichst sofort etwas nachschlagen möchten.

Einen weiteren großen Vorteil könnte eText ausspielen, tut es aber bisher selten: Er lässt sich automatisch nach bestimmten Wörtern durchsuchen, sodass man im Nu an die richtige Stelle gelangt. »Volltextsuche« – wer zum ersten Mal hört, dass digitaler Text diese zulässt, zuckt erst einmal die Achseln: »Na und?« Es braucht einige praktische Erfahrung mit ihr, bis der Groschen fällt. Wenn man dann wieder einmal Stunden und Tage mit einer Suche zubringen muss: nach einer bestimmten Person in einem unübersichtlichen genealogischen Serienwerk, nach einer bestimmten Tierart in den durch Register nur unzureichend erschlossenen *Zoological Abstracts* aus hundertfünfzig Jahren, nach einem einzigen Satz in einer Heine-Gesamtausgabe – erst nach solchem Frust geht einem auf, was für ein ungeahnt mächtiges neues Werkzeug allen Lesenden mit der Volltextsuche zugefallen ist, und die Retrodigitalisierung kann einem gar nicht schnell genug vorangehen. eText ist also keine bloße Modeerscheinung. Er nützt in vielen Lesesituationen wirklich, und er erlaubt ganz neue Fragestellungen zur Wort- und Text- und Kulturgeschichte.

Was auch immer man an eTexten im Web vorfindet, aktuelle Buchliteratur fehlt fast vollständig. Es gibt so gut wie keinen Text von einem Autor, der nicht seit mindestens siebzig Jahren tot ist. Die paar Fachbücher, die sich online auftreiben lassen, sind veraltete Ausgaben oder wurden von ihren Verlegern großzügig gespendet. Oder es sind Compuskripte auf der Suche nach einem traditionellen Verleger. Diese Lücke erklärt sich nicht aus dem begrenzten Nutzen von eTexten, auch nicht aus mangelndem Bedarf, sondern aus dem Zeichen ©. Die Frage nämlich, wie sich urheberrechtlich geschützte Literatur im Internet anbieten ließe, ist nach wie vor ungelöst. Sie wird auch nicht so bald gelöst werden. Es geht nämlich nicht nur darum, dass die Erlöse, welche Autoren und Verlage heute mittels Buchverkauf erwirtschaften, bei der Verlagerung der Texte ins Internet dann dort erzielt werden müssten. Möglichkeiten des Abkassierens gäbe es schon, wenn es auch die Attraktivität des Internet drastisch mindern würde. Das eigentliche Problem aber besteht darin, dass ein ins Internet gestellter Text riskiert, jeden Urheberschutz zu unterlaufen. Wer auch immer kann ihn dort nicht nur selber lesen, er könnte ihn auch fast beliebig kopieren, weiterverteilen, manipulieren, verändern, als seinen eigenen ausgeben oder sonstwem zuschreiben. Es bestünde die Gefahr, dass das ehemalige Werk auf der Stelle deauthentifiziert und kommerziell entwertet würde. Wer kühn auszieht, um die Literatur der Welt in den Computer heimzuholen, lernt darum sehr schnell, dass er mit größter Vorsicht operieren muss, wenn er sich nicht in Rechtsstreitigkeiten verwickeln will, denen er nicht gewachsen wäre.
Die älteste und größte Privatinitiative zur Digitalisierung gemeinfreier (englischsprachiger) Literatur ist das *Project Gutenberg**. Es begann 1971, als ein Student der Universität Illinois, Michael Hart, freien Zugang zum Großrechner seiner Hochschule erhielt. Sofort setzte er sich hin und tippte die amerikanische Unabhängigkeitserklärung ins System. Seitdem wirkt er mit missionarischem Eifer – denn »wir sind auf Gedeih und Verderb auf

Ihre Spende angewiesen«. Den Appell untermauert er mit bizarren Rechnungen: »Mit jeder unserer Arbeitsstunden schöpfen wir einen Wert von einer Million Dollar.« Das Ziel war, bis 2001 zehntausend Titel zu eTexten zu machen. Tatsächlich sind es bisher nur zweitausend geworden. Aber zweitausend Werke sind auch eine Menge, und das *Project Gutenberg* wurde berühmt zumindest in der Computerwelt. Dennoch hat Harts Universität es 1996 aus ihren Servern geworfen, und erst im Sommer 1997 hat es bei einem Internet-Hoster wieder eine Heimstatt gefunden.

Sämtliche Texte des *Project Gutenberg* sind mit jenen vierundneunzig Schriftzeichen geschrieben, die bis Anfang der Neunzigerjahre als Einzige im Internet befördert werden konnten: in US-ASCII. Für rein englische Texte reichen sie so eben. Die deutschen Umlaute aber oder die französischen Akzentzeichen sind im ASCII nicht enthalten. Auch aus diesem Grund haben anderssprachige private Digitalisierungsprojekte erst in den Neunzigerjahren begonnen, das skandinavische *Project Runeberg**, die französischschweizerische Initiative *Athena**, das deutsche *Projekt Gutenberg-DE**. Dieses, eine 1994 von Gunter Hille gegründete Hamburger Freiwilligen- und Freizeitinitiative, hat es inzwischen auf stattliche 150 000 Seiten Text gebracht, ist beim Online-Dienst AOL untergekommen und vor allem bei deutschen Märchen und klassischen Novellen gut sortiert.

Es ist kein Zufall, dass viele der literarischen Linklisten, der eText-Sammlungen und der Autoren-Seiten im Web mit einem Namen verbunden sind, der auch nicht unterschlagen werden sollte. In fast allen Fällen hat es sich um das Werk einzelner Enthusiasten gehandelt, und wenn sie nicht mehr konnten oder wollten, brach die ganze Initiative zusammen. Es waren Pionierjahre, in denen ein einzelner Entdeckergeist etwas bewegen konnte, und in der kommenden Zeit der Professionalisierung werden ihnen viele nachtrauern oder wünschen, sie hätten die Zeichen richtiger gelesen und wären dabei gewesen.

Bei solchen Privatinitiativen haben sich in der Regel Studenten abends hingesetzt und irgendwelche erlaubten Texte aus Büchern in ihre Computer abgetippt; oder sie haben nächtelang im Web Jagd gemacht auf lohnende Links. Jetzt, da sich die Frühnebel des digitalen Zeitalters lichten, wird aber schon klar, dass Freizeitprojekten, so nützlich sie sich auch gemacht haben, nicht die Zukunft gehört. Es waren nämlich auch schon Profis am Werk. Sie bieten mehr als abgetippte Texte: systematisch angelegte Sammlungen, sorgfältig ediert und korrekturgelesen, reich formatiert, als Ganzes durchsuchbar gemacht oder sogar so angelegt, dass sich aus einzelnen Werken Konkordanzen erstellen lassen wie bei *Alex**.

An der Columbia-Universität in New York entstand ein *Project Bartleby**, das seinen Ehrgeiz nicht darein setzt, ruckzuck möglichst viele Texte recht und schlecht zu erfassen. Es ediert ausgewählte Bücher so sorgfältig, wie es ein guter Verleger tun würde. So kamen in vier Jahren sechzig amerikanische Klassiker zusammen, und acht Millionen Abfragen im Jahr beweisen, dass die Mühe ihr Publikum hat. Bei den Privatinitiativen lädt man sich die Bücher in der Regel kapitelweise in den eigenen Computer; die automatische Suche kann sich immer nur auf kurze Textstrecken beziehen. Die wohldurchdachte *Bartleby Library* lässt sich als Ganzes durchsuchen, stellt also das dar, was in der Sprachwissenschaft ein Textkorpus heißt.

An der Tufts-Universität in Massachusetts ist die *Perseus Digital Library** entstanden, die heute ein großes Korpus der klassischen griechischen und römischen Literatur vereint, alle in der Ursprache und in englischer Übersetzung, mit Links von jedem Wort zu ausführlichen Wörterbucheinträgen und vielem anderen antiken Material – nicht einfach eine Textsammlung, sondern ein gewaltiges Studienwerkzeug in Hypertextform.

Die British Library* hat die einzige erhaltene Handschrift des *Beowulf* und andere kostbare Manuskripte, darunter die *Magna Carta*, sorgfältig kommentiert ins Web gestellt; die Bodleian Library* in Oxford unter anderem eine Sammlung keltischer Hand-

schriften und sechs englische Zeitschriften des achtzehnten und neunzehnten Jahrhunderts.
Allen voran geht wiederum die Library of Congress* in Washington. Sie hat 1994 mit der Digitalisierung von eigenen Sammlungsbeständen begonnen, alle als Image-Dateien, nicht als Text. Die verschiedenen, heterogenen Sammlungen zur amerikanischen Geschichte – Urkunden, Bücher, Fotos, Karten, Filme, Tondokumente – sind unter dem Namen *American Memory** zusammengefasst und vor allem der Schülerschaft des Landes zugedacht. An der University of Michigan wird ein in Umfang und Art vergleichbares Projekt realisiert, *Making of America.**
Von Frankreich ging das Gerücht, es seien hundertzwanzigtausend Bücher digitalisiert worden, aber im falschen Format, sodass nichts von ihnen je zu sehen sein würde. Dann, nach dem Umzug der Nationalbibliothek aus der Rue de Richelieu in das moderne Fort in der Rue de Tolbiac, waren sie doch da, in ihrer Domäne *Gallica**, erst einmal zweitausend, aber viele mehr werden folgen.
Wie aber findet man zu einem bestimmten eText? Wenn man es weiß, ist es ganz einfach. Zu bis zu fünfundzwanzigtausend englischsprachigen eTexten führen am besten zwei amerikanische Verzeichnisse oder Sammlungen, die *Internet Public Library** der Universität Michigan und die an der Carnegie-Mellon-Universität entstandene *On-Line Books Page**. Zu den eTexten in fünfzehn westeuropäischen Sprachen (außer Englisch) findet man am leichtesten über das *Electronic Text Center** der Universität Virginia.
Deutsche Bibliotheken und Universitäten haben bisher mit keiner elektronischen Sammlung der klassischen deutschen Literatur aufzuwarten. Wer diese sucht, ist indessen nicht mehr auf den Zufall oder das *Projekt Gutenberg-DE* angewiesen. Er findet sie inzwischen auf CD-ROM, systematisch und professionell verlegt und darum auch nicht frei wie die Laiendigitalisate im Web. Zum einen sind es die elektronischen Fassungen großer Werk-

ausgaben (Goethe, Schiller, Brecht, Kafka) des Cambridger Verlags Chadwyck-Healey*, im Double-Key-Verfahren aufwändig digitalisiert und darum teurer als ihre Gegenstücke auf Papier. Einen Bruchteil kostet die *Digitale Bibliothek**, die der Berliner Verlag directmedia 1997 begann, mit der CD *Deutsche Literatur von Lessing bis Kafka*, gemeinfrei gewordene Werkausgaben mittlerer Größe, das Äquivalent von gut zweihundert Büchern, alle zugleich im Volltext durchsuchbar auf einer einzigen CD für weniger als hundert Mark. Schon diese eine CD war in gewisser Weise eine »Digitale Bibliothek«. Inzwischen ist daraus eine Reihe und damit eine wirkliche Bibliothek geworden, größere vollständige Werkausgaben, einige durchaus nicht gemeinfrei, sondern von den Originalverlagen lizenziert: Heine, Fontane, Tucholsky, Marx/Engels, eine Anthologie philosophischer Schriften von Platon bis Nietzsche und eine ganze Serie großer Nachschlagewerke, von der *Propyläen Weltgeschichte* bis zu *Kindlers Malereilexikon* – es scheint, die Buchverlage beginnen zu begreifen, dass der digitale Reprint eine Möglichkeit ist, große verlegerische Anstrengungen der Vergangenheit lebendig zu halten. Alle Befürchtungen, das Buch würde verdrängt und ersetzt, sobald der Text irgendwo, irgendwie in digitaler Form zur Verfügung stände, wurden von diesen Editionen widerlegt. Die Leser haben nicht alle nur auf sie gewartet; ein durchschlagender Verkaufserfolg war bisher keiner von ihnen beschieden. Aber unter bestimmten Bedingungen – bei Platznot oder zum Nachschlagen oder mobilen Lesen oder zur Textforschung – sind sie von großem Nutzen, und mit der Volltextsuche leisten sie etwas, was das Buch nicht kann. Darum deutet heute alles hin auf eine vorläufig friedliche Koexistenz von analogem und digitalem Text.

Hypertext oder Absage ans Lineare

Die Verwechslungsgefahr ist groß. »Literatur im Internet« ist nicht dasselbe wie »Internetliteratur«. Literatur im Internet (hier ist keine Fachinformation gemeint, sondern Literaturliteratur, Belletristik also, Schöne Literatur, Dichtung), das ist eText online: vielgefragte ältere – also gemeinfreie – Gedichte, Erzählungen, Romane, philosophische und historische Schriften kostenfrei zugänglich im Word Wide Web.

»Internetliteratur« dagegen – das ist die eigens fürs Internet, genauer fürs World Wide Web geschriebene Literatur, sofern man hier noch von »Literatur« und »schreiben« sprechen kann, etwas ganz Neuartiges, inhaltlich und formal eigenständig. Ob es sie schon gibt, ist nach wie vor die Frage. Sogar, ob es sie je geben kann. Tatsächlich eröffnet das Web eine Reihe von gestalterischen Möglichkeiten, die das gedruckte Werk der Gutenberg-Galaxis nicht oder nur eingeschränkt zu bieten hat.

Zum einen ist es die Integration mehrerer Sinneskanäle, bekannt als »Multimedia«. Nicht aller: Der Riech-, der Tast- und der Temperatursinn bleiben auf absehbare Zeit ausgesperrt. Aber Text und Standbild und Ton und bewegte Bilder lassen sich prinzipiell zusammenführen, wenn auch im Falle von Video vorerst nur in frustrierender Ungelenkigkeit.

Zum anderen lassen sich im Netz mühelos und grenzüberschreitend kollektive Werke fertigen: Einer in Bonn schreibt einen Satz, eine in Lund stellt ein Foto dazu, und einer in Quito spinnt den Faden weiter.

Drittens kann man ein Computerwerk nicht nur passiv lesen wie ein Buch oder passiv anhören wie eine Schallplatte oder passiv ansehen wie einen Kino- oder Fernsehfilm, man kann selber eingreifen. Das heißt, es lässt sich »interaktiv« anlegen, wie ein Computerspiel.
Viertens schließlich kann Text, mit dem von dem Computerguru Ted Nelson* 1965 geprägten Begriff, im World Wide Web zu Hypertext werden.
Nelson prägte den Begriff und später den der »Hypermedien«, die Idee aber ist älter. Sie geht zurück auf den Computeringenieur Vannevar Bush*, im Zweiten Weltkrieg Präsident Roosevelts oberster technischer Berater. 1945 entwarf er in Gedanken eine Maschine, in die jemand alle seine Bücher einspeichern könnte (Bush dachte noch nicht an die damals für solche profanen, unnumerischen Zwecke viel zu teuren digitalen Computer, sondern an analoge Mikrofilme), nicht nur, um sie jederzeit sofort an einem Sichtgerät zur Verfügung zu haben, sondern auch, um zu einzelnen Forschungsthemen Suchpfade quer durch die Literatur aufzuzeichnen, die dauerhafter wären als die Suchpfade des Gedächtnisses. Bush nannte das Gerät Memex, *memory extender*, Gedächtniserweiterungsmaschine. Ihre Pointe war die Integration verschiedenster Text- und Bildquellen – und deren beliebige subjektive Verknüpfung. Bushs Memex hätte einer Menge schnarrender und ruckelnder Mechanik bedurft. Zwanzig Jahre später konnte Ted Nelson die Idee sozusagen elektrifizieren, indem er sie auf den Computer übertrug: Von jeder Stelle eines Bildschirmobjekts aus könnte man im Nu an jede andere springen, sogar über das gerade geladene »Dokument« hinaus zu allen anderen Datenobjekten, auf die der Computer Zugriff hat, egal, wo sie sich physisch befinden. Was sich damit auftat, war eine Welt unendlicher Verweise, wo alles mit allem verknüpfbar wird. »S. auch unter ...« als Vorschlag, als Imperativ, als Stilprinzip.
Nelson: »Hypertext ist eine sehr biologische Art der Informationsvermittlung, da er nachahmt, wie unser Gehirn Informa-

tion verarbeitet, organisiert und wiederfindet. Er schafft einen organischen Informationsraum, im Gegensatz zu dem künstlichen linearen Format, der vom Druckparadigma erzwungen wurde. Hypertext bildet *Links* genannte Verknüpfungen zwischen Informationsbrocken, die *nodes*, Knoten, genannt werden. Die sich daraus ergebende Struktur heißt *web*, Gewebe. Hypertext erlaubt die Herstellung außerordentlich reichhaltiger, flexibler Dokumente und Metadokumente, besonders in Verbindung mit Multimedia, um damit die als Hypermedia bezeichnete Verschmelzung einzugehen.« Man beachte, dass nichts in dieser genauen Definition des Hypertext-Vordenkers einen völlig neuen Literaturbegriff postuliert und etwa den Autor überflüssig macht. Vielmehr gibt ihm Hypertext beim Schreiben zusätzliche Optionen an die Hand.

Die erste Web-spezifische Option – die Multimedialität – ist nur eine Erweiterung der technischen Darstellungsmöglichkeiten. Sie ist real und wird bereits millionenfach in Anspruch genommen, auch Ton und Video werden eines nicht zu fernen Tages keinen Widerstand mehr leisten. Bildbände sind nichts Neues, auch wenn sie elektronisch-digital daherkommen; und an die Stelle oder Seite von Abbildungen lassen sich ohne weiteres Tonbeispiele oder Filmausschnitte denken. Die Inhalte betrifft die Multimedialität nur mittelbar. Eine neuartige Form von Literatur ermöglicht oder erzwingt sie nicht.

Die zweite Option – der spontane kollektive Schöpfungsprozess – wird schwerlich über das Niveau der unentwegten Chat-Groups hinauskommen, ein formloser Caféhausplausch im hochkonformistischen Internetstil, bei dem sich Nichtteilnehmer die Ohren zuhalten. An seinem Ort ist nichts gegen ihn einzuwenden. Der Irrtum beginnt, wo darin ein möglicher Platzhalter für Literatur gesehen wird. Die wurde bisher immer aus anderen Motiven gemacht und kam anderen Bedürfnissen entgegen.

Auch die dritte Option – die Interaktivität – ist mehr Hype als Chance. Denn die dem Leser erlaubte Aktivität ist eine sehr be-

grenzte. Sie erschöpft sich im gelegentlichen Drücken einer Maustaste, läuft also auf eine andere Form des Zappens hinaus.
Die vierte Möglichkeit ist mit Abstand die interessanteste: Hypertext. Bisher jedoch ist es nur ein Verdacht, dass dank Hypertext eine revolutionäre, ganz und gar neuartige Web-Literatur im Entstehen sei, die die gesamte frühere Literatur eines baldigen Tags obsolet machen wird. In der Regel wird er vorgetragen in der hochabstrakten und schwer verständlichen Sprache der postmodernen Kulturtheorie. Während Hypertext zunächst nichts anderes ist als eine unendlich flexible und besonders bequeme Art, von einer Textstelle zu einer anderen zu gelangen, hat die Kulturtheorie die Hypertext-Idee radikalisiert und verabsolutiert: »Statt linearer evolutionärer Literaturrezeption (Autor – Werk – Tradition) ist Hypertext ein Werkzeug für strukturelle synchrone Text- und Datenmodellierungen (Text – Diskurs – Kultur) auf der Basis der grundlegenden strukturalistischen Tätigkeit: auseinandernehmen und wieder zusammensetzen ... Alles kann mit allem verbunden werden! connect it!« (Heiko Idensen*).
Diesem optimistischen Verdacht steht ein anderer entgegen: nämlich dass eine Web-Literatur als radikalisierter und verabsolutierter Hypertext ein Widerspruch in sich sein könnte. Das radikale Hypertext-Programm verkündet ja nicht etwa die Reize ineinander gestaffelter Fußnoten, sondern etwas viel Größeres: dass der Schreibstil der Zukunft den geschlossenen, »linearen« (von vorn bis hinten durchzulesenden) Text eines individuellen Autors obsolet machen werde. An seiner Statt gibt es »interaktiv« herbeigeklickte anonyme Informationspartikel, von überall und nirgends heranströmend, die sich der Betrachter am Bildschirm zusammenstellt, um »Bezüge« zu bemerken, und die nach der Lese-Session dann prompt zerfallen oder mit der einen oder anderen eigenen Beigabe an andere weitergereicht werden, die das gleiche damit machen.
Es würden dann keine »Texte« mehr von »Autoren« »geschrieben« (alle diese altmodischen Begriffe gerieten in Anführungs-

striche); stattdessen navigierte und interagierte und collagierte und modellierte der Netz-User in einem »aktiven semiotischen Prozess intertextueller Generierung von Texten aus Text« – so der gleiche »so genannte Autor«, Heiko Idensen, falls er nicht auch diese Sätze seines immerhin noch »linearen« Web-Pamphlets aus anderer Leute weniger fortschrittlichen Texten »generiert« hat.

Die ganze Übung soll etwas Radikaldemokratisches haben: Endlich würde der Autor entmachtet. Was man im Zeitalter des radikalen Hypertext noch liest – oder richtiger: modelliert –, ginge von keinem bestimmten Autor mehr aus, sondern entstammte einem riesigen kollektiven Raum, dem Cyberspace. Jeder schwämme in ihm, eignete sich dies und das an und ließe es gleich wieder fallen, und die Welle, die er dort hinterlässt (oder auch nicht), das ist seine Lektüre und seine Literatur.

Die Frage ist nur: Will jemand anders solche selbsterzeugten Medienbricolagen ebenfalls »lesen«? Warum sollte er wollen?

Literatur war bisher etwas, das meditative und konzentrierte Ruhe verlangte. Der Leser (ohne Anführungszeichen) brachte sie auf, weil er das, was ein anderer erdacht hatte, interessant fand und sich freiwillig und gern darein vertiefte. Und interessant konnte man es finden, weil ein anderer sich ebenfalls in eine Sache vertieft, sie gedanklich durchdrungen, eine subjektive Ordnung darin geschaffen und sich dann die Arbeit des Ausdrucks zugemutet hatte, auf eine Weise, die man selber nicht hätte leisten können oder wollen. Ein Groschenroman besteht zwar auch nur aus vorgefertigten Versatzstücken, aber selbst der billigste seiner Art verdankt sich noch einer gewissen persönlichen Ausdrucksanstrengung. Bei dem in den Computernetzen vagabundierenden Bricoleur entfiele sie ganz.

Zwei Umstände vor allem sind es, die diesen radikalen Hypertext-Entwurf schon im Ansatz in Frage stellen.

1. »Linear« ist und bleibt Lesen zwangsläufig immer – kreisförmig oder Verschiedenes simultan kann der Mensch nicht lesen.

Es ist nur die Frage, ob man einen Text lediglich in einer Linie durchqueren kann oder die Wahl zwischen mehreren hat; und wie kurz die einzelnen Linien sein sollen. Die Linearität der Erzählung ist nun aber kein Fluch, den die lesende Menschheit nicht bald genug abschütteln kann. Sie entspricht aufs humanste unserer Erfahrungsweise: »Wir leben und denken und nehmen wahr und handeln in der Zeit, und Zeit bedeutet Sequenz, und Sequenz begründet die Erzählung ... Geschichten sind linear, selbst wenn ihr Gegenstand es oft nicht ist, und sie bleiben auch dann linear, wenn sie unchronologisch erzählt werden ...« (der amerikanische Romancier John Barth). Es hat seinen Reiz, die Linearität der Erzählung einmal durch das Story-Puzzle zu ersetzen, das sich der Leser selber zusammenbauen muß. Das epochale Wunder, das manche zu erwarten scheinen, sobald sich die Narration von der leidigen Linearität befreit, dürfte jedoch auf sich warten lassen.
Die Internetliteratur löst die Linie der Erzählung auf, aber nicht nur irgendwie, sondern zwangsläufig in viele sehr kurze Stücke, »Lexien« genannt, jede höchstens einen – grafisch aufgelockerten – Bildschirm lang. Die durchschnittliche Dauer einer Internet-Session ist eine halbe Stunde, die durchschnittliche Verweildauer bei einer Webseite fünfundfünfzig Sekunden (so das Internetforschungsinstitut Nielsen) – da dürfen die Lexien um Himmelswillen nicht zu lang sein. Ständig ist der Leser auf dem Absprung zu neuen, ebenso kurzen Lexien. Es könnte also die genau richtige Literatur für die verkürzte Aufmerksamkeitsspanne werden, ein zerfahrenes Zappen von Schnipsel zu Schnipsel, mit dem einzigen Ziel, für einen Moment »Bezüge« zu entdecken, deren Natur gnädig im Dunkeln bleibt. Literatur nicht als Mittel zur Schärfung der Wahrnehmung und des Denkens, sondern zu deren Abstumpfung: Das ist wirklich etwas Neues. Es wirkt wie eine Karikatur und ist natürlich gar nicht wahr, ist aber ernst gemeint: »Ich, ich lese Mark Leyner und Jean Baudrillard gleichzeitig, auf dem Schoß

ein Exemplar von *Wired*, Hypertext von Carolyn Guyer auf dem Monitor, im Fernsehen MTV, die Fenster weit offen, während ein Jumbo vom Himmel fällt ... [und] ich mir *Dirty* von Sonic Youth anhöre, echt, ECHT laut aufgedreht« (der Avant-Pop-Autor Lance Olsen*).

2. Was der Hypertext-Zapper sich im Schweiße seines Angesichts erklickt, muss irgendwann von jemandem gedacht, geschrieben, gezeichnet, komponiert worden sein, braucht also natürlich einen Autor, sonst entbehrte es von vornherein jeden Interesses, und er hielte es auch der entsagungsvollsten Collagierbemühung nicht für wert. Die radikale Art von Hypertext macht dem schlichten herkömmlichen Text also durchaus nicht den Garaus; sie setzt ihn vielmehr voraus und ist nichts anderes als ein besonders leichtfertiger Umgang mit ihm. Sie schmarotzt von ihm. Radikaler Hypertext: eine Art, progressive Literatur zu machen, ohne etwas schreiben zu müssen – und darum eine gewisse Verlockung für solche, die nicht schreiben können, auch kaum ahnen, welche Tradition sie in die Schranken fordern, und sich umso lieber hinter einer radikalen Theorie verschanzen. Das Internet macht den Autor keineswegs überflüssig. Je mehr heiße Luft es enthält, desto größer wird der Hunger nach originalen Inhalten.

Ich vermute, wenn dem Hypertextfan auf seinen Mausklick hin überraschend der Anfang von Prousts *Recherche* oder Joyces *Ulysses* erschiene, würde er gar nicht mehr merken, dass hier etwas Ungewöhnliches beginnt, ein Wunder. Er würde das unerwünschte und ihn durch keinen Gag anmachende Objekt schon vorm Ende des ersten Absatzes wieder löschen – und beim nächsten Klick höchstens den »Bezug« entdecken, dass der beliebige nächste Reiz wenigstens nicht so langatmig ist, wie es dieser Was-war's-denn-noch-gleich eben war.

Denn was am Bildschirm nicht auf Anhieb die Aufmerksamkeit arretiert, wird gnadenlos weggeklickt – es sei denn, man ist von vornherein auf der Suche nach etwas ganz Bestimmtem, will dies und nur dies auf altmodische Art lesen. Einen Roman oder auch ein Buch der Wissenschaft schlägt man in einer völlig anderen Erwartungshaltung auf. Und selbst wenn einen die erste Bildschirmseite gefangen nehmen sollte: Lange wird man nicht weiterlesen, am Computer vertragen die Menschen nur kurze Texte. Undenkbar, dass jemand einen ganzen Band der *Recherche* am Bildschirm durchläse, selbst wenn der mit vielen Anmerkungen und Querverweisen und Bildern und Tönen zu einer weniger radikalen Art von Hypertext aufbereitet wäre. Auf was der Hypertextfan bei seinen Streifzügen durchs Web anspringt, könnte also alles Mögliche sein, aber nicht, was bisher immer unter Literatur verstanden wurde und die Bereitschaft zu längerer lesender Aufmerksamkeit voraussetzt.

Proust im Web: Dem nicht so postmodernen Leser könnte sein linearer, referenzieller, altmodischer, von einem autoritären Autor geschaffener Text auch in digitaler Gestalt auf vielfache Weise nützlich sein, und auch als Hypertext, mit Sprungmöglichkeiten zu Anmerkungen oder Abbildungen oder den Vorbildern der Vinteuil-Sonate, wäre er willkommen. Aber die grundstürzend neuartige »Web-Literatur« dürfte sich als ein Paradox erweisen. Eine Literatur, die nicht mehr geschrieben und gelesen wird, ist sonst was, aber keine Literatur. Soll sie sich ehrlicherweise intermediale Online-Bezugsgenerierung nennen.

Dennoch lässt sich die Internetliteratur nicht schon ad acta legen, ehe sie recht begonnen hat. Ich meine nur, die Erwartungen sollten gedämpft werden. Das ganz und gar Neuartige könnte sich als Windei erweisen. Vorläufig sollten die User darum nicht auf das ganz Andere pochen, sondern zunächst einmal auf ein Stück substanzielle Literatur, geschrieben von einem identifizierbaren Autor (oder mehreren), zu lesen von einem zur Konzentration willigen Leser. Und dann sollte man sehen, ob es sich mit den speziellen Mitteln des Webs sinnvoll anreichern und verändern lässt. Ein technisch aufgeblasenes Nichts bliebe ein Nichts; der Aufwand machte seine Nichtigkeit nur noch sichtbarer.

Vielleicht gelingt es diesem oder jenem HTML-kundigen Autor, unbekümmert um die großsprecherischen und gebieterischen Theorien etwas zu schaffen, was lesbar ist, was andere lesen möchten, was sich neben den Büchern auf dem Regal nicht zu verstecken braucht – und was außerhalb des Webs auch nicht auszudrücken wäre. Dann gäbe es eine Internetliteratur.

eNzyklopädien

Da thronen sie immer noch wuchtig und gewichtig in jeder öffentlichen oder privaten Bibliothek, ein Allerweltsorakel, das jedem eine Antwort auf jede Frage verspricht: die Enzyklopädien. Größer noch als ihr Gebrauchswert ist ihr symbolischer Wert. Das Wort bedeutet »Kreis des Wissens«, »Rundhorizont der Bildung«. Die Enzyklopädie versichert, alles menschliche Wissen habe eine gute Ordnung und lasse sich, wenn schon nicht mehr in einem Kopf, dann wenigstens zwischen ein paar Buchdeckeln übersichtlich und für jedermann verständlich versammeln.

Schon 1989 waren die ersten Enzyklopädie-CDs erschienen: *Compton's* (aus dem Lehrmittelverlag The Learning Company) und *Grolier* (aus dem heute zur französischen Hachette-Gruppe gehörenden amerikanischen Lexikonverlag gleichen Namens, der 1945 die älteste rein amerikanische Enzyklopädie gekauft hatte, die 1823 gegründete *Encyclopedia Americana*, die es in gedruckter Form heute nicht mehr gibt, nur noch als Online-Erweiterung der *Grolier*-CDs). Große Beachtung hatten beide nicht gefunden. Dann aber schlug ein Meteorit in die festgefügte Welt der Enzyklopädien. Das war 1993, als Microsoft mit ihrer digitalen und multimedialen Hypertext-Enzyklopädie *Encarta* auf den Plan trat und fast aus dem Stand reüssierte. Der Verkaufspreis trug wesentlich zum Erfolg bei. Während gedruckte Enzyklopädien Tausende kosteten – Dollars wie Deutsche Mark – und ihre ersten Übertragungen in die digitale Form bei anderen Verlagen (*Enyclopædia Britannica, Bertelsmann Lexikothek*) genauso viel, hatte Microsoft es sofort auf den Massenmarkt abgesehen. Wer schon immer eine der großen Enzyklopädien besitzen wollte, aber kein Geld oder keinen Regalplatz dafür hatte, konnte sich nun plötzlich den schon verdrängten alten Wunsch erfüllen. Bis einschließlich der 99er-Ausgabe wurden von der *Encarta* weltweit zwanzig Millionen Exemplare verkauft, und Microsoft wurde damit ganz nebenbei zum wahrscheinlich größten Lexikonverlag der Welt. Als Softwarekonzern kalkulierte Microsoft von vornherein anders als die angestammten Buchverlage. Die waren immer davon ausgegangen, dass man, wenn überhaupt, sich eine Enzyklopädie nur einmal im Leben kaufe, und die würde einem bis ins Grab und vielleicht sogar noch den Kindern und Enkeln ihre Dienste leisten; so hatten die Verkäufer der *Britannica* an den Haustüren argumentiert. Das trug zwar der beschränkten Lebensdauer der Information nicht Rechnung, war aber dennoch richtig, solange Enzyklopädien aus Papier waren. Eine digitale Enzyklopädie aber ist immaterielle Software, es müssen für ihre Verbreitung keine Bäume gefällt werden, und Software wird alle paar Jahre durch Neufassungen ersetzt. Zudem kommen häufige Aktualisierungen dem Gegenstand entgegen, dem »Wissen der Welt«, das nicht daran denkt zu erstarren, nur weil eine Enzyklopädie es so vorbildlich gesammelt und geordnet und zusammengefasst hat. Gedruckte Enzyklopädien sind hier und da schon überholt, wenn sie an die Buchhandlungen ausgeliefert werden. Über das Veralten ihrer Inhalte müssen sie sich schwerfällig mit jährlichen Ergänzungsbänden hinweghelfen, die sie nach und nach unbenutzbar machen. Von digitalen Enzyklopädien dagegen kann es jährlich integrierte Neufassungen geben; durch Einbindung ins Internet können sie gar so aktuell sein wie eine Tageszeitung. Wer seine digitale Enzyklopädie alle paar Jahre durch eine aktuelle Neufassung ersetzt, hat am Ende aber mehr Geld dafür angelegt als früher für die eine Enzyklopädie seines Lebens. Von ihrem Verlag verlangt eine digitale Enzyklopädie die gleiche hohe Investition wie eine papierene, und sie macht sich nicht durch einen hohen Einzelverkaufspreis bezahlt. Wenn sie sich etablieren kann, erzeugt sie durch die regelmäßigen Updates dennoch, was Ökonomen einen positiven Cash-Flow nennen. Um die *Encarta* zu etablieren, hat Microsoft sie anfangs zum Teil sogar praktisch verschenkt, in der Hoffnung auf das zukünftige Update-Geschäft.

Der Erfolg der *Encarta* hat jedenfalls den Verdacht widerlegt, Enzyklopädien als solche könnten obsolet sein. Aber plötzlich stellte sich die Frage, ob alle jene ehrwürdigen gebundenen Enzyklopädien nicht Saurier seien, Auslaufmodelle. »Kein Verbraucher, der bei Verstand ist, wird heute noch eine gedruckte Enzyklopädie kaufen«, schrieb 1994 ein amerikanischer Fachrezensent, Kenneth F. Kister.

Am schwersten traf die Krise die wahrscheinlich größte und angesehenste der westlichen Enzyklopädien, die *Encyclopædia Britannica*. Britisch war sie schon lange nicht mehr. 1768 von einer »Gesellschaft von Gentlemen« in Edinburgh gegründet, wurde sie 1901 nach Amerika verkauft und seit den Dreißigerjahren von einer der University of Chicago assoziierten Stiftung herausgegeben, soweit bekannt immer mit Gewinn. Ihren Zenit erreichte sie 1989, zur Zeit ihrer fünfzehnten Auflage: 650 Millionen Dollar Umsatz, ein Verkäuferheer von 2300 Mann. 1992, noch vor der ersten brauchbaren digitalen Enzyklopädie der Konkurrenz, waren dann aber plötzlich Verluste da: 4,6 Millionen Dollar. 1993 waren es schon 15 Millionen. Einsparmaßnahmen drückten sie 1994 zwar auf 2,8 Millionen, aber der Absatz, der 1990 noch 117 000 Einheiten betragen hatte, ging bis 1994 um 56 Prozent und bis 1997 um 83 Prozent zurück. Die Krise war also älter als die Konkurrenz der *Encarta*. Den Einstieg in die Digitalität hatte die *Britannica* verschlafen; dazu hatte sie auf einem zu hohen Ross gesessen. Als sie 1995 ihre erste CD herausbrachte, war diese viel zu primitiv gemacht und viel zu teuer, um der Konkurrenz Paroli bieten zu können. Tastenden Versuchen einer Online-Präsenz in wechselnden Partnerschaften war kein

Erfolg beschieden. 1995 begann sie ihre große Verkaufsorganisation zu liquidieren, die schnieken Drückertrupps, die sie vor allem in Amerika und Großbritannien an den Haustüren und auf Flughäfen verkauft hatten. Trotzdem wäre sie am Ende gewesen, hätte sich nicht 1996 der Schweizer Financier Jacob Safra gefunden, der sie für 135 Millionen Dollar kaufte (ihre Manager hatten von 500 Millionen geträumt). 1997 hat sie noch einmal ihre letzte Auflage nachgedruckt, die fünfzehnte von 1989. Nach 2001 soll es die Druckfassung nicht mehr geben. Zwar können sich die digitalen Derivate inzwischen sehen lassen, aber reicht das? War es nur eine letzte Verzweiflungstat, als sich die *Britannica* im Herbst 1999 in Gänze gratis ins Netz stellte, in der Hoffnung, sich dort aus Anzeigen zu finanzieren? Oder ist dieser neue Website, *Britannica Online*[1] schon die Enzyklopädie der Zukunft, und dann gar auf Anhieb die beste?

Auf der Homepage tut sich neben den Tagesnachrichten aus der *Washington Post* ein einziges Eingabefeld für die Suchwörter auf. Man kann wählen, wo man suchen will: in der Enzyklopädie oder, für eine bloße Worterklärung, im Wörterbuch *Merriam-Webster* (dessen Verlag eine Tochterfirma von Encyclopædia Britannica, Inc. ist). Nach der Suche, die schnell geht, teilt sich der Bildschirm in mehrere Spalten. In der ersten stehen, nach mutmaßlicher Relevanz sortiert, die Anfänge der *Britannica*-Artikel zu dem Thema der Suche; jeden kann man anklicken und im Volltext lesen. Eine zweite Spalte enthält geprüfte, kommentierte und mit Baedeker-Sternchen bewertete Weblinks zum Thema, aus einem Pool von 125 000. Eine dritte enthält Links zu relevanten Zeitschriften- und Magazinartikeln im Volltext, eine vierte Hinweise auf Bücher, die man auch gleich kaufen kann. Es ist so fabelhaft wie unheimlich: Irgendjemand muss für die Erstellung, Ordnung und Erschließung dieser Information bezahlen, und ihr Benutzer ist es nicht.

1 www.britannica.com, nicht zu verwechseln mit der alten Adresse www.eb.com

Dass sich die Druck-Enzyklopädien seit der ersten Hälfte der Neunzigerjahre in der Krise befinden, lag nicht nur daran, dass plötzlich ein mit Daten vollgepackter Silberling vom Himmel gefallen war, der sie alt aussehen ließ. Die Krise hatte tiefere und ältere Gründe.

Zum einen war nicht mehr sicher, ob es überhaupt noch jenen Menschentyp gab, an den sich Enzyklopädien immer gewendet hatten. Sein Name jedenfalls wird seit den Sechzigerjahren nur noch mit tiefer Verachtung genannt: »Bildungsbürger«. Vielleicht hat er die Verachtung nicht verdient und wird eines Tages rehabilitiert, vielleicht ist er nicht wirklich ausgestorben; aber er hätte sich seither nicht mehr so gern durch ein so durch und durch bildungsstolzes Attribut wie den Besitz einer Enzyklopädie zu erkennen gegeben.

In Deutschland hieß die Enzyklopädie lange »Konversationslexikon«. Schon das Erste seiner Art, das einbändige *Reale Staats- und Zeitungs-Lexicon* des Merseburger Gymnasialrektors Johann Hübner aus dem Jahre 1704, nannte als seinen Zweck, es solle angesichts einer immer unverständlicheren Welt »Gelehrten und Ungelehrten« dabei behilflich sein, einen »Staats-Discours miteinander zu führen«. Ob sie jemals zur gezielten Vorbereitung auf die Conversationen in den Salons der »feinern und gebildetern Kreise« gebraucht worden sind, steht dahin, aber ihr waren sie jedenfalls zugedacht, so wie sie das *Conversations-Lexikon* des Verlegers F. A. Brockhaus 1852 beschrieb: »Jeder sagt seine Meinung, und unterstützt sie mit wenigen Worten. Keiner bestreitet die Ansicht eines Andern mit Hitze; Keiner vertheidigt die seinige mit Hartnäckigkeit. Man untersucht, um sich zu belehren, und hört auf, ehe man in Streith geräth. Jeder unterrichtet, Jeder unterhält sich, Alle gehen vergnügt auseinander …« Diese Zielgruppe der bildungsbeflissenen höflichen Causeure ist jedenfalls stark geschrumpft. Geschrumpft ist das allen gemeinsame Wissen; jeder ist heute ein Spezialist auf seinem immer engeren Feld und ein Idiot, ein stolzer *dummy* auf allen übrigen. Verächtlich

gemacht wurde sogar das Bedürfnis nach einem »Kanon« – der doch nichts anderes wäre als ein Mindestbestand an gemeinsamem Wissen, das, worüber sich die Angehörigen einer Gesellschaft miteinander unterhalten können.
Die Enzyklopädie ist ein Spross der Aufklärung. Sie setzt voraus, dass die Menschen es für nützlich halten, alles relevante rationale Wissen zu sammeln und zu ordnen und weiterzuvermitteln. Wie es der Erste unter den Enzyklopädisten, Denis Diderot, formulierte: »Das Ziel einer Enzyklopädie ist es, alles Wissen zu versammeln, das jetzt über die Erdoberfläche verstreut ist, den Zeitgenossen seinen allgemeinen Aufbau bekannt zu machen und es den Nachkommen zu überliefern, auf dass die Mühen der Vergangenheit kommenden Zeiten zum Nutzen gereichen und unsere Enkel gebildeter, tugendhafter und glücklicher werden ...«
In der Zeit der explosionsartigen Wissensvermehrung hat das keine Gültigkeit mehr. Etwa alle zwölf Jahre verdoppelt sich die Menge wissenschaftlicher Information. Der aktuelle Wissensbestand ist heute 16-mal so groß wie vor fünfzig Jahren, und in noch einmal fünfzig Jahren wird er 256-mal so groß sein. Kann eine Enzyklopädie entsprechend mitwachsen? Dann müsste die *Britannica*, deren letzte Druckausgabe von 1989 32 Bände zählte, im Jahre 2039 512 Bände haben und zur nächsten Jahrhundertwende gut 16 000. Selbst wenn dann 90 Prozent davon veraltet sein sollten, wären es immer noch 1600 Bände. Und da sich auch die Umschlagrate beschleunigt, müsste sie zwischendurch immer öfter neu aufgelegt werden. Es ist klar, dass das behäbige traditionelle Konversationslexikon dieser Akzeleration nicht gewachsen ist. Wenn der Typ Enzyklopädie mithalten will, bleibt ihm der Weg in die Digitalität nicht erspart.
Aber wird er denn überhaupt noch gebraucht? Auf der einen Seite will jeder möglichst direkt an die Quelle einer gesuchten Information. Wenn man sie im Internet fände, könnte man sich den Umweg über die Lexikografie ersparen. Aber findet man sie dort auch? Und wenn: Bürgt jemand für ihre Richtigkeit? Die

Überfülle der Information in den Netzen und das unsortierte Nebeneinander von Juwelen und Talmi machen es dort immer schwieriger, das Gesuchte zu finden. Für die Navigation in den Datenmeeren sind Lotsen nötig. Darum könnten Enzyklopädien durchaus eine Zukunft haben, wenn sie sich entsprechend umdefinieren und umstrukturieren. Die digitalen Enzyklopädien sind alle auf dem Weg dahin.
Am Ende wären sie nichts Statisches mehr, sondern so etwas wie Portale zu den Gebäudekomplexen des Wissens, die über ihre eigene Information hinausführen in die Weiten des Internet. Das Hypertextprinzip – die Aufgabe der linearen Struktur zugunsten einer kreuz und quer verlinkten – macht das alte Dilemma aller Sachlexika hinfällig: Sollen sie ihren Inhalt auf viele »kleine« Stichwörter verteilen (das deutsche Prinzip) oder auf wenige »große« (das angelsächsische)? Wie findet der Benutzer von den kurzen Sacherklärungen zu den Zusammenhängen? Wie die knappen Sacherklärungen in den großen Zusammenhängen? Die gedruckte *Britannica* hatte das Dilemma besonders anschaulich vorgeführt, als sie sich in eine »Micropædia« der kurzen und eine »Macropædia« der langen Artikel zweiteilte, mit der Folge, dass der Benutzer immer erst an einem dritten Ort nachsehen musste, im Registerband. Das Hypertextlexikon dagegen kann sich zwanglos in mehreren Schichten organisieren: von der Kurzerklärung zu immer ausführlicheren und spezielleren Darstellungen, also in die Tiefe, und gleichzeitig in die Breite der größeren Zusammenhänge. Irgendwo auf dem Weg in die immer speziellere Information ist das Wissensrund, das in der Enzyklopädie versammelt ist, erschöpft. Dann muss sie den immer noch nicht zufriedenen Benutzer in die weite Infowelt entlassen – einmal in eine Datenbasis, deren Inhalte noch sie selbst mitbestimmt, und dann, mittels geprüfter und aktuell gehaltener Linkkataloge, in die Freiheit des World Wide Web. Eine solche Enzyklopädie hat dann nicht nur eine Breite, sondern auch eine räumliche Tiefe. Und sie kann so aktuell sein wie eine Tageszeitung. Eine

bloße Zukunftsvision ist das nicht; in dieser Richtung bewegen sich die führenden digitalen Enzyklopädien heute alle, vorweg die *Britannica* und die *Encarta*.

Wird es also gar keine papierenen Enzyklopädien mehr geben? Doch, sagt Alexander Bob, Redaktionsvorstand des Bibliographischen Instituts, das immer noch 90 Prozent seines Umsatzes mit Büchern macht. (Der Anteil der digitalen Medien wächst jedoch stärker als der der Bücher.) 1999 hat es eine neue 24-bändige *Brockhaus*-Enzyklopädie (»Das Wissen der Welt«) fertig gestellt, und Bob ist sicher, dass sie eine Nachfolgerin haben wird. Aber warum eigentlich? Warum nicht alles auf eine DVD? »Weil das Nachschlagen in einem gedruckten Werk schneller geht. Weil wir das Nachschlagen auf diese Weise gelernt haben. Weil Bücher eine Haptik besitzen, die digitalen Werken in ihrer Unkörperlichkeit abgeht. Weil sie überall benutzbar sind. Weil sie einen persistenten intellektuellen Besitz darstellen. Weil ...«

Hinzuzufügen wäre, dass zwar die Suche in einem gut indizierten digitalen Werk unvergleichlich leichter fällt und schneller geht, dass aber die Orientierung in ihm schwerer ist: Man sieht immer nur eine Bildschirmfüllung, eine Lexie, und man weiß nie genau, wo man gerade ist und was es rundherum noch geben mag. Darum wird die Qualität einer digitalen Enzyklopädie auch davon abhängen, wie gut es ihr gelingt, jederzeit Ausblick in das Umfeld und die Tiefe des gerade behandelten Themas zu gewähren.

Jeder möchte natürlich als Erstes wissen, welches die Beste dieser neuartigen Enzyklopädien ist. Ein Test muss her! Leider lassen sich Enzyklopädien nicht objektiv testen wie Toaster, genauso wenig wie etwa Romane. Sie wenden sich nicht an Verbraucher, sondern an Leser, die Untergruppe der fragenden Leser. Zu unterschiedlich sind deren Anforderungen und Benutzungsgewohnheiten, zu stark wechseln sogar die Ansprüche des einzelnen Fragestellers von Situation zu Situation, als dass sich objektiv bestimmen ließe, welches die Beste im ganzen Land ist, die, welche die meisten und richtigsten Information zum günstigsten

Preis zu bieten hat. Wer einigen von ihnen dieselben kleinen oder großen Fragen aus verschiedenen Wissensgebieten gestellt und sein momentanes Informationsbedürfnis mal hier, mal dort besser bedient gefunden hat, wird sich am Ende vor jeder platten Kaufempfehlung hüten und sich auf ein paar allgemeine Beobachtungen beschränken.

Die englischsprachigen Enzyklopädie-CDs außer der *Britannica* sind stark auf die Hausaufgabensorgen amerikanischer *high school students* zugeschnitten, die von *Compton* und *Grolier* in einem solchen Maße, dass sie für deutsche Benutzer von vornherein kaum in Frage kommen.

Einem Buch in seiner Körperlichkeit sieht man vieles an, ehe man auch nur mit dem Lesen beginnt: wie viel »Information« ungefähr es enthält, wie sein Inhalt angeordnet ist, an welche Altersstufe es sich wendet, wie viel Sorgfalt auf seine Herstellung verwendet wurde, und nebenbei ganz schlicht auch, wie viel seinen Herstellern die Verbreitung seiner Inhalte wert war. Alle diese mehr oder weniger unbewusst aufgenommenen Metainformationen bestimmen mit, ob man es kauft, wie gern und wann man es zur Hand nimmt und wie viel Vertrauen man ihm entgegenbringt. Sie erleichtern auch von vornherein die Orientierung in einem Buch. CDs dagegen müssen ohne solche Einstimmung auskommen. Sie sehen alle gleich aus, ihre körperliche Gestalt lässt keine Rückschlüsse auf ihre Inhalte zu, mit jeder CD kauft man die Katze im Sack. Man weiß vor allem nicht einmal näherungsweise, wie viel Text sie enthält. Durchmesser 13 Zentimeter, Gewicht zwölf Gramm: die eine CD, die den Text aller 32 Bände der *Encyclopædia Britannica* enthält, ihrer 30 000 eng bedruckten, zweispaltigen Seiten, 1,2 Regalmeter weit, 1,2 Zentner schwer, unterscheidet sich nur durch die Aufschrift von der CD mit Microsofts Computerlexikon, das aber nur etwa ein Hundertfünfundachtzigstel ihres Platzes belegt.

Wie lässt sich das Einheitspokergesicht der CD durchschauen? Durch Stichproben? Wenn sich beispielsweise zum Thema

»Menschenrechte« in der *Britannica* über tausend Zeilen finden, in der deutschen *Encarta* 280 (unter »Grundrechte« und »Naturrecht«), im *Brockhaus* (unter »Menschenrechte« und »Grundrechte«) 160, mag das typisch sein, aber vielleicht auch nicht.
Die – meist auf der Verpackung der CDs vermerkte – Zahl der Artikel oder behandelten Stichwörter ist nichtssagend: Dass der *Brockhaus 2000* 89 000 Artikel umfasst, die deutsche *Encarta 2000* aber nur 42 000, besagt noch lange nicht, dass diese weniger Text enthält. Der Grund für die Diskrepanz könnte schlicht der sein (und ist es in diesem Fall wirklich), dass der *Brockhaus* seinen Inhalt in kleinere Portionen zerlegt.
Nur die Wörterzahl lässt einen objektiven Vergleich der Textmengen zu. (Und in der EDV braucht es keine tiefschürfenden Diskussionen, was als Wort gelten soll: Ein Wort ist jede Zeichenfolge, die zwischen zwei Leerzeichen steht.) Die *Britannica CD* zählt etwa 45 Millionen Wörter, die amerikanische *Encarta* 20, ihre Deluxe-Ausgabe 40, die deutsche *Encarta* 8,6, ihre Plus-Ausgabe 10. Der Verlag der *Brockhaus*-CDs verrät die Wörterzahl so wenig wie die Auflagenzahlen, sondern nur, dass sie zwar kein genaues gedrucktes Gegenstück haben, aber etwa dem 15-bändigen *Brockhaus* entsprechen. Trifft dies zu und kalkuliert man für die 3000 zusätzlichen »Thementexte« noch einen angemessenen Aufschlag ein, so kommt man auch bei einer großzügigen Hochrechnung auf nicht mehr als 5 Millionen Wörter.
Was den schieren Textumfang und mit ihm die Weite und Tiefe der Information angeht, ist also die (nur in englischer Sprache vorliegende) *Britannica CD* nach wie vor unübertroffen. Aus ihr lässt sich mit großem Abstand das meiste erfahren, auch wenn es manchmal mühsam ist, alles zusammenzusuchen.
Der *Brockhaus 2000* profitiert zwar vom Renommee der großen, 24-bändigen *Brockhaus*-Enzyklopädie, enthält diese aber mitnichten. Er ist eigentlich gar keine Enzyklopädie – und nennt sich auch selbst nicht so –, sondern über weite Strecken nichts als ein erklärendes Wörterbuch. Sein Verlag hält Präzision und Kom-

paktheit für das Hauptmerkmal der Marke *Brockhaus*, das sie vorteilhaft von der Konkurrenz unterscheiden soll. Ob die Benutzer der *Brockhaus*-CDs das genauso zu sehen bereit sind, ist zweifelhaft. Der *Brockhaus* schwört auf das Prinzip der vielen knappen (»unvernesteten«) Stichworterklärungen, weil es dem Suchenden die Sache leichter mache. Für die Papierfassungen traf das zu, doch Hypertext macht die Frage »Kurz oder lang?« eigentlich obsolet. Die *Brockhaus*-CDs jedoch präsentieren die Information so gedrungen wie auf Papier: im Telegrammstil, gespickt mit Abkürzungen (*v.a.*, *Dtl.*, *nat.-soz.*). Auf Papier war und ist es sinnvoll, den Platz quadratmillimeterweise zu sparen. Der Speicherbedarf von digitalem Text ist jedoch, verglichen mit dem von Abbildungen oder Tondokumenten oder gar Videoclips, so lächerlich gering, ein Byte pro Buchstabe, 630 Millionen Buchstaben auf einer CD und in komprimierter Form noch viele mehr, dass solche Sparsamkeit sich hier wie reiner Geiz ausnimmt. Zuweilen sind die Auskünfte des *Brockhaus* so gedrungen, dass nur derjenige etwas von ihnen hat, der sie am wenigsten braucht: der Fachmann. Der Nichtphysiker etwa, der den Artikel »Laser« wenigstens annäherungsweise verstehen will, täte gut daran, sich zunächst bei einem flacher ansetzenden Gegenstück in einer wortreicheren Enzyklopädie kundig zu machen, in diesem Fall am besten in der *World Book*.

Über die Qualität der Information sagt die Quantität nichts. Grundsätzlich gilt, dass sich eine Enzyklopädie nicht aus dem Boden stampfen lässt, schon gar nicht von Produktmanagern der Softwareindustrie. Sie muss sich über die Generationen entwickeln, sie muss reifen können; etwaige Fehler lassen sich nur langsam aufspüren und beheben, etwaige Unausgewogenheiten nur langsam bereinigen. Der *Brockhaus 2000* und die *Britannica 2000*, hinter denen mehr als ein Jahrhundert lexikografischer Erfahrung steht, verdienen darum von vornherein das meiste Vertrauen. Aber der Pauschalverdacht der Unseriosität wäre auch bei dem Emporkömmling aus dem Hause Microsoft nicht angebracht, der *Encarta*, die aus einer über Generationen bewährten amerikanischen Druck-Enzyklopädie hervorgegangen ist, der 29-bändigen *Funk and Wagnalls New Encyclopedia*. Für viele Artikel der *World Book*-CD wiederum bürgen Fachwissenschaftler mit ihrem Namen.

Ohne kontinuierliche redaktionelle Pflege wäre auch die ehrwürdigste Enzyklopädie bald auf dem Hund. Ihre Qualität hängt stark von der Zahl und Qualifikation ihrer ständigen Redakteure ab. Auch hier muss man sich vor Vorurteilen hüten. Zwar stehen hinter der *Brockhaus*-CD 40 Redakteure und 1300 Autoren, hinter der deutschen *Encarta* aber nur 17 plus 55; doch die Brockhaus-Redakteure sind nicht nur für die CDs verantwortlich, sondern auch für die gesamte Datenbasis, aus der die verschiedenen Nachschlagewerke mit dem Markennamen Brockhaus abgeleitet werden, und hinter der deutschen *Encarta* stehen die 55 Redakteure und 977 Autoren, die an ihrem amerikanischen Original arbeiten; außerdem fließen in ihre inzwischen acht nichtenglischen Sprachfassungen (Deutsch, Französisch, Italienisch, Japanisch, Niederländisch, brasilianisches Portugiesisch, Schwedisch, Spanisch) immer wieder Leistungen anderer Länderredaktionen ein.

Eine andere Frage ist die Aktualität. Die neuesten zeitgeschichtlichen Entwicklungen lassen sich in Form von monatlichen Online-Updates in alle Enzyklopädie-CDs hineinholen. Hochaktuelle spezielle Fachinformation dagegen hat keine von ihnen zu bieten. Wer sich etwa über den heutigen medizinischen Kenntnisstand in Sachen »Migräne« ins Bild setzen wollte, wäre bei allen verraten und verkauft. Hier ist nur die Frage, ob und wie sie den Zugriff auf Online-Datenbasen außerhalb ihrer eigenen Jurisdiktion eröffnen. *Brockhaus 2000* und die *Encarta 2000* tun es mit geprüften Linklisten, die den Benutzer hinaus ins weltweite Web verweisen, sind aber stark gehandicapt dadurch, dass sie sich weitgehend auf deutschsprachige Weblinks beschränken. In dieser Hinsicht sind die *Britannica* und die Deluxe-Ausgabe der englischsprachigen *Encarta* unübertroffen, die elegant integrierte Weblinks in Fülle und Überfülle (125 000 beziehungsweise 19 000) bieten, die *Encarta* auch den – gebührenpflichtigen – Zugriff auf eine *Electric Library*, eine reich bestückte Datenbank der Firma Infonautics mit über 150 Zeitungen, fast 700 Zeitschriften und vielen Nachschlagewerken im Volltext. Der Verlag des *Brockhaus* hat zusammen mit dem Verlagskonzern Georg von Holtzbrinck etwas Ähnliches in Angriff genommen, eine Mediendatenbank namens *Xipolis*.

Entlegene Stichwörter sind in allen Enzyklopädien immer reine Glückssache. Über die koreanische Schrift, »Hangul«, findet man überall nur wenig bis nichts, eine Abbildung der Schriftzeichen gibt es nirgends. In der *Encarta* kann man sich zum Trost wenigstens ein paar Wörter auf Koreanisch vorsprechen lassen.

Der Stolz der digitalen Enzyklopädien, besonders ihrer Premium- oder Deluxe- oder Plus-Ausgaben, sind ihre Multimediaelemente: Fotos, Karten, Animationen, Video- und Audioclips, Nachtigallenstimmen und Churchill-Reden, Dieselmotoranimationen und Tangotakte. Sie sind es, die all den Speicherplatz belegen, wenn eine digitale Enzyklopädie sich über mehr als eine einzige CD ausbreitet. Zuweilen sind sie sinnvoll. Oft sind sie mehr oder weniger hübsches Infotainment, das in den jugendlichen Benutzern leider die Illusion weckt, Wissen sei leicht zu haben. Die meiste Mühe mit ihnen scheint sich die *Encarta* gegeben zu haben, die geringste die *Britannica*.

Der Multimediacomputer, auf den heutige Enzyklopädie-CDs angewiesen sind, ist eine Maschine von imposanter Komplexität, die nur funktioniert, wenn alle ihre heterogenen Hard- und Software-Elemente miteinander kompatibel sind. Dass sie es überhaupt noch jemals sind, ist ein immer wieder neues Wunder. Ob eine CD-ROM gelungen ist, entscheidet sich darum nicht nur an ihrem Inhalt und seiner Strukturierung und Gestaltung, sondern sozusagen auch an ihrem softwaretechnischen Sozialverhalten. Die sozialen Schwächen vieler CD-ROMs der frühen Neunzigerjahre mochte man für Kinderkrankheiten des neuen Mediums halten, die sich mit der Zeit auswachsen würden. Einiges hat sich tatsächlich gebessert. Auf andere Schwächen stößt man immer noch, und dabei handelt es sich nicht mehr um Kinderkrankheiten: Zur Zeit der Jahrtausendwende haben sich CD-ROMs mit sehr viel mehr Artgenossen zu vertragen, ziehen sie viel undurchschaubarere Computersysteme in Mitleidenschaft. Der Versuch, sieben digitale Enzyklopädien gleichzeitig auf einem Computer – nein, nicht etwa zu laden, sondern nur lauffähig zu halten, endete bei mir damit, dass eine immer eine andere ausschaltete und am Ende nur noch drei sicher liefen, zwei *Encartas* und die *Britannica CD Standard*.

Keine war softwaretechnisch völlig einwandfrei – obwohl man zugeben muss, dass Microsoft seinen Platzvorteil, nämlich auch Konstrukteur des Betriebssystems zu sein, zu nutzen weiß. Wenn dann jedoch in einer deutschen *Encarta* nur die Hilfetexte der englischsprachigen *Encarta Africana* erscheinen, erinnert das daran, dass auch Microsoft fehlbar ist. Wenn die *World Book*-CD alle Kursivschrift durch griechische Buchstaben ersetzt (Χοννεχτ το Ωορλδ Βοοκ ονλινε), führt sie einem spaßig vor Augen, welche Mühe Computer immer noch mit fremden Schriftsystemen haben. Softwareflegelei ist es, wenn eine frühere *Britannica CD* (nicht die aktuelle) den Computer mit fast viertausend schreibgeschützten Dateien zuschüttete. Und kriminell wird es, wenn die *Grolier 2000* fremde Hilfsprogramme automatisch durch ältere Versionen derselben ersetzt und damit andere Anwendungen und auch sich selbst lahm legt.

Es wäre jedoch ungerecht, dieses oder jenes Problem herauszugreifen, das vielleicht nur in der zufälligen privaten Computerkonfiguration auftritt. Stattdessen seien hier zehn Gebote für CD-ROM-Produktmanager aufgestellt. Sie wirken vielleicht zunächst dunkel, aber wer sich wie der Autor selber einmal mit mehreren dieser Scheiben gleichzeitig herumgeschlagen hat, wird sofort wissen, was gemeint ist.

1. Mehr Aufmerksamkeit als auf die Lauffähigkeit deines eigenen Produkts sollst du darauf verwenden, dass es auf den Computern seiner Benutzer nicht andere Programme beeinträchtigt.
2. Du sollst immer bedenken, dass heute selbst ein Computertechniker einen in ein laufendes System eingeschleppten Fehler nur noch mit Glück isolieren und beheben kann, dass die Personen an den Hotlines, die nach teuren Wartezeiten mit nervender musikalischer Untermalung den Problemen ein halb offenes Ohr leihen, oft von Tuten und Blasen noch weniger Ahnung haben als der ratsuchende Anwender, dem sie seine Blödheit zu verstehen geben, und dass jedes hartnäckige und ernste technische Problem, das du dem Anwender zumutest, diesen am Ende dazu zwingt, seinen Computer plattzumachen und von Null an neu aufzusetzen, was ihn ein paar Tage Arbeit kosten kann.
3. Dein Produkt soll die bei seinen Benutzern vorgefundenen Konfigurationen analysieren und die benötigten Komponenten verwenden, es soll sie aber um Himmelswillen nicht verändern. Du sollst seinen Benutzern auch keine Aktualisierungen seines Systems aufnötigen oder auch nur anbieten, deren Auswirkungen du und sie nicht überschauen und beherrschen. Schon gar nicht sollst du ungefragt irgendwelche vorhandenen Systemdateien durch deine eigenen überschreiben lassen. Wenn dein Produkt auf fremde Software angewiesen ist, die du mitlieferst (den Web-Browser Netscape, das Multimediawerkzeug QuickTime oder Ähnliches), bist du auch für deren Manieren verantwortlich.
4. Du sollst Rücksicht darauf nehmen, dass manche Nutzer Ordnung in ihrem Computer wahren und den Überblick behalten müssen. Also solltest du die Dateien deines Produkt möglichst alle an einer einzigen eigenen Adresse versammeln; an welcher, sollte der Benutzer selber bestimmen dürfen.
5. Du sollst dein Produkt komplett – absolut restlos! – deinstallierbar machen, einschließlich sämtlicher Einträge in der Registry und den Initialisierungsdateien. Nach der Deinstallation muss

der Computer genauso aussehen, wie es ihn bei seiner Installation vorgefunden hatte.

6. Ein Nachschlagewerk ist kein Mystery-Game. Du sollst seine Benutzeroberfläche so einrichten, dass alle Bedienelemente leicht auffindbar (und lesbar) sind und dass sie tatsächlich bewirken, was draufsteht, sodass sich das Ganze möglichst intuitiv handhaben lässt. Du sollst den Benutzer auch nicht mit unstoppbaren Demos oder mit weisen täglichen Merksprüchen oder mit Vorspännen zu krankem Synthesizergedudel traktieren und überhaupt dein Produkt nicht mit unnötigem Schnickschnack überfrachten.

7. Du sollst deinem Produkt wenigstens eine minimale gedruckte Beschreibung beigeben. Sie sollte unter anderem ein paar Angaben machen, die objektive Vergleiche mit seinen Konkurrenten gestatten: nicht über die Zahl der Artikel oder Stichwörter also, die nichtssagend ist, sondern über die der Wörter.

8. Du sollst etwaige Authentifizierungscodes, deren Eingabe du bei jeder Benutzung deines Produkts forderst, nicht auf irgendwelchen losen Zettelchen beilegen. Sie gehören dorthin, wo sie sich auch von Nichtpedanten wiederfinden lassen, zum Beispiel auf die Hülle der betreffenden CDs.

9. Du sollst deine digitale Information nicht dadurch sichern, dass der Benutzer ständig die gedruckte Parallelfassung parat haben muss, um immer wieder neue Kennwörter herauszusuchen und einzutippen.

10. Du sollst dein Produkt nur in Hüllen von Standardgröße verpacken, die sich mit anderen seinesgleichen in den für das Medium üblichen Standardbehältnissen aufbewahren lassen. Du sollst es auch nicht so verpacken und verkleben, dass der Benutzer es aus seiner Hülle nur herausbekommt, wenn er sie zerstört.

Die digitalen Enzyklopädien haben ihre Form noch nicht gefunden, vor allem in technischer Hinsicht. Bei den gedruckten hat es Jahrhunderte gedauert.

Zeitschriften unterwegs von P nach E

So viel steht fest: Das gesamte Publikationswesen der Wissenschaften wird sich ändern. Folgt man den Propheten des Wandels, hätte es sich längst ändern müssen, so obsolet ist es.
Zum Beispiel Martin Grötschel und Joachim Lügger vom Berliner Konrad-Zuse-Institut, wenn sie in die Öffentlichkeit aufbrechen, um Überzeugungsarbeit zu leisten: »Das traditionelle wissenschaftliche Publikationswesen, auf gedruckten Zeitschriften basierend, stößt ... an seine Kapazitätsgrenzen ... Es ist vor allem schwerfällig und teuer ... Die wissenschaftlichen Bibliotheken stehen vor einem ernsten Problem. Die Kosten für die Abonnements wissenschaftlicher Journale steigen, oft weit über die Inflationsrate hinaus. Ihre Etats hingegen stagnieren oder gehen sogar zurück. Diese müssten aber mindestens mit demselben Tempo wachsen wie die Produktion von Literatur.«
Wenn dem so ist, stellt sich die Frage, warum der überfällige Übergang in die elektronische Welt nicht schon lange stattgefunden hat. Denn die Diagnose selbst ist unbestritten: Wissenschaftliche Fachzeitschriften sind langsam und teuer, die Anschaffungsetats der Bibliotheken halten auf der ganzen Welt nicht Schritt mit der Vermehrung der wissenschaftlichen Literatur oder gehen gar zurück. Es ist eine Schraube: Je teurer die Journals, desto weniger Bibliotheken können sie sich leisten, und je kleiner die Auflage, desto teurer wird das einzelne Heft. Tatsächlich sind jährliche Preissteigerungen von 5 bis 30 Prozent und jährliche Auflagenrückgänge von 2 bis 5 Prozent die Regel.

Der mühselige Weg, den die wissenschaftliche Information heute zurücklegt, nimmt sich geradezu anachronistisch aus. Da bringt eine Forschergruppe gemeinsam zu Papier, was den interessiertesten Kollegen aus der unablässig per eMail geführten Diskussion und von den letzten Fachtagungen her ohnehin bereits zum Großteil bekannt ist, schickt es mit der Schneckenpost an den Redakteur einer Zeitschrift, der es liest und entweder sofort ablehnt oder an ihren Gutachterstab weiterreicht. Das Verfahren heißt *peer review*, »Rezension durch Gleichrangige«, die als *referees* – »Schiedsrichter« – bezeichnet werden, weshalb es im Deutschen oft einfach »referieren« genannt wird, und es stellt eine erhebliche, wenn auch nie hundertprozentige Qualitätskontrolle für die publizierte Forschungsarbeit dar. Nach etwa sechs Wochen erhalten die Autoren ihr *paper* mit den Einwänden und Bedenken der für sie anonym bleibenden Gutachter zurück. Ein großes Rätselraten hebt an, wer hinter welchem Einwand stecken mag, welches Ziel er damit verfolgt und welches Mütchen er kühlt, aber es bleibt gar nichts anderes übrig, die Forschungsgruppe arbeitet es um und schickt es aufs Neue ab. Der Verlag nimmt es an, richtet es nach seinen eigenen Standards ein und schickt es weiter zum Layout, vielleicht in Indien oder Hinterindien. Die fertiggebauten Seiten kommen zurück und werden an eine Druckerei in einem Land versandt, wo die Druckkosten günstig sind. Dann gehen die Hefte ins Lager des Verlags, um von dort ihre Reise zu den 100 bis 6000 Bibliotheken auf der ganzen Welt anzutreten, die auf sie abonniert sind. In den freien Verkauf gelangt meist kein einziges Exemplar. Der ganze Prozess dauert zwischen drei Monaten und drei Jahren, kommt also erst zu Ende, wenn die publizierten Forschungsergebnisse bereits Staub angesetzt haben, und er ist kostspielig. Zwar erhalten die Autoren keinerlei Honorar, bei einigen Zeitschriften müssen sie sogar draufzahlen, »Seitengebühren«, auch die *referees* referieren unentgeltlich, Satzkosten fallen nicht an, da die *papers* auf Diskette eingereicht werden und die Autoren sich strengstens an die *style sheets* der betreffenden Verlage halten müssen, und die Druck- und Papierkosten sind noch das Geringste. Mehr ins Gewicht fällt der Versand des vielen Papiers; am meisten aber das Marketing, das die Verlage betreiben müssen, um ihren Zeitschriften die Aufmerksamkeit der Fachwelt zu sichern – all die vielen Tagungen, auf denen sie mit einem eigenen Stand präsent sein müssen. Und natürlich, sie müssen die ganze umständliche Prozedur organisieren.

Wenn man bedenkt, dass die in einer Zeitschrift enthaltene Information auf elektronischem Weg innerhalb von Minuten an alle Interessenten verteilt sein könnte, dann wird klar, dass die Publikation in den papierenen Fachzeitschriften (nennen wir sie kurz P-Journals) etwas haben muss, das den elektronischen Fachjournalen (den eJournals) bisher abgeht und deren offensichtliche Vorteile mehr als aufwiegt.

Was ist dieses gewisse Etwas? Es besteht aus zwei Ingredienzen. Erstens ist der Aufsatz in einer Fachzeitschrift nicht nur eine Information für die forschende Mitwelt, sondern gleichzeitig eine Urkunde, die einem Wissenschaftler vor aller Welt und vor der Geschichte das, was er geleistet hat, unverrückbar und dauerhaft zuschreibt. Zweitens gibt es in jedem Fach eine ungeschriebene, aber jedem nur allzu bewusste Hierarchie der Zeitschriften. Am liebsten publiziert der Molekularbiologe sein Paper in *Nature* oder *Science* oder *Cell*. Wenn es für die nicht gut genug ist, sind auch *Neuron* oder EMBO nicht übel. Aber darunter nur, wenn nichts anderes übrig bleibt. Das unterschiedliche Prestige der Zeitschriften stellt im Endeffekt einen der immer notwendigeren Informationsfilter dar. Achten muss jeder in seinem Fach vor allem auf das, was oben in der Hierarchie publiziert wird. Prestige aber lässt sich nicht dekretieren, sondern nur langsam gewinnen, und dann muss es verteidigt werden – bei wissenschaftlichen Journalen beruht es vor allem auf dem Herausgeberstab. Niemand kann kommen und sagen: Ich gründe jetzt das angesehenste Journal meines Fachs, und es soll ein eJournal sein.

Zeitschriftenpreise und Bibliotheksetats

Nichts führt das Dilemma des Fachjournals deutlicher vor Augen als zu vergleichen, wie sich einerseits die Zeitschriftenpreise und die Titelzahl, andererseits die Etats der deutschen Hochschulbibliotheken in den Neunzigerjahren entwickelt haben. Eine Spirale dreht sich in die Höhe: Immer mehr Zeitschriften mussten und müssen abbestellt werden (bei der Staats- und Universitätsbibliothek Hamburg im Jahre 1999 allein ein Drittel der laufenden Abonnements), die Auflagen der Zeitschriften sinken, die Preise steigen darum weiter, und die Auflagen gehen noch weiter zurück ... und irgendwann muss das ganze System zusammenbrechen.

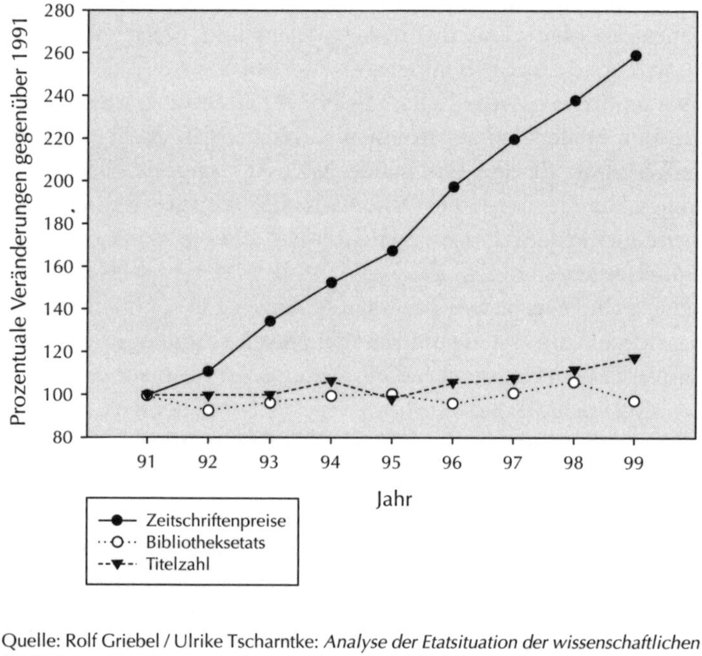

Quelle: Rolf Griebel / Ulrike Tscharntke: *Analyse der Etatsituation der wissenschaftlichen Bibliotheken 1998/1999* – Studie im Auftrag des Bibliotheksausschusses der DFG, München 1999. – *Library Journal* 1991–1999. – O.-E. Krawehl, SUB Hamburg.

Publish or perish lautet bekanntlich die Devise in den Wissenschaften, »Publikation oder Untergang«, und Außenstehende begreifen oft nicht, dass sie nicht notwendig persönlichem Ehrgeiz und persönlicher Eitelkeit entspringt, obwohl beide im Spiel sein können. Natürlich schmeicheln viele gute Veröffentlichungen jedermanns Eitelkeit, und die Karriere hängt sehr oft ebenfalls davon ab – wer nur wenige Veröffentlichungen an zweifelhaftem Ort vorweisen kann, der hat, wenn sein laufender, in der Regel befristeter Vertrag endet, bei der nächsten Bewerbung nur noch geringe Chancen. Und natürlich verlockt eine solche hochkompetitive Situation zum Missbrauch: nämlich die eigenen Publikationen künstlich zu vermehren durch Aufteilung dessen, was eigentlich zusammengehörte.

Aber dass diese Situation entstehen konnte, beruht nicht auf einem kollektiven Charakterfehler der Forscher, sondern hat seinen objektiven Grund. Die Naturwissenschaften, zumindest sie, sind eine kollektive Anstrengung. Jede einzelne Arbeit beruht auf dem, was andere vorher erforscht haben – und ist erst dann abgeschlossen, wenn sie anderen zur Grundlage ihrer Forschung werden kann. Es muss irgendwo beurkundet sein, dass Doktor Soundso am Soundsovielten das betreffende Forschungsergebnis erzielt hat. Erst dann ist es offiziell in Verkehr gebracht, in die Fachdiskussion eingespeist, erst dann wird es »zitierbar«. Auf den ersten Blick nehmen sich die vielen farbigen Bände des kolossalen *Citation Index* bloß absurd aus: alle diese dicken Bücher, nur um nachzuweisen, wer wen einmal zitiert hat. In Wahrheit ist er ein wenn auch grober Indikator, der anzeigt, welche Forschungsergebnisse den Weg in die jeweilige Fachdiskussion gefunden haben – also auch dafür, ob eine einzelne Leistung akzeptiert wurde oder nicht, ob sie hatte, was man ihren *impact* nennt.

Gerade ihrer Schwerfälligkeit verdanken die P-Journals somit den Urkundencharakter. Ein eJournal kann schneller und wendiger und flexibler und wohl auch weniger kostspielig sein. Aber in den Netzen ist alles flüssig und flüchtig. Sie sind in ständiger

Bewegung. Niemand kann sicher sein, dass er ein bestimmtes Dokument bei einem Host je wiederfindet, oder voraussagen, wie lange es den ganzen Host noch gibt. Jeder kann jedes Dokument, auf das er Zugriff hat, beliebig weiterverbreiten und collagieren. Nie kann der Leser im Netz sicher sein, wer der wirkliche Urheber einer Information ist und ob sie nicht manipuliert oder gefälscht wurde. Das Internet ist die Zone der Pseudonyme, des Alias, der schnell gewechselten Identität. Der elektronische Zustand ist der der immerwährenden Diskussion. Irgendwann aber müssen sich diese wallenden Debatten zu zitierbaren Ergebnissen verfestigen, für die ihre Autoren einstehen und mit ihrem Namen haften und aus denen sie gegebenenfalls, zum Beispiel bei patentierbaren Entdeckungen, persönlichen Nutzen ziehen können. Diese Urkunden gehören in ein verlässliches Archiv, wo man sie auch in Jahrzehnten noch wiederfindet. Und wenn dann die eine Bibliothek abgebrannt oder eingespart sein sollte, steht sie in einer anderen – das wissenschaftliche Bibliothekswesen als Ganzes ist ein einziges, redundantes Archiv. Das leistet bisher nur das P-Journal.
Dietrich Götze, der Direktor des Springer-Verlags, des größten deutschen Wissenschaftsverlags und mit seinen über vierhundert Zeitschriften drittgrößter der Welt, berichtet, dass die kleine, etwa tausendköpfige und relativ geschlossene Gemeinde der Forscher, die Proteinstrukturen berechnen, eines Tages ein eigenes Journal wünschte, und zwar bittesehr ein eJournal. Es wurde das *Journal of Molecular Modeling* gegründet. Dann aber darbte dies dahin, denn die molekularen Modellierer schickten ihre besseren Forschungsberichte lieber an traditionelle P-Journals. Sie wollten nämlich sichergehen, dass die unter ihrem Namen veröffentlichten Ergebnisse auch nach fünf oder zehn Jahren noch unverändert auffindbar sein würden. Das wurde schlagartig anders, als der Verlag ihnen versprach, am Ende jedes Jahres die gesammelten Beiträge auch als gedruckten Band herauszugeben. Schon der zweite Jahresband wurde daraufhin dreimal so dick wie der erste.

Steven Harnad, der vielbewunderte Herausgeber eines mit Recht berühmten P-Journals, *Behavioral and Brain Sciences*, der seit Jahren für das elektronische Publizieren wirbt und selber eine elektronische Zeitschrift publiziert, *Psycoloquy**, ist der Meinung, die zögerliche Akzeptanz elektronischer Zeitschriften habe rein psychische Gründe: Die Menschen trennten sich eben nicht gern von ihren alten Gewohnheiten. »Dabei wäre doch nichts einfacher und natürlicher … als gemeinsam Vorsorge für das ständige, systematische Heraufladen und die [technische] Aktualisierung [unserer intellektuellen Güter] zu tragen … Bits sind schließlich Bits und leichter auf einen anderen Träger zu kopieren als Tintenkleckse.« Die Langzeiterhaltung digitaler Information ist jedoch nicht nur ein technisches Problem. Ehe sich Vertrauen in ihre Langlebigkeit entwickelt, brauchte es Instanzen, die für ihre Erhaltung verantwortlich sind und denen selber Beständigkeit zugetraut wird. Solange sie nicht da sind und ihre Verlässlichkeit bewiesen haben, wird der Abschied vom Buchdruck nicht stattfinden. Psychische Gründe sind es vielleicht wirklich, aber nicht so sehr die blinde Anhänglichkeit an liebgewonnene Gewohnheiten als vielmehr die tägliche Erfahrung beim Surfen im Web – hier ein unansprechbarer oder umgezogener Server, dort ein umgestalteter Site oder eine gelöschte Seite und immer und immer wieder *broken links*, gerissene Verknüpfungen, tote Links. Der Alltagszustand digitaler Information im Internet ist nicht so beschaffen, dass jemand Vertrauen in ihre Dauerhaftigkeit fassen könnte.

Selbst Paul Ginsparg, der Erfinder des *Physics archive* (heute *arXiv**), der das gesamte Publikationswesen der Physik umgekrempelt hat und den endgültigen Triumph der elektronischen Publikation für unvermeidlich hält, nur nicht weiß, wann es so weit sein wird, findet warnende Worte: »Wir sollten uns der Risiken bewusst sein, die Autoren auf sich nähmen, welche voreilig ermuntert würden, die ›in dünne Scheiben aus zerschliffenem Baumholz eingedrungenen Chemikalien‹ zugunsten eines rein elektronischen Archivformats aufzugeben. Es gehört eine gewisse irrationale Zuversicht dazu, das zu tun; schließlich hat immer noch manchmal jemand das Glück, einen Aufsatz zu schreiben, den andere auch in einem Jahrhundert noch lesenswert finden könnten. Das physische Format, für das ein weltweites System institutioneller Bibliotheken als ein vielfach redundantes verteiltes Archiv fungiert, hat sich über Jahrhunderte hinweg als so robust erwiesen, dass nur eine globale Katastrophe ihm etwas anhaben könnte (in welchem Fall wir wahrscheinlich dringendere Sorgen hätten). Keines der heutigen elektronischen Formate hat eine ähnliche Langlebigkeit unter Beweis gestellt – aus dem einfachen Grund, dass es sie alle erst seit etwas mehr als einem Jahrzehnt gibt. Wenige behaupten zu wissen, welches elektronische Format in hundert Jahren angesagt sein wird, aber ich will einen Besen fressen, wenn es TeX, PostScript, PDF, Microsoft Word oder eines der anderen heutigen Formate ist. Andererseits ist das kein prinzipielles Problem, und vielleicht werden sich die Wissenschaftler am Ende auf die logistische Hilfe künftiger Bibliothekare in ihrer Rolle als Archivare verlassen, die sie dringend benötigen: Genau wie gefährdetes Material auf zerfallendem saurem Papier heute auf Mikrofilm übertragen wird, sollte in Übergangsperioden die automatisierte Übertragung in neuere und allgemeinere elektronische Formate immer möglich sein, vorausgesetzt, es gibt ein eingestandenes Bedürfnis, unsere lebenden Forschungsarchive nicht zu Datenfriedhöfen werden zu lassen.«

Das erste eJournal wurde 1987 gegründet, *New Horizons in Adult Education**. In bescheidenster Form – auf Anforderung konnte man sich seine Aufsätze als eMails zuschicken lassen – existierte es bis 1996. Aber dann kam es eine ganze Weile eben nicht zur erwarteten Explosion der Idee des eJournals. Sie waren im Netz nicht leicht zu finden und schon wegen des proteischen und oft ephemeren Charakters vieler Web-Publikationen nicht leicht zu zählen. »Nichtreferierte« eJournals, in denen jeder ungeprüft alles verbreiten kann, gehörten von vornherein nicht so recht dazu. Eine Erhebung spürte 1991 sieben referierte eJournals auf, 1992 15, 1993 32, 1994 75. Die Explosion begann erst 1997, als die großen Fachzeitschriftenverlage einer nach dem anderen ihre P-Journals gleichzeitig als eJournals zu veröffentlichen begannen. Ein seit 1997 nicht mehr erneuertes Verzeichnis der American Research Libraries zählte 1996 immerhin schon 1700 Titel und 1997 3400. Die *Elektronische Zeitschriftenbibliothek Regensburg (EZB*)*, ein Archiv, aus dem viele deutsche Hochschulbibliotheken die von ihnen abonnierten elektronischen Zeitschriften beziehen, enthielt 1998 5666 Titel, davon 706 reine Online-Zeitschriften und 1347 frei zugängliche, und Anfang 2000 fast 8500. Eine rasante Vermehrung, gewiss, und doch handelt es sich nicht einmal um die Hälfte der für deutsche Hochschulen relevanten Fachjournals.

Wie eine Erhebung 1995 ergab, wurden die rein elektronischen Zeitschriften zumindest bis dahin allesamt auch nur sehr wenig zitiert. Was nichts anderes heißt, als dass sie von den Fachkollegen auch nur wenig beachtet wurden. Das ging selbst dem eJournal nicht anders, das diese Erhebung publizierte, *Psycoloquy**, 1990 von Steven Harnad gegründet, der dafür plädierte und plädiert, dass die kleinen, geschlossenen, »exotischen« Fächer ganz zu (referierten) eJournals übergehen mögen, notfalls auf eigene Kosten. Selbst *Postmodern Culture** aus Virginia, das Feinste vom Feinen für jeden Intellektuellen, der sich selbst als Intellektuellen bezeichnet, der Ort für die poststrukturalistisch-dekonstruktivistische Kulturtheorie der Saison mit seinen Nicht-mehr-bloß-Texten: kaum zitiert, kaum Impact.

Es gibt zwei bemerkenswerte Ausnahmen. Die Mathematik hat sich, mit inzwischen über dreißig eJournals (viele aber mit papierenen Parallelausgaben), früh auf die elektronische Publikation umgestellt. Und es gibt das bereits erwähnte, 1991 von Paul Ginsparg an den Los Alamos National Laboratories gegründete *Physics archive* (heute *arXiv**). Ursprünglich wollte Ginsparg, bei der Langsamkeit der Zeitschriften, die für die mit Lichtgeschwindigkeit operierenden Physiker besonders deprimierend war, nur seinen neugierigen Kollegen auf elektronischem Weg frühzeitig Preprints zugänglich machen. Daraus hat sich mit den Jahren eine unverzichtbare zentrale Datenbank für die gesamte Forschungsliteratur der Physik entwickelt, mit zweihundert neuen Beiträgen im Monat und weit über hunderttausend Zugriffen täglich.

Dass sich das Bild in den letzten drei Jahren des zwanzigsten Jahrhunderts geändert hat, liegt einzig an den papierenen und elektronischen Parallelausgaben der großen Wissenschaftsverlage. So aber hatten die Befürworter des elektronischen Publizierens gewiss nicht gewettet. Sie meinten, das Papier verursache Zeitverluste und Kosten, die sich bei der immer angespannteren Etatlage der Forschungsbibliotheken nicht mehr verantworten ließen – und die Schraube (höhere Preise, kleinere Auflagen, noch höhere Preise, noch kleinere Auflagen) werde notwendig eines nicht fernen Tages überdreht sein und das ganze schwerfällige und teure System zum Einsturz bringen. Nun sind die elektronischen Zeitschriften da, aber die papierenen auch noch, und alles wird noch teurer. Zugriff auf die digitale Fassung erhält nur die Bibliothek, die auch die papierene abonniert hat. Sie bezahlt dafür Aufschläge von 10 bis 30 Prozent. Will sie nur die digitale, so bezahlt sie ebenso viel wie für die papierene. Auf die digitale kann sie schlecht verzichten, weil diese zunehmend einen Mehrwert enthält, den nur sie enthalten kann: farbige Abbildungen und Tabellen, bewegte Bilder, dynamische Algorithmen und jede Menge Rohdaten. Auf die papierene mag sie auch nicht verzichten, weil ihr nichts bleibt, wenn sie die digitale abbestellt und der Verlag ihre Freischaltung rückgängig macht, aber immerhin all die alten Bände bei der Abbestellung der papierenen. Also beißt sie die Zähne zusammen, abonniert notgedrungen beide Fassungen – und bestellt auf der anderen Seite umso mehr ganz ab.

Die papierenen Zwillinge der eJournals werden vorläufig weiterbestehen, Dietrich Götze meint: mindestens noch zwölf, fünfzehn Jahre lang. Die wirkliche Ablösung wird erst beginnen, wenn zwei Probleme gelöst sind: zum einen die Beurkundung und dauerhafte Archivierung, zum andern die Kosten.

Das ist natürlich längst bloße Sage: »Der möglichst freizügige Zugang zu jeglicher Information ist fester Bestandteil der Internet-Kultur« (Grötschel). In Wahrheit ist das Internet schon lange keine öffentliche Parkanlage mehr, wo jeder sich überall tummeln kann. Überall stehen Zäune, die Unbefugte aussperren; überall stehen Kassen an den Eingängen. Schon 1992 schrieb der Softwarepionier Raymond Kurzweil: »... wir müssen uns sehr bald dem Gedanken anbequemen, dass auch unkörperliches Wissen einen Wert darstellt. Sonst wird nämlich kein Wissen von Wert geschaffen werden ... Wir brauchen den gesellschaftlichen Konsens, dass wir für die von uns benutzte Information bezahlen, weil es sonst nämlich keine brauchbare Information mehr geben wird, die sich kaufen oder stehlen ließe.«

Alle frohgemut kostenlos gestarteten eJournals sind irgendwann in Finanzprobleme geraten und mussten sich nach Subsidien umsehen. Sie mussten das Offensichtliche entdecken: Gute, verlässliche, nachhaltige Arbeit hat in jedem Medium ihren Preis, weil die meisten Menschen nur begrenzt imstande sind, sie ehrenamtlich zu leisten.

Mit Sicherheit wird das kommende elektronische Informationszeitalter also nicht billig. Einen Vorgeschmack bekommt man, wenn man sich vor Augen hält, dass etwa das *Journal of the American Chemical Society* von Nichtabonnenten für den Zugriff auf jeden einzelnen Aufsatz 25 Dollar verlangt. Und das ist noch nicht der volle Preis; die Inhalte, also die Forschung selbst, werden ja meist aus öffentlichen Mitteln bezahlt und der Zeitschrift von den Autoren sozusagen geschenkt.

Die Frage ist also: Wer trägt die Kosten? Die abonnierenden Bibliotheken? Können sie sie ganz tragen? Müssen sie sie an ihre

Benutzer weitergeben? Teilweise? Welche Teile? Und was ist das überhaupt, die »Nutzung« einer elektronischen Information? Eine »Wiedergabe«? Eine öffentliche oder eine zum eigenen Gebrauch? Ist der bloße Blick auf Titel oder Abstract eines Aufsatzes eine öffentliche Wiedergabe? Ist die rasche Durchsicht einer Vielzahl von Aufsätzen bereits eine Nutzung? Oder die sofortige gründliche Lektüre? Oder das Herunterladen zur späteren Lektüre? Zur Weitergabe an Dritte? Zur Weiterverbreitung im Netz? Dürfen Links auf geschütztes Material weisen? Möglicherweise werden hier ganz neue Differenzierungen nötig.

Schwerarbeit für viele, Ingenieure, Bibliothekare, Informationswissenschaftler, Verleger, Gesetzgeber und nicht zuletzt, vielleicht vor allem: Juristen.

Der Opac und seine Tücken

Jede Bibliotheksbenutzung beginnt mit der Katalogrecherche, gleich ob es eine herkömmliche Bibliothek ist oder eine elektronische und ob ihre Sammlungen geknüpft oder geritzt oder gedruckt oder digitalisiert sind. Und eben auf dem Gebiet der Katalogrecherche haben sich in den vergangenen zehn Jahren Änderungen vollzogen, die das Attribut revolutionär verdienen. Es schien immer so langsam voranzugehen – doch die vielen mühsamen kleinen Schritte addierten sich, und dann war alles ganz anders. Selbst informierte Zeitgenossen haben es oft gar nicht recht mitbekommen.

Wer eine größere wissenschaftliche Bibliothek betritt, ohne zu wissen, was ein Opac ist (ein *Online Public Access Catalog*) und wie man selbigen handhabt, hat dort schon seit Jahren eigentlich nichts mehr zu suchen, im Wortsinn – er weiß nicht, wie er noch irgendetwas finden soll. Wer aber damit umzugehen versteht, kann sich den Gang in die Bibliothek in vielen Fällen sparen und schon an seinem Arbeitsplatz oder zu Hause ermitteln, online, wo das gesuchte Werk steht – in der lokalen UB, in Stuttgart oder doch nur in Houston, Texas.

Seit Mitte der Siebzigerjahre erfassen immer mehr Bibliotheken ihre Neuzugänge in maschinenlesbarer Form. Fast alle Kataloge haben diesen einen großen Bruch: Irgendwann endet der alte Zettelkatalog und beginnt ein neuer, mit maschinenlesbaren Daten, bis Mitte der Achtzigerjahre dem Benutzer meist in Form von Mikrofiches, dann immer öfter als Opac auf dem Bildschirm

dargeboten. Und wer eine neue Bibliothek betritt, kann nie mehr im Voraus wissen, ab wann welche ihrer Bestände in welchem Katalog verzeichnet sind.
Die Opacs sind in zunehmendem Maße auch online zugänglich, von jedem Computer mit Web-Anschluss aus. Damit verflüchtigt sich die Geografie. Was irgendwo »im Netz« ist, kann von jedem anderen Ort aus gesichtet werden.
Manche Bibliotheken haben sich auch die Mühe zugemutet, ihre alten Kataloge rückwirkend teilweise oder sogar komplett in maschinenlesbare Form zu überführen, zu »retrokonvertieren«. Eine aufwändige Mühe, denn die Umwandlung einer guten Katalogkarte – also einer, die alle erforderlichen Angaben enthält – in einen computergerechten Normdatensatz kostet immer noch um die sieben Mark; wird eine »Autopsie«, eine persönliche prüfende »Inaugenscheinnahme« des betreffenden Werkes nötig, erhöhen sich die Kosten leicht auf über zwanzig, während sie unter zwei Mark sinken, wenn das Werk schon in irgendeinem Maschinenkatalog richtig verzeichnet ist und die Bibliothek auf dessen Titelsätze zurückgreifen kann.
Die Deutsche Bibliothek* in Frankfurt, die seit ihrer Gründung 1946 auftragsgemäß alle deutschsprachigen Veröffentlichungen sammelt und seit 1990 institutionell mit der Deutschen Bücherei* in Leipzig vereint ist, die das gleiche schon seit 1913 tut, hat ihren gesamten Katalog in computergerechte Datensätze verwandelt, die Deutsche Bücherei Leipzig knapp ein Drittel. Beide Opacs stehen seit 1995 im Web, für jedermann frei zugänglich. Das heißt, jeder kann heute jede deutsche Publikation seit 1990, jede westdeutsche seit 1946 und immerhin einen Teil der älteren Literatur des zwanzigsten Jahrhunderts online genauestens dingfest machen. Da die Titel der Deutschen Bibliothek auch sachlich erschlossen sind, »verschlagwortet«, ist ihr Opac gleichzeitig ein riesiger Sachkatalog. Bei jedem erdenklichen Thema lässt sich heute somit online ermitteln, welche deutschsprachigen Bücher es dazu gibt, für die letzten Jahre mit fast hundertprozentiger

Sicherheit. (Zur Illustration: Ein Schlagwort wie »Rechtsradikalismus« bringt 94 Treffer, »Rauchen« 391, »Rechtschreibung« 2679. Suche einengen!)
Hat man dort gefunden, was man sucht, so weiß man: Das gibt es tatsächlich, es heißt so und so, und es steht leibhaftig in den Frankfurter Kellern oder im Leipziger Turm, unausleihbar natürlich. Aber muss man nun hinfahren? Wo sonst steht es noch?
Die wichtigsten wissenschaftlichen Bibliotheken haben sich schon vor einiger Zeit zu regionalen Verbundkatalogen zusammengetan, und diese wachsen. Seit einiger Zeit stehen sie im Netz, und seit 1995 lassen sie sich über einen einzigen Web-Site abfragen, den *Karlsruher Virtuellen Katalog**, sozusagen einer Metasuchmaschine der Verbundkataloge, die einen zu allen durchschaltet. So lässt sich die Katalogrecherche per Web-Opac heute fast flächendeckend vornehmen; die empfindlichste Lücke ist Berlin-Brandenburg.
Besonders dringend stellt sich die Frage Wo? bei den Fachzeitschriften, von denen in ganz Deutschland oft nur wenige Exemplare vorhanden sind und bei denen man außerdem immer noch wissen muss, welche Bibliothek welche Jahrgänge besitzt. Für diesen Zweck gibt es die *Zeitschriftendatenbank**. Sie und sie allein weist einen heute zu über 900 000 Zeitschriftentiteln in dreitausend deutschen Bibliotheken, und sie ist auch online abfragbar. *subito** ist der 1997 ins Leben gerufene Dokumentlieferdienst von vorerst siebzehn großen deutschen wissenschaftlichen Bibliotheken. Über *subito* kann man online von jedem Computer aus einen Aufsatz aus einer Fachzeitschrift bestellen; er wird innerhalb von drei Tagen per eMail, Fax oder Post zugeschickt, für fünf bis zehn Mark pro zwanzig Seiten. Auf dem Weg zu einer *subito*-Bestellung findet sich auch die Zeitschriftendatenbank, und man kann in ihr recherchieren, selbst wenn man dann nichts bestellt.
Mit ihren 8,7 Millionen Büchern ist die Staatsbibliothek* zu Berlin die größte deutsche Universalbibliothek und die einzige, die in der Liga der großen Nationalbibliotheken der Welt mitspielt,

angeführt von der Library of Congress* in Washington, der British Library* in London, der Bibliothèque nationale* in Paris, deren Kataloge zu einem großen Teil online zugänglich sind (der der British Library allerdings nicht frei für jedermann), sowie den beiden riesigen russischen Staatsbibliotheken in Moskau und St. Petersburg, die nach der reinen Bücherzahl die zweitgrößten Bibliotheken der Welt, aber im Netz vorläufig nicht zu erwarten sind. Doch eine eigene Homepage hat sich die Staatsbibliothek Berlin erst 1998 zugelegt; was sich im Netz bis dahin als solche darbot, war in Wirklichkeit eine hübsche informationswissenschaftliche Seminararbeit der Freien Universität. Die Bibliothek ist entschuldigt – sie hatte und hat mit der Vereinigung ihrer beiden Häuser Ost und West genug zu tun. Bedauerlich war es dennoch, wegen der Anfragen auch aus dem Ausland, die ins Leere gestoßen sind. Und deren kommen viele – die Library of Congress hatte zu Beginn ihrer elektronischen Ära, Anfang 1995, täglich 12000 Netzbesuche; heute sind es schon über 700000.

Die Ausdehnung der Opacs in die Vergangenheit und in die Weite, bis sie ganze Länder, ganze Kontinente und dann die ganze Welt umspannen, ist aber nur das eine. Sie müssen auch in die Tiefe ausgedehnt werden, und da sieht es viel trüber aus.

Man kann nämlich nach wie vor nie wissen, ob ein Werk, dass man in den fabelhaften, riesigen, raumumspannenden Opacs nicht findet, tatsächlich nirgends vorhanden ist. Vielleicht steht es durchaus irgendwo, vielleicht sogar in der Bibliothek um die Ecke, und ist nur bisher nicht maschinenlesbar katalogisiert.

Beispiel Hamburg: Seine Staats- und Universitätsbibliothek* verbrannte 1943 bei einem Bombenangriff vollständig, mitsamt den Katalogen; nur kleine Reste blieben übrig. Sehr früh, schon 1974, begann sie ihre Neuzugänge maschinenlesbar zu katalogisieren, und sehr früh wartete sie mit einem brauchbaren Opac auf. Er enthält mittlerweile 2,7 Millionen Titelsätze; etwa 900000 Werke aus der Zeit vor dem Trennjahr 1974 aber verzeichnet er noch nicht. In 115 Fach- und Unterbibliotheken der Universität Hamburg stehen, über die ganze Stadt verstreut, noch einmal 3,4 Millionen Bücher und Zeitschriften. Ein großer Teil von ihnen ist nur in den alten Zettelkatalogen der betreffenden Institute und Seminare verzeichnet. Über den Opac lassen sich also nur 2,8 von den 6,2 Millionen Büchern finden, die im Bereich der Universität Hamburg tatsächlich vorhanden sind. Langsam arbeitet sich der elektronische Katalog in die Altbestände vor, teilweise nach dem Prinzip R-o-D, Retrodigitization-on-Demand: Wann immer ein Benutzer ein Buch im alten Zettelkatalog gefunden hat und bestellt, wandert sein Bestellschein durch die Erfassungsstelle, die seine Titeldaten in den elektronischen Katalog aufnimmt. In den zwei Jahren vor der Jahrhundertwende wurden so 200000 Titel retrokonvertiert. Wenn die Mittel dafür nicht gestrichen werden – in Zeiten der Sparsamkeit kürzt eine Bibliothek verständlicherweise lieber bei der Bestandserschließung als bei den Neuerwerbungen –, sind um 2005 der gesamte Alte Alphabetische Katalog und die noch handgeschriebenen Realkataloge im Opac. Allerdings nicht die der kleineren Fachbibliotheken, die keinerlei Mittel für die Retrokonversion haben; manche Kataloge dort sind in einem so unbeschreiblichen Zustand, dass eine Retrokonversion gar nicht möglich wäre und der Bestand komplett neu katalogisiert werden müsste. Eher wird es die Große Virtuelle Weltbibliothek geben, als dass jemand in der Seminarbibliothek Soundso auf die Leiter steigt, um die alten Bände ganz oben aus den Regalen zu entstauben und neu zu katalogisieren.

So große Fortschritte die Computerisierung bei der Katalogrecherche in den letzten Jahren auch gebracht hat, das Hauptversprechen bleibt darum nach wie vor uneingelöst. Lange wurde diskutiert, was besser sei: wenige große Zentralbibliotheken oder viele kleine Spezialbibliotheken. Alle neu gegründeten Hochschulen mussten sich diese Frage stellen und haben sie so oder so beantwortet. Wo über die Jahrzehnte oder Jahrhunderte gewachsene Fachbibliotheken bestehen, ist die Frage meist von vornherein

theoretisch: Existierende Bibliotheken lassen sich nur mit maßlosem Aufwand zusammenlegen. Und das enorme Anwachsen der wissenschaftlichen Literatur bei gleichzeitig schrumpfenden Bibliotheksetats führt sowieso dazu, dass sich die Druckwerke immer weiter über die Bibliotheken verteilen. Manche biomedizinische Zeitschrift gibt es in Deutschland eben nur einmal, und wenn es bei Schering in Berlin ist, hat man Pech gehabt, denn diese Firmenbibliothek ist nicht frei zugänglich. Keine Bibliothek der Welt kann je wieder mit dem Anspruch antreten, alles zu sammeln; die Ausschnitte, die jede sammelt, werden, am großen Ganzen der Literatur gemessen, zwangsläufig immer kleiner. In der Realität also hat sich die gedruckte Literatur in zunehmendem Maße verstreut und wird sich in Zukunft noch weiter zerstreuen. Entsprechend wird es immer schwieriger, ein bestimmtes Werk aufzuspüren und dann auch physisch zu Gesicht zu bekommen.
Einzig die großen elektronischen Verbundkataloge könnten dieses Dilemma lösen. Solange sie den Benutzer aber nur zu einem kleineren Teil der in ihrem Einzugsbereich tatsächlich gesammelten Bücher weisen können, bleibt das Problem bestehen.
Menschen haben ihre Not mit großen Zahlen. Alles jenseits einiger Tausend bedeutet ihnen einerlei: sehr viel. Ob sich zehntausend oder eine Million Raver versammelt haben, könnte kraft eigenen Augenscheins niemand sagen. Was bedeutet das: eine Million Bücher, eine Million Katalogdaten? Eine Million Bücher bedeuten eine Reihe von zwanzig Kilometer Länge. Die Chancen, darin irgendein bestimmtes Buch zu finden, ohne dass einen ein Wegweiser, sprich Katalog, sehr genau zu seinem Standort führt, wären praktisch gleich null. Der letzte gedruckte Katalog der British Library* entstand 1973; seine 18 Millionen Titel füllten 366 große Bände à fünfhundert Seiten. Der größte Verbundkatalog der Welt, der online *WorldCat* genannte *Union Catalog* des OCLC* (zugänglich nur für deren 36000 Mitgliedsbibliotheken in 66 Ländern), würde gedruckt also 700 solche Bände füllen, und mit zwei Millionen Neuzugängen jedes Jahr vierzig mehr.

Keine Bibliothek der Welt könnte solche Kataloge mehr erwerben und aufstellen. Darum ist die Elektrifizierung der Kataloge kein neumodischer technischer Schnickschnack, der einigen Leuten, die es viel zu eilig haben, ihr Leben etwas bequemer macht. Sie muss sein.

Ein Katalog ist kein Kinderspiel, und ein Online-Katalog ist es noch weniger. Das Katalogisieren ist ein solides Handwerk, fast ein Kunsthandwerk: die Anwendung verwinkelter starrer Regeln auf einen proteischen Gegenstand. Ein und dasselbe Werk kann auf seiner maßgeblichen Impressumseite verschieden beschrieben sein: Titel, Untertitel, Serientitel, Verlag, Verlagsort können mit den Auflagen und Ausgaben wechseln, Autoren-, Herausgeber- und Übersetzernamen können hinzugefügt oder getilgt werden, und vieles kann einfach anders geschrieben sein. Diese lebendige Vielfalt wird beim Katalogisieren trotz aller strengen Regeln nicht immer absolut gleich erfasst; auch herrschen nicht überall und immer die gleichen Regeln.

Bei der Retrokonversion alter Kataloge in neue Normdatensätze kann es also gar nicht ausbleiben, dass manchmal für ein und dasselbe Werk mehrere Datensätze entstehen. Überhaupt ist dem Unsinn, der bei jeder automatischen Transformation herauskommen kann, keine Grenze gesetzt. Für den Computer, der auf Ausdrücklichkeit und Eindeutigkeit angewiesen ist und nicht die Flexibilität des menschlichen Gehirns besitzt, meint ein Datensatz, der nicht bis zum letzten Komma mit einem anderen übereinstimmt, ein anderes Werk. Ist das Buch X ein anderes als Y, weil sein Autor in dem einen Altkatalog »Tschechow« heißt und unter T steht, in dem andern »Čechov«, unter Č? Weil der eine einen Reihentitel erwähnt, von dem der andere nichts weiß? Weil der eine seine Höhe mit 21 Zentimetern angibt, der andere mit 22? Weil ein zerstreuter Bibliothekar bei der Titelaufnahme den Verlagsnamen »Rowohlt« aus Versehen »Rohwolt« geschrieben hatte? Das menschliche Gehirn kann mit solchen Diskrepanzen flexibel umgehen, da es imstande ist, wichtige Abweichungen von unwichtigen zu unterscheiden. Es erkennt sofort: Gemessen an den Übereinstimmungen sind die Abweichungen so geringfügig, dass nur dasselbe Buch gemeint sein kann. Der Computer erkennt es nicht und muss zwei Datensätze anlegen. Sind das nun zwei verschiedene Werke? Wirklich entscheiden könnte es nur ein Bibliothekar, der beide vor sich hat und untersucht, ein Fall, der bei der Retrokonversion alter Kataloge so gut wie nie vorkommt. »Jedem ›richtigen‹ Bibliothekar zerreißt es natürlich eigentlich das Herz«, schrieb Monika Brazda, die an der von der Deutschen Forschungsgemeinschaft geförderten Retrokonversion des nordrhein-westfälischen Zentralkatalogs – 6,5 Millionen Katalogkarten – beteiligt war, »denn das bibliothekarische Gewissen verlangt nach Genauigkeit, Korrektheit und Vollständigkeit der bibliografischen Beschreibung, und manche Fragen kann man ohne das Buch in der Hand schlechterdings nicht beantworten. Die durch den Autopsieverzicht verursachten Defizite der bibliografischen Qualität werden ... aber bewusst in Kauf genommen ... Ohne Verzicht auf Autopsie [hätte] der finanzielle und der Arbeitsaufwand ... jeden Rahmen gesprengt. Schon 1988 wurde ... ein durchschnittlicher Preis von 131 DM pro Titelaufnahme errechnet, dagegen für ein reines Konversionsprojekt 5 DM.«

Je automatischer die analogen alten Kataloge in den digitalen Zustand überführt werden, desto mehr wimmelt es in den Opacs von Dubletten und anderem Unsinn. Als das amerikanische Online Computer Library Center OCLC* Anfang der Neunzigerjahre seinen riesigen National Union Catalog mithilfe spezieller und teurer neuer Software auf Dubletten zu überprüfen begann, wuchs dieser nicht nur nicht mehr wie in der Zeit davor, sondern schrumpfte, und zwar stark, von 38,5 auf 33 Millionen Einträge. Die entfallenen Millionen waren Luft gewesen.

Der Benutzer, der nur schnell seinen Nachweis haben will, ahnt meist gar nicht, über welchen Bodensee er bei seiner Katalogrecherche reitet.

L10N wie Lokalisierung

Ein echter Maharadscha, denke ich, als sich der imposante Herr in den Nebensitz herablässt: stattliche Figur, wallender Vollbart, Purpur-und-Safran, Turban. Es ist die Maschine nach Seattle, wo ich mich in den Sprachabteilungen der Firma Microsoft umsehen möchte, und bald denke ich: Das trifft sich ja gut! Mein Sitznachbar ist nämlich kein Maharadscha, wie sich flugs herausstellt, sondern ein Unternehmer aus Bombay, der etwas mit Erzbergbau und Schiffen zu tun hat. Er hat jetzt noch in New York zu tun, dann geht es zurück zu den Minen in Indien. Wo er in Deutschland war? In Walldorf. In Walldorf? Ja, Walldorf, weil seine Firmensoftware Zicken machte: Immer, wenn kritische Situationen auftraten und das System mehr und anderes als die üblichen Routinemeldungen von sich gab, verfiel sie in Deutsch, und niemand in der Firma verstand dann mehr, was sie von ihm wollte. Dumme Sache. Lebensgefährlich. Muss unbedingt schleunigst geändert werden. Welche aus dem Dutzend indischer Amtssprachen die Software denn sprechen sollte? Ach was, keine. Einfach normales Englisch.

Der Herr hatte ein Problem, und das macht der ganzen Softwareindustrie schwer zu schaffen. Seine Applikationen waren nicht gründlich genug auf ihre in anderen Kulturen und Sprachen beheimateten Anwender eingestellt, waren – mit dem Wort, das die Branche dafür hat – unzureichend »lokalisiert«.

Oft rentiert sich Software erst, wenn sie aus dem Lokalen ins Internationale vordringt. Im Prinzip steht dem nichts entgegen;

Computer sehen sich überall gleich und funktionieren allerorten auf dieselbe Weise. Dass auf der ganzen Welt die gleiche Software benutzt wird und alle sich mit ihrer Hilfe im Raum eines gemeinsamen Computernetzes bewegen, ist heute wohl sogar das stärkste kulturelle Band, das die Menschheit eint. Diesem guten Werk der Völkerverständigung steht nur ein leidiger kleiner Umstand entgegen: dass auch die Computerwelt von Sprachgrenzen zerteilt wird.

Anfangs wurde die Barriere in der Eile des Gefechts übersehen. Wer schon länger am PC arbeitet, erinnert sich ungern an Programme meist amerikanischer Herkunft, die auf den ersten Blick fabelhaft schienen, sich aber dann doch als unbrauchbar erwiesen, etwa weil ihnen kein *ß* abzutrotzen war oder nur ein griechisches Beta an seiner Statt. Ach, dachte man, β, macht nichts, sieht so ähnlich aus, hätte schlimmer kommen können; aber spätestens bei den freundlichen Grüβen des ersten Briefes dachte man: Nein, es geht doch nicht.

Erst sprach die Software sowieso nur Englisch, dann begann sie sich auch in anderen Sprachen zu äußern, aber wie! »Bearbeiten Sie Ihren Text oder unterbrechen Sie zum Hauptbefehlsmenü!« befahl Microsofts altes *Word* – aber was und wo war das Hauptbefehlsmenü? Und »unterbrechen zu«? Wer wird seine Daten einem Programm anvertrauen, das ihm als Erstes entgegenstammelt: »Kann keine arbeite in Windows DOS Session«? Unverkennbar war die Verdeutschung nur ein Nachgedanke gewesen, und jemand, der der deutschen Sprache ferner stand, hatte nur eilends ein paar scheindeutsche Brocken auf den Bildschirm praktiziert, vielmehr gequetscht, denn oft passten sie einfach nicht hinein, und dann erschienen die kranken Wörter und Sätze auch noch verstümmelt.

Um 1990 begann der lange Abschied von dieser naiven Pionierphase, und seither ist die Informationstechnologie einen weiten Weg gegangen. Das, was getan werden muss, um Software an andere Sprachen, Länder und Kulturen anzupassen, bekam einen

Namen, eben »Lokalisierung«, in der Branche kurz L10N genannt, wegen der zehn Buchstaben zwischen dem L und dem n in *localization*. Schnell zeigte sich, dass es mühsam und teuer ist, den Code eines Programms nachträglich und ad hoc bald für diese, bald für jene Sprache umzuschreiben. Effizienter schien es, den Code von vornherein so zu gestalten, dass ihm später nur noch die verschiedenen einzelnen Sprach-»Ressourcen« übergestülpt zu werden brauchten, ohne ihn selber anzutasten. Das ist es, was man in der Softwarebranche unter »Internationalisierung« versteht, kurz I18N: die Trennung von Programmkörper und Sprachmantel. Heute kommt Software für den globalen Markt nur noch auf diese Weise internationalisiert zur Welt.

Was vor wenigen Jahren noch eine dilettantische Improvisation war, wurde durch systematische I18N und L10N zu einem professionellen Geschäft. Es bekam eigene Abteilungen in den Softwarefirmen, es wurde zum Gegenstand von Kongressen und zu einem eigenen Studienfach, es wuchs sich aus zu einer eigenen Industrie. Seitdem ist leider auch die frühere Heiterkeit von den Monitoren verschwunden.

Eine Industrie? Es wird geschätzt, dass Softwarefirmen mit grenzüberschreitenden Ambitionen heute für Internationalisierung und Lokalisierung bis zu zwanzigmal so viel aufwenden müssen wie für die eigentliche Programmentwicklung. 1996 wurden 600 Millionen Dollar für die Lokalisierung ausgegeben, im Jahr 2000 sollen es 2,4 Milliarden werden.

Beispiel *Word*. Es ist kein zufälliges Beispiel, und zwar darum, weil es zum einen als Textverarbeitungsprogramm äußerst sprachempfindlich ist und zum anderen in besonders vielen verschiedenen Sprachfassungen existiert, fünfunddreißig zur Zeit. Immer mehr Konkurrenten sind ihm in den sechzehn Jahren seiner Geschichte, in der Computerzeitrechnung eine Ewigkeit, abhanden gekommen, sodass es de facto zum Standard geworden ist. Buchstäblich alle Welt schreibt mit *Word*.

Word entsteht in der Microsoft-Zentrale in Redmond und ist das

Werk von vierunddreißig Programmierern und fünfzehn Programm-Managern. Mit seiner Lokalisierung sind in Redmond fünfzehn und weltweit vierhundert Mitarbeiter befasst: über achtmal so viele. Die Hauptarbeit der Lokalisierung aber, die Übersetzung der Dokumentationen und Hilfetexte, ist in dieser Rechnung noch gar nicht enthalten, denn sie wird nicht von Microsoft selbst gemacht, sondern als Fremdleistung dazugekauft von Übersetzungsagenturen in den verschiedenen Ländern.

Der Benutzer, der meist nur ein paar vereinzelte Wörter auf seinem Bildschirm sieht, ahnt gar nicht, wie viel Text in einem funktionsreichen Programm tatsächlich steckt. Bei *Word* enthält die Benutzeroberfläche, die ihre heimlichen Tiefen hat, etwa 70 000 Wörter – fast 250 Seiten. Alle seine Hilfetexte addieren sich zu 700 000 Wörtern – fast 2500 Seiten. Da ein technischer Übersetzer am Tag rund 2000 Wörter schafft, stecken in den 33 »outgesourceten« Sprachfassungen dieser Hilfetexte fast 12 000 Übersetzertagwerke.

Jede Sprachfassung erfordert den gleichen Aufwand, trägt zum kommerziellen Erfolg des ganzen Produkts aber sehr verschieden viel bei. 40 Prozent des Umsatzes bringt der *Office*-Suite, zu der *Word* gehört und die Microsofts Hauptprodukt ist, die amerikanische Fassung – nicht weil der amerikanische Markt so überproportional groß wäre, sondern weil sie als Einzige, neben den jeweiligen Länderfassungen, auf der gesamten Welt verkauft wird. An zweiter Stelle folgt die britische Fassung mit 20 Prozent. Die übrigen 40 Prozent entfallen auf nichtenglische Fassungen. Davon teilen sich Japanisch, Deutsch und Französisch (in dieser Reihenfolge) gut 20 Prozent, Spanisch, Italienisch, Holländisch, Portugiesisch (Brasilien), Schwedisch und Chinesisch (Festland und Taiwan) 17 Prozent. Die übrigen dreiundzwanzig Sprachfassungen müssen mit den letzten 3 Prozent vorlieb nehmen.

Deutsch ist also für Microsoft unter den nichtenglischen Sprachen keine nebensächliche. Bis es von Japanisch überrundet wurde, war es sogar die wichtigste. Japanisch und Deutsch spielen eine so große Rolle, dass Microsoft sie zu »Pilotsprachen« ernannt hat. Während alle anderen Sprachfassungen in den Zielregionen entstehen (die europäischen in Irland), werden die Pilotfassungen auf dem regenreichen Campus in Redmond selbst montiert. Diese Ehre verdankt die deutsche Fassung nicht nur ihrer Marktstellung, sondern auch einem weniger schmeichelhaften Umstand: Deutsch hat nicht nur den *Ruf* einer besonders vertrackten Sprache, es ist aus der Sicht eines Softwareingenieurs tatsächlich eine. Deutsch ist nämlich eine einmalig »lange« Sprache. Auf dem Weg von Englisch in Deutsch wird aller Text 15 bis 30 Prozent länger. Die Programmierer neigen dazu, die Fenster und Masken und Boxen und Menüs, die sich in einem Programm wie *Word* öffnen, für Englisch zu bemessen, also knapp, und immer wieder kommt es vor, dass die deutsche Übersetzung dann partout nicht passt. Die Nähe der deutschen Lokalisierer soll den Programmierern sozusagen eine Warnung sein, die grafischen Elemente von vornherein geräumig genug anzulegen. Sofort kann ausprobiert werden, ob es geht. »Wenn etwas in Deutsch funktioniert«, heißt es in Redmond, »dann funktioniert's in allen anderen Sprachen auch.«

Äußerlich wirkt der ruhige Campus in Redmond mit seinen Plauderlounges, Kantinen und Spielearkaden wie ein Hort der Gelassenheit, aber in den Kubikeln der Microsofties rennt die Uhr. Bei den Lokalisierern heißt der Sporn »Delta«. Das Delta ist in der Mathematik das Symbol für den Größenzuwachs und bei Microsoft die Zeitspanne zwischen den »Straßenterminen« des US-englischen Originals und seinen lokalisierten Derivaten. »Kurze Deltas!« verlangt das Geschäft, denn die Hauptkunden für Bürosoftware sind multinationale Konzerne, die neue Programme gern in allen ihren über die Welt verstreuten Filialen gleichzeitig einführen. Das Delta der deutschen Fassung beträgt nur noch achtundzwanzig Tage. Programmentwicklung und -lokalisierung müssen praktisch gleichzeitig stattfinden. Die Lokalisierung eines Produkts, das sich an den ganzen Erdkreis wendet, ist damit vor allem eine Organisationsfrage. Microsoft führt strenge Regie. Möglich ist das Ganze überhaupt nur, weil Microsoft Softwarewerkzeuge entwickelt hat, die die fortlaufende Einarbeitung und Erprobung der verschiedenen Sprachressourcen erlauben, die Termine überwachen, Lücken beanstanden, Widersprüche anzeigen.

Während die Sprache literarischer Übersetzungen gar nicht persönlich genug sein kann, kann die technischer Übersetzungen gar nicht anonym genug sein. Freiraum bleibt den Übersetzern in den Agenturen keiner. Ein Stilleitfaden legt Einzelheiten fest, etwa was wie abgekürzt werden darf, und den allgemeinen Ton desgleichen: »Der amerikanische Text ist oft sehr salopp. Deutsche Leser bevorzugen dagegen einen neutralen Ton und einen zupackenden, geschmeidigen Stil. Vermeiden Sie lange, verschachtelte Satzkonstruktionen ...«

Das A und O jeder technischen Übersetzung aber ist die terminologische Konsistenz. Dieselbe Sache, derselbe Vorgang muss jedesmal zuverlässig dieselbe Bezeichnung tragen, sonst ist der Benutzer verloren. Schon wenn ein Fenster oben zum »Fertig stellen« auffordert, unten aber nur einen Schaltknopf bietet, der »Beenden« heißt, kann man nicht wissen, ob man gleich das Richtige tun wird und was man mit dem nächsten Klick anrichtet. Microsoft führt zwei terminologische Datenbanken: ein Standardglossar mit zweitausend und ein Produkteglossar mit vierzigtausend Termini. Beide sind für die Übersetzer absolut bindend. Schöpferische Phantasie ist strikt verboten. Neue Termini werden in Redmond festgelegt, oft allerdings nach Beratung mit den lokalen Übersetzungsbüros. Jede Änderung eines wichtigen Terminus führt zu einem Erdbeben im ganzen System, wie damals, als das »Verzeichnis« in »Ordner« umbenannt wurde. Mit einzelnen von Microsofts sprachlichen Entscheidungen mag man nicht einverstanden sein, aber dass es die Sache nicht ernst nähme und sich keine Mühe gäbe, wird man dem Unternehmen nicht nachsagen können.

Der Löwenanteil der Lokalisierungsarbeit entfällt auf die Übersetzerei, aber sie ist nicht alles. Darüber hinaus bedarf es einer kulturellen Feinanpassung, ohne die Software außerhalb des eigenen Kulturkreises unbrauchbar wäre. Es gibt mehr anzupassen, als man sich träumen lassen würde, und vieles davon erfordert Eingriffe ins Heilige, in den Programmcode selbst.
Da ist zum Beispiel die Sortierfunktion. Auch wer sie nie in Anspruch nimmt, lässt seinen Computer ständig alphabetisch sortieren, zum Beispiel die Dateinamen. Computer müssen alles sortieren. Das Alphabet bringt wenigstens eine feste Reihenfolge mit, obwohl auch mit ihm schon Schwierigkeiten auftreten, wie jeder weiß, der im Telefonbuch oder in einem Register ein Wort mit *ä* gesucht hat (unter *a*? nach *a*? ganz am Ende?). Wieso steht denn *churro* nicht in meinem spanischen Wörterbuch? Weil *ch* im spanischen Alphabet ein eigener Buchstabe ist, nach *c*. Wie aber soll der Computer die Wortzeichen eines Schriftsystems wie des chinesischen sortieren, die keine bestimmte Reihenfolge haben? Da sind dann aber zum Beispiel auch Zeitangaben und Datumsformate: Aus (unter anderem) *4:15 p. m.* muss in Deutschland (unter anderem) *16.15* werden, aus 4/1/00 in Deutschland 1.4.2000 und in Japan 2000.4.1 (die computergemäßeste Schreibweise); in Israel muss *Word* den hebräischen, in den islamischen Staaten den islamischen Kalender beherrschen. Da sind Maßeinheiten und Währungssymbole. Da sind bei Zahlen die verschiedenen Dezimal- und Gruppenseparatoren: Das amerikanische *10,000* ist in der Schweiz *10'000*, in Deutschland *10.000* oder *10 000* (den kleinen Abstand nannten deutsche Typografen immer »Viertelgeviert«, heute heißt er wie in Amerika ¼ em-dash: ein Viertel der Länge des breitesten Buchstabens, des *m*). Welche Vielfalt allein bei den paar Anführungszeichen: “US-Englisch, Spanisch, Portugiesisch und Italienisch”, „britisches Englisch, Dänisch, Polnisch und Ungarisch”, „Deutsch“, »auch Deutsch«, «Französisch und Kroatisch», ”Schwedisch und Norwegisch”! Und auf jeden kleinen Strich kommt es an. Wenn bei der Konvertierung eines mit

Word 97 geschriebenen Buches in das beliebte Austauschformat *Word 6.0/95*, das auch vom Macintosh verstanden wird, sämtliche Anführungszeichen die schwedische Form erhalten, ist die ganze Datei ruiniert.

Und da sind schließlich die Kulturunterschiede, die mit Sprache gar nichts zu tun haben. Im russischen *Office* darf keine rote Fahne auftauchen, im islamischen kein Kreuz. Das Symbol *Kopf mit Hut* ist in allen Ländern unverständlich, in denen es die Redensart *wearing one hat* (»die gleiche Art von Arbeit verrichtend«) nicht gibt; in den Büros Südamerikas wäre ein Bauernhut sogar eine Beleidigung. Und wenn die Software vernehmlich, etwa mit einem diskreten Summton, auf Tippfehler aufmerksam machte, wäre das in japanischen Großraumbüros kompromittierend. In Deutschland wiederum darf keinesfalls die Bearbeitungsdauer eines Dokuments ausgewiesen werden, aus Datenschutzgründen.

Allen Leuten recht getan, ist eine Kunst, die niemand kann. Internationale Software muss das Kunststück fertig bringen, so zu tun, als wäre sie überall zu Hause.

Am Anfang war ASCII

Der Computer verbindet die Kulturen, wie nichts zuvor sie verbunden hat, bewegt die Völkerschaften der Erde dazu, ihre Zeit an den gleichen, mit der gleichen Software ausgestatteten Geräten bei der gleichen Art von Arbeit und Spiel zu verbringen. Vernetzt, als Station in der weltweiten Datenkommunikation, hebt der Computer Grenzen und Entfernungen vollends auf: Sein Benutzer bekommt gar nicht mehr richtig mit, ob die Maschine, mit der die eigene gerade einen Dialog führt, gleich um die Ecke oder in Yokohama steht. Und gleichzeitig hält der Computer die Kulturen auseinander, denn er lässt jeder die Freiheit, ihn auf ihre Art zu benutzen; sie muss nur seiner unbestechlichen und geradlinigen Logik folgen. Beharrte eine Kultur stolz darauf, dass bei ihr die Dinge keine eindeutige Bezeichnung tragen und nicht auf eine bestimmte Weise geschrieben werden können und nicht auf eine berechenbare Weise auseinander und aufeinander folgen, so wäre sie in der Tat nicht computertauglich. Aber von diesem hypothetischen Fall abgesehen, ist der Computer die Multikulturmaschine par excellence. Oder er wäre es, gäbe es da nicht ein kleines Problem. Damit jeder ihn auf seine Art benutzen kann, müsste er auf ihm zunächst auf die eigene Art schreiben können. Von Haus aus ist der Computer aber nur auf Englisch eingerichtet, auf die in Amerika und England benutzten Buchstaben des lateinischen Alphabets, kurz: auf ASCII.

Dass da irgendetwas nicht über eine Sprachbarriere hinweg gekommen ist, merkt der Benutzer etwa, wenn sich der Bildschirm plötzlich mit Text füllt wie *30'ã‰œ-l,g,ÈfXfPfpf"'Ç‰Á*. (Vorsicht, es könnte sich um Pornografie handeln!) Die Menschheit, so signalisieren die Lettern, haust eben doch in keinem globalen Dorf und schickt sich auch nicht an, eines zu beziehen, und zwar einfach deshalb, weil sie so viele Sprachen spricht – und so viele Schriften schreibt.

Sprachgrenzen sind letztlich nur zu überwinden, wenn die Leute fremde Sprachen lernen. Die bisher nur kläglichen Leistungen der automatischen Übersetzung stellen kein Versprechen dar, dass uns der Computer diese Mühe je abnehmen könnte. Wer sich einmal eine lustige Viertelstunde machen will, kann sich eine Webseite über Viagra, eine von etwa einer Viertelmillion, von dem in die Suchmaschine *Altavista* integrierten Übersetzungsprogramm *Systran*, einem der ausgereiftesten am Markt, online ruckzuck aus dem Englischen ins Deutsche übersetzen lassen: »Wenn Sie eine der Millionen der Männer sind, die unter der erectile Funktionsstörung oder ED (auch genannt Machtlosigkeit) leiden, ist jetzt die Zeit, einen neuen Anfang mit oralen des Durchbruches zu finden. Viagra arbeitet, indem es die Antwort eines Mannes zur sexuellen Anregung verbessert. So mit Viagra, können eine Note oder ein flüchtiger Blick von Ihrem Partner zu etwas mehr wieder führen. Doktoren in vereinigt Zustände haben Viagra mehr als 16 Millionmal vorgeschrieben. Viagra arbeitet in bis zu 82% der Patienten, die Viagra-Erfahrung eine Verbesserung in ihren Aufrichtungen nehmen. Viagra ist eine Verordnungmedikation, also müssen Sie mit Ihrem Gesundheitspflegeversorger mit sprechen herausfinden, wenn es für Sie Recht hat. Seien Sie sicher, Ihren Gesundheitspflegeversorger zu fragen, ob Ihr Inneres genug gesund ist, die Extrabelastung der sexuellen Aktivität anzufassen. Wenn Sie die Kastenschmerz, -übelkeit oder -übelkeit haben während des Geschlechtes erklären Anschlag und sofort Ihren Gesundheitspflegeversorger. Mit Viagra sind die allgemeinsten Nebenwirkungen Kopfschmerzen, Gesichtsleeren und umgekippter Magen. Viagra kann bläulichen oder unscharfen Anblick oder Empfindlichkeit zum Licht auch kurz verursachen.« So viel zum bläulichen Anblick bei der Aufrichtung und zur maschinellen Übersetzung, an der nun schon fast so lange herumgetüftelt wird, wie es Computer gibt. Die Schriftgrenzen dagegen – die könnte der Computer im Prinzip überwinden, aber es ist ein langer Prozess, der noch längst nicht am Ziel ist.

Was immer einer mit dem Computer tut, auf jeden Fall wird er damit lesen und schreiben. Ein universales Lese- und Schreibwerkzeug aber kann der Computer nur sein, wenn er allen seinen Benutzern *nicht* die gleiche Sprache und Schrift abverlangt. Bis die ganze Menschheit Englisch spricht und schreibt, könnte er lange warten. Im babylonischen Internet lernt man es schnell zu schätzen, dass die Welt mit dem Englischen eine Lingua franca hat. Dass es eine dem Deutschen so nah verwandte Sprache ist, trifft sich für uns glücklich; die meistgesprochene Sprache der Welt ist Chinesisch, das jeder Sechste der sechs Milliarden Menschen spricht, und mit dem hätten wir mehr Mühe. Aber nur für etwa 380 Millionen ist Englisch die Muttersprache, für 94 Prozent der Menschheit ist es eine Fremdsprache. Um sich häuslich mit dem vernetzten Computer einzurichten, kann man mit ihm nicht nur in einer Fremdsprache verkehren. Das multikulturelle Potenzial der Informationstechnologie kommt nur zum Zuge, wenn sie sich der Vielfalt der Schriftsysteme gewachsen zeigt.

Dass der Computer sich mehrsprachig (»multilingual« mit dem neuen internationalen Wort) bewähren müsste, wurde ihm nicht an der Wiege gesungen. Tief in seinem innersten Kern »kann« er nur ein Schriftsystem, das englische. Das ist so, weil die Urahnen, von denen er abstammt, alle Englisch sprachen. Zwar manövrieren Computer immer nur mit Zahlen, genau genommen nur mit zwei Ziffern, 0 und 1, und vor den Zahlen sind alle Sprachen und Schriften gleich. Aber da Menschen keinen Kopf für endlose Folgen von Nullen und Einsen haben, war von Anfang an die Übersetzung der Daten in eine menschengerechtere

Form nötig, bei Input wie Output. Und weil die Konstrukteure dieser Computer Amerikaner waren, war es für sie die bare Selbstverständlichkeit, die Eingabegeräte ihren Schreibmaschinen nachzubilden und genau jene Ziffern und Buchstaben zu verwenden, die sich auf deren Tastaturen befanden.
Das normale Eingabegerät für die Großrechner jener Zeit – groß eher in Raumverdrängung und Preis denn in ihrer Leistung – war der Lochkartenleser. Die Lochkarte ist die Erfindung des Deutschamerikaners Hermann Hollerith, der lange vor der Zeit der Computer nach einer Möglichkeit suchte, große Zahlenmengen automatisch zu erfassen. Eingesetzt wurde seine Lochkarte erstmals bei der amerikanischen Volkszählung von 1890, und 1910 begannen auch deutsche Konzerne, sie zu verwenden. Aus Holleriths 1896 gegründeter Tabulating Machine Company ging später IBM hervor. Auf der Hollerith-Karte, wie sie in Deutschland hieß, wurde jede Ziffer durch ein Loch in einer bestimmten Spalte und Reihe dargestellt, und ein elektrischer (nicht elektronischer) Kartenleser schloss bei bestimmten Lochungen bestimmte Kontakte. Auch das Alphabet ließ sich durch ein zusätzliches »Überloch« – eine Art Umschaltzeichen – auf der Lochkarte verschlüsseln. Gestanzt wurden die Löcher mit einem Kartenlocher, und dieser hatte ein Tastaturfeld, das dem einer Schreibmaschine ähnelte und sich in seiner Tastenbelegung an die amerikanische QWERTY-Schreibmaschine anlehnte.
Je mehr Computer von immer mehr Herstellern es gab, desto dringender wurde es nötig, dass sie die Löcher auf den Karten – und auf den mit dem Telexalphabet gestanzten Lochstreifen – gleich interpretierten. Ein einziges unterschiedlich gedeutetes Zeichen konnte und kann eine ganze Datenbank in den Orkus reißen. Was gebraucht wurde, war eine einheitliche, für alle verbindliche Codetabelle, die jedem Zeichen seinen unverrückbaren Platz anwies. Ende der Fünfzigerjahre schoben die Hersteller das kleine, aber folgenreiche Problem dem amerikanischen Normenverband (damals ASA, heute ANSI) zu.

Der hatte am 17. Juni 1963 die Lösung: ASCII, den *American Standard Code for Information Interchange*. Es war eine Tabelle, die wie gewünscht jedem der für die Computereingabe bis dahin benötigten alphanumerischen Zeichen und einigen Interpunktionszeichen und Symbolen ein für allemal ihre Nummer zuteilte. Die Tabelle war praktischerweise aber auch noch so beschaffen, dass das Alphabet in ihr eine kontinuierliche aufsteigende Zahlenreihe bildet, sodass sich – ein höchst erwünschter Nebeneffekt – das ASCII-Alphabet im Computer sozusagen von allein richtig sortiert. Diese Tabelle war von nun an allgemeine Norm. Ironischerweise entzog sich ihr gerade der größte Computerhersteller der Welt, IBM, und verwendete auf seinen Großrechnern noch jahrzehntelang eine eigene, mit ASCII völlig inkompatible Zeichentabelle namens EBCDIC (*Extended Binary Coded Decimal Interchange Code*), an die Informatiker heute mit einigem Grausen zurückdenken.
Da Speicherplatz damals noch knapp war, mussten die Tabellennummern, also die Zeichencodes, niedrige Zahlen sein und nicht mehr als unbedingt nötig. Und damit der Computer von vornherein wusste, wo ein Zeichen aufhörte und das nächste begann, musste jedes außerdem in der gleichen Länge codiert sein, also aus der gleichen Zahl von Nullen und Einsen bestehen. Eine Gruppe von zwei Grundeinheiten (Bit) lässt sich auf vier verschiedene Weisen mit 0 und 1 besetzen (00, 01, 10 und 11), eine aus dreien auf achterlei Art, und so fort. Das Internationale Telegrafenalphabet aus dem Jahre 1895 war für Eingabelochstreifen bestimmt, auf denen jeweils eine senkrechte Reihe ein Zeichen bedeutete. Jede Reihe hatte fünf Positionen, an denen sich entweder ein Loch oder kein Loch befinden konnte. Dieser nach seinem Erfinder benannte Baudot-Code war also binär (er wurde durch lediglich zwei Werte dargestellt, Nichtloch und Loch), und er war, lange bevor das Bit seinen Namen erhielt, ein 5-Bit-Code, ausreichend für 2 hoch 5 gleich 32 Zeichen. Ein Trick, ein Umschaltzeichen, vermehrte diese 32 schwerfällig auf 64, die

auch nur knapp reichten; vor allem erlaubten sie nur Groß- und keine Kleinbuchstaben. Mit diesem verdoppelten 5-Bit-Code wurden ein Jahrhundert lang Telegramme per Fernschreiber übertragen.

Wenn dem neuen Computercode stolze acht Bit (ein Byte) zugestanden wurden, so schien das damals mehr als großzügig. Acht sollten es sein, weil es als Vielfaches von zwei eine magische Zahl für Computeringenieure ist. Sie erwies sich geradezu als prophetisch, denn die in den Siebzigerjahren entwickelten Mikrocomputer, zu denen die heutigen PCs gehören, machten alle das aus acht Bits bestehende Byte zu ihrer Grundeinheit, ihrer einheitlichen »Wortlänge«.

Ein Byte: das gab Raum für eine Tabelle von 2 hoch 8 gleich 256 Zeichen – mehr als genug, wie es schien, da damals niemand an so etwas wie Textverarbeitung dachte. Sie gibt es erst seit 1976, als Michael Shrayer sein *Electric Pencil* vorstellte, und erst in den frühen Achtzigerjahren fasste sie wirklich Fuß. Anfang der Sechzigerjahre wäre es noch Wahnsinn gewesen, die kostbare Rechenzeit eines Computers zu vergeuden, indem man ihn zu einer profanen Schreibmaschine degradierte. Um 1960 waren ganze neuntausend Computer auf der ganzen Welt im Einsatz, fünftausend davon in den Vereinigten Staaten. Auf den Lochkarten, über die die Eingabe vorgenommen wurde, gab es die Ziffern *0* bis *9*, die lateinischen Grundbuchstaben und ein paar Satzzeichen, mehr nicht, und es hatte bis dahin ausgereicht. 256 Zeichenpositionen – das waren viele mehr, als man brauchen konnte. So wurden von den acht Bit eines Byte nur sieben belegt, genug für 128 Zeichen; das achte Bit blieb in Reserve für das, was die Zukunft dem Computer bringen mochte. Und da man bisher gut ohne Kleinbuchstaben ausgekommen war, verzichtete man auch auf die noch und besetzte von den vorhandenen 128 Plätzen zunächst nur 61; 34 weitere wurden für unsichtbare interne Steuerzeichen verwendet. ASCII war also ein 8-Bit-Code, der nur sieben Bit nutzte und auch diese nur zum Teil.

Es wäre unfair, den Normern vorzuwerfen, sie hätten nur an Amerika gedacht. Niemand dachte damals an die Notwendigkeit einer größeren Codetabelle. Es sah ja so aus, als wären reichlich Plätze frei geblieben für etwaige Bedürfnisse des Auslands. Als sich schon ein Jahr später auch die in der ECMA organisierten europäischen Computerhersteller auf eine gemeinsame Zeichentabelle einigten, waren sie so klug, keinen Konflikt mit ASCII zu suchen, belegten allerdings auch die noch freien 29 Plätze des amerikanischen 7-Bit-Codes, vor allem mit den Kleinbuchstaben des Alphabets, die die ASA weggelassen hatte. Diese auf 94 »grafische« (das heißt darstellbare, anzeigbare, druckbare) Zeichen ergänzte Tabelle übernahm 1968 wiederum die inzwischen zur ANSI mutierte ASA. 1974 schließlich machte die Internationale Normenorganisation ISO sie zum Weltstandard. (IBMs inkompatibler »Eppsidick« nutzte von 256 möglichen Positionen 108 und war damit umfangreicher als ASCII.)
Dieses gemeinsame Alphabet, den 7-Bit-ASCII, beherrschen heute ausnahmslos alle Computer der Welt. Kein Datenverkehr ohne ISO 646, wie der offizielle Name lautet – »ASCII« ist nur noch eine historische Reminiszenz, ein anhänglicher Spitzname. Als man Ende der Siebzigerjahre dann ernstlich mit Computern zu schreiben begann, kam jedoch sehr schnell ans Licht, dass es den amerikanischen und europäischen Schöpfern von ISO 646 an Weitsicht gefehlt hatte. 128 Zeichenpositionen – das war einfach viel zu wenig, um auch nur alle europäischen Sprachen mit lateinischen Alphabeten schreiben zu können. Wo waren die französischen Akzentzeichen, die deutschen Umlaute, das spanische *ñ*, nicht zu reden vom dänischen *å* oder dem isländischen *ð*?
Wieder war die Internationale Normenorganisation gefragt. Ihre Lösung kam 1986 und hieß ISO 8859. Es waren mehrere Zeichentabellen für Alphabetschriften, die alle das freie achte Bit mitverwendeten und damit Platz für 256 Zeichen schufen. Immer stand der Grundvorrat von ASCII im unteren alten Teil der Tabelle und in ihrem oberen neuen jeweils eine andere Auswahl

nationaler Schriftzeichen. Diese müssen sich seither als »Sonderzeichen« titulieren lassen. Die Sonderzeichen der großen westeuropäischen Sprachen stehen alle in der ersten dieser erweiterten Tabellen, 8859–1, auch Latin-1 (oder Roman) genannt. Wessen Computer über diese verfügt, der kann Englisch und Deutsch und Französisch und viele andere europäische Sprachen schreiben, auch alle beliebig durcheinander in einer einzigen Datei. Für die osteuropäischen Sprachen, Griechisch oder Kyrillisch aber muss man seinen Computer auf eine andere Zeichentabelle, eine andere »Codepage« umschalten. Und wenn ein fremder Computer den Text liest und nicht weiß, von wo bis wo welche Tabelle gilt, die erforderliche Tabelle vielleicht gar nicht besitzt und die ihr entsprechenden grafischen Zeichen auch nicht, kommt nur Gebrabbel heraus oder eine Reihe von Rechtecken, □□□□□, deren offizieller Name übrigens *squish quad* lautet, »viereckiges Zermatschtes«. Sie bedeuten: Kannitverstan.

Da jeder dieser Zeichensätze die obere Hälfte der 256-Zeichen-Tabelle anders vergibt, ist auf sie beim Datenaustausch kein Verlass: Man kann nie von vornherein sicher sein, als was eins der oberen Zeichen auf einem anderen Computer ankommt. Europäische Computer sind inzwischen in der Regel mindestens mit Latin-1 ausgerüstet, aber amerikanische zum Beispiel keineswegs, und wenn man die Diskette mit einer europäischen Textdatei einem amerikanischen Computer zu lesen gibt, der mit der Tabelle US-ASCII arbeitet, ist nicht gesagt, dass der mit all den absonderlichen »Sonderzeichen« etwas anfangen kann.

Und da ist nun das Problem. Da die Computer die obere Hälfte der Zeichennummern, die in einem Byte stecken können, verschieden interpretieren, ist immer nur auf die untere Verlass, eben auf das alte 7-Bit-ASCII. Wo auch immer ein Text auf unbekannten Wegen und über unbekannte Stationen wandert, im Internet also, kann man nie darauf bauen, dass mehr als 7-Bit-ASCII richtig ankommt. Nur dessen 94 Zeichen sind netztauglich. Und da niemand Gewalt über das Internet hat, kann ihm

auch niemand eine andere, größere, bessere Zeichentabelle verordnen. Auf absehbare Zeit bewegt sich kein anderer Text als 7-Bit-ASCII sicher durch die Netze – das ist ein Faktum, das hingenommen werden muss. Wem dies nicht gebührend klar ist, der muss gewärtigen, dass seine *schönen Grüße* den Adressaten zum Beispiel als *schone Gru?e* oder *sch=F6ne Gr=FC=DFe* erreichen. An derlei Entstellungen könnte man sich vielleicht sogar noch gewöhnen, die paar involvierten Codes sind ja schnell durchschaut. Wer jahrelang Leserbriefe in dieser Form erhält, bemerkt sie kaum noch, nimmt allerdings die Briefschreiber auch nur noch halb so ernst wie sie sich selber. Aber was am Ziel tatsächlich ankommt, ist unberechenbar, und es ist keinerlei Verlass darauf, dass der Empfänger es überhaupt entziffern kann. Der Satz »Seine [des Computers] Multilingualität rückt näher« mag zum Beispiel bei dem deutschen Leser in Japan, dessen Web-Browser den deutschen Umlauten nicht gewachsen ist, in der überraschenden Form »Seine Multilingualit舩 r・kt n減er « eintreffen. (Kenner werden sogleich bemerken, dass der japanische Computer dreimal die beiden Bytes zweier aufeinanderfolgender Latin-1-Buchstabenzeichen als ein einziges japanisches Zwei-Byte-Zeichen interpretiert hat, zwei Kanji und den Trennpunkt *nakaten*, der bei Aufzählungen und zur Kennzeichnung der Wortgrenzen in Fremdnamen verwendet wird.) Drum prüfe, wer die Post versendet, als was seine Epistel endet.
Wenn eMail in den letzten Jahren zunehmend dennoch unverstümmelt ankommt, dann dank MIME, den *Multipurpose Internet Mail Extensions*. Alle Schriftzeichen der Welt lassen sich durchs Internet transportieren, wenn sie beim Versand in 7-Bit-ASCII verwandelt werden, etwa das deutsche *ß* in die drei ASCII-Zeichen *=DF* – und wenn der Computer des Empfängers sie richtig zurückübersetzt. Auch Programmdateien, Grafiken, Klänge – alles lässt sich in ASCII konvertieren, wenn man die Zahlen, um die es sich ausnahmslos ja handelt, in der binären Gestalt belässt, die sie im tiefsten Innern des Computers ohnehin haben.

Es gab und gibt zahlreiche Verschlüsselungsverfahren zur Umwandlung in ASCII; der Haken ist nur, dass der Mail-Client, der die Botschaft empfängt, die Verschlüsselung erkennen und den Schlüssel besitzen muss, um sie wieder zu entschlüsseln. Kennt er ihn nicht, so kommen die *Grüße* etwa gar als *($=R_-]e* an. MIME besteht in einer Reihe von speziellen neuen Verschlüsselungsverfahren – und dazu genauen Angaben im Kopffeld der eMail, auf welche Teile welcher Schlüssel anzuwenden ist. Wer seine eMail aus einem MIME-kundigen Computer verschickt, fügt ihr im Header automatisch einen Vermerk hinzu, der etwa besagt: Hier kommt etwas, das mit der Zeichentabelle Soundso geschrieben und von MIME nach dem Verfahren Soundso in 7-Bit-ASCII übersetzt wurde. Und wenn der Mail-Client des Empfängers auch über MIME und den entsprechenden Zeichensatz – die Tabelle und die sie abdeckenden Schriftfonts – verfügt (und der Vermerk in keiner Relaisstation unterwegs getilgt wurde), übersetzt sie das kryptische ASCII – die Transportverpackung – automatisch zurück in jede Schrift der Welt.
Im World Wide Web wird es ähnlich gemacht: Die Web-Sprache HTML beruht zwar nicht auf 7-Bit-ASCII, sondern auf der größeren Tabelle Latin-1, aber da man nicht sicher sein kann, dass Latin-1 wohlbehalten durch die Netze gelangt, ist ihr ebenfalls ein Ver- und Entschlüsselungsverfahren eingebaut. Es übersetzt die *Grüße* in *Grüße*, astreines ASCII. Das *&* besagt: Achtung, das Folgende ist bis zum nächsten *;* kein Text, sondern ein Code, *uuml* oder *szlig*. Der Browser des Empfängers übersetzt den – in diesem Fall leicht durchschaubaren – Code (»u-Umlaut« und »sz-Ligatur«) zurück in Latin-1 als *ü* oder *ß*.
Ein multilinguales Lese- und Schreibgerät ist der Computer damit aber noch nicht. Es bleibt die Frage: Wie kommen all die vielen ganz anderen Schriftsysteme überhaupt in den an der amerikanischen Schreibmaschine orientierten Computer hinein?

Ur-ASCII

Die 7-Bit-Zeichentabelle, veröffentlicht vom Amerikanischen Normenverband ASA am 17. Juni 1963 unter der Nummer X3.4

	0	1	2	3	4	5	6	7
0	NULL	DC_0	ƀ	**0**	**@**	**P**		
1	SOM	DC_1	**!**	**1**	**A**	**Q**		
2	EOA	DC_2	**"**	**2**	**B**	**R**		
3	EOM	DC_3	**#**	**3**	**C**	**S**		
4	EOT	DC_4	**$**	**4**	**D**	**T**		
5	WRU	ERR	%	**5**	**E**	**U**		
6	RU	SYNC	**&**	**6**	**F**	**V**		
7	BELL	LEM	'	**7**	**G**	**W**		
8	FE_0	S0	(	**8**	**H**	**X**		
9	HT	S1	)	**9**	**I**	**Y**		
10	LF	S2	*	**:**	**J**	**Z**		
11	V_{TAB}	S3	+	**;**	**K**	[		
12	FF	S4	,	<	**L**	\		ACK
13	CR	S5	-	=	**M**	]		
14	SO	S6	.	>	**N**	↑		ESC
15	SI	S7	/	**?**	**O**	←		DEL

Bedeutung der Steuerzeichen [mit der deutschen DIN-Übersetzung]:

ƀ Blank (word separator) [Zwischenraum]
ACK Acknowledge [Bestätigung]
BELL Audible sign [Klingel]
CR Carriage return [Wagenrücklauf]
DC Device control [Gerätesteuerzeichen]
DEL Delete/Idle [Löschen]
EOA End of address [Ende des Textes]
EOT End of transmission [Ende der Übertragung]
ERR Error [Fehler]
ESC Escape [Code-Umschaltung]
FE0 Format effector [Formatsteuerzeichen]
FF Form feed [Formularvorschub]
HT Horizontal tabulation [Horizontal-Tabulator]
LF Line feed [Zeilenvorschub]
NULL Null/Idle [Nil]
RU »Are you ...?« [»Ist dort ...?«]
S0-S7 Separator (information) [Informationstrennzeichen]
SI Shift-in [Rückschaltung]
SK Skip (punched card) [Lochkarte: Überspringen]
SO Shift-out [Dauerumschaltung]
SOM Start of Message [Anfang der Übertragung]
SYNC Synchronous idle [Synchronisierung]
VT Vertical tabulation [Vertikal-Tabulator]
WRU »Who are you?« [»Wer da?«]

Von diesen Steuerzeichen gelangten einige ins Bewusstsein auch des textverarbeitenden Nichtfachmanns. CR (»Wagenrücklauf«) stammt von der Schreibmaschine und bewirkt den Sprung des Cursors an den Anfang der nächsten Zeile. FF steht auf manchem Drucker und bewirkt einen Seitenvorschub, den Auswurf der ganzen Seite. SP ist das Leerzeichen, in der Typografie früher »Spatium« genannt. ESC (»Flüchten«), das sich auf allen Computertastaturen befindet und dem Abbruch einer begonnenen Aktion dient, bedeutet eigentlich, dass die vorliegende Zeichentabelle bis zum nächsten ESC verlassen wird; die Anwendungs-, auch die Textprogramme der frühen Zeit wurden vielfach mit solchen Escape-Sequenzen gesteuert.

ASCII-Kunst ;-)

```
 |/\/\/|
 |     |
 |     |
 | (o)(o)
 C      _)       (__)
 |  ,___|        (oo)
 |   /            \/-------\
 /___\             ||     | \
/     \            ||---w||  *
```

»ASCII« und »Latin-1«

Die 8-Bit-Zeichentabelle (Latin-1, ISO 8859–1), zuweilen fälschlich auch »ANSI« genannt. Die linke Hälfte ist der 1968 um Kleinbuchstaben ergänzte 7-Bit-Satz, also das, was heute oft »ASCII« oder »US-ASCII« genannt wird (ISO 646, DIN 66003). Die rechte Hälfte enthält die durch die Verwendung auch des achten Bit hinzugekommenen westeuropäischen Schriftzeichen. Rechts oben in jedem Feld die laufende Nummer in Dezimalzahlen.

	0	1	2	3	4	5	6	7	8	9	10	11	12	13
0	0 NUL	16 DLE	32 SP	48 0	64 @	80 P	96 `	112 /	160 NS	176 °	192 À	208 Đ	224 à	240 ð
1	1 SOH	17 DC$_1$	33 !	49 1	65 A	81 Q	97 a	113 q	161 ¡	177 ±	193 Á	209 Ñ	225 á	241 ñ
2	2 STX	18 DC$_2$	34 "	50 2	66 B	82 R	98 b	114 r	162 ¢	178 ²	194 Â	210 Ò	226 â	242 ò
3	3 ETX	19 DC$_3$	35 #	51 3	67 C	83 S	99 c	115 s	163 £	179 ³	195 Ã	211 Ó	227 ã	243 ó
4	4 EOT	20 DC$_4$	36 $	52 4	68 D	84 T	100 d	116 t	164 ¤	180 ´	196 Ä	212 Ô	228 ä	244 ô
5	5 ENQ	21 NAK	37 %	53 5	69 E	85 U	101 e	117 u	165 ¥	181 µ	197 Å	213 Õ	229 å	245 õ
6	6 ACK	22 SYN	38 &	54 6	70 F	86 V	102 f	118 v	166 ¦	182 ¶	198 Æ	214 Ö	230 æ	246 ö
7	7 BEL	23 ETB	39 '	55 7	71 G	87 W	103 g	119 w	167 §	183 ·	199 Ç	215 ×	231 ç	247 ÷
8	8 BS	24 CAN	40 (	56 8	72 H	88 X	104 g	120 x	168 ¨	184 ¸	200 È	216 Ø	232 è	248 ø
9	9 HT	25 EM	41)	57 9	73 I	89 Y	105 i	121 y	169 ©	185 ¹	201 É	217 Ù	233 é	249 ù
10	10 LF	26 SUB	42 *	58 :	74 J	90 Z	106 j	122 z	170 ª	186 º	202 Ê	218 Ú	234 ê	250 ú
11	11 VT	27 ESC	43 +	59 ;	75 K	91 [	107 k	123 {	171 «	187 »	203 Ë	219 Û	235 ë	251 û
12	12 FF	28 FS	44 ,	60 <	76 L	92 \	108 l	124 |	172 ¬	188 ¼	204 Ì	220 Ü	236 ì	252 ü
13	13 CR	29 GS	45 -	61 =	77 M	93]	109 m	125 }	173 -	189 ½	205 Í	221 Ý	237 í	253 ý
14	14 SO	30 RS	46 .	62 >	78 N	94 ^	110 n	126 ~	174 ®	190 ¾	206 Î	222 Þ	238 î	254 þ
15	15 SI	31 US	47 /	63 ?	79 O	95 _	111 o	127 DEL	175 ¯	191 ¿	207 Ï	223 ß	239 ï	255 ÿ

Die Bedeutung der Steuerzeichen (controls):

ACK	Acknowledge / Bestätigung
BEL	Bell / Glocke
BS	Backspace / Rücktaste
CAN	Cancel
CR	Carriage return / Wagenrücklauf
DC	Device control
DEL	Delete / Löschen
DLE	Data link escape
EM	End of medium
ENQ	Enquiry
EOT	End of text / Textende
ESC	Escape
ETB	End of transmission block
FF	Form feed / Seitenvorschub
FS	File separator
GS	Group separator
HT	Horizontal tabulation / Horizontal-Tabulator
IS	Information separator / Informationstrennzeichen
LF	Line feed / Zeilenvorschub
NAK	Negative acknowledge
NL	New line / Neue Zeile
NS	No-break space / Geschütztes Leerzeichen
NUL	Null
RS	Record separator
SI	Shift-in
SO	Shift-out
SOH	Start of heading
SP	Space
STX	Start of text
SUB	Substitute
SYN	Synchronous idle
TC	Transmission control
US	Unit separator
VT	Vertical tabulation

Die internationalen Namen der Symbole, Satz- und Akzentzeichen, die meisten festgelegt von der ECMA (European Computer Manufacturers Association) oder dem Unicode Consortium, dazu, wo vorhanden, die deutschen Bezeichnungen und in eckigen Klammern etwaige Spitznamen; außerdem die Namen einiger prototypischer Sonderzeichen aus anderen lateinischen Alphabeten:

!	exclamation mark / Ausrufezeichen [bang]
"	quotation mark, diaeresis / Anführungszeichen [double quote]
#	number sign / Nummernzeichen [crunch]
$	dollar sign / Dollar
%	per cent / Prozent
&	ampersand / kommerzielles Und [amper]
'	apostrophe, acute accent Apostroph, Akut [single quote]
(	left parenthesis [left paren]
)	right parenthesis [right paren]
*	asterisk / Stern [star, splat, wildcard / Sternchen]
+	plus sign / Plus-Zeichen
,	comma / Komma, Cedille
-	hyphen, minus sign / Bindestrich [minus, dash]
.	period, full stop, period / Punkt [dot, point]
/	solidus / Schrägstrich [slash, stroke]
:	colon / Doppelpunkt
;	semi-colon / Semikolon [semi]
<	less-than sign / kleiner als [left broket]
=	equals / gleich-Zeichen
>	greater-than sign / größer als [right broket]
?	question mark / Fragezeichen
@	commercial at / kommerzielles à [shtrudel, at sign / Klammeraffe, Affenschwanz]
[	left (square) bracket / eckige Klammer auf

\ reverse solidus / inverser Schrägstrich [backslash, slant]

] right (square) bracket / eckige Klammer zu

^ upwards arrow, circumflex accent/ Aufwärtspfeilspitze, Zirkumflex [hat, control, caret, uparrow]

_ underline / Unterstreichung [low line, underscore, underbar / Unterstrich]

` grave accent / Gravis [backquote, left quote]

{ left brace / geschweifte Klammer auf [left curly bracket]

| vertical line / senkrechter Strich

} right brace / geschweifte Klammer zu [right curly bracket]

~ overline, tilde / Überstreichung, Tilde [squiggle, twiddle / Überstrich]

¡ inverted exclamation mark

¢ cent sign / Cent-Zeichen

£ pound sign / Pfund-Zeichen

¤ currency symbol / Währungszeichen

¥ yen sign / Yen-Zeichen

¦ broken bar

§ section sign / Paragraf

¨ diaeresis / Trema

© copyright sign

ª feminine ordinal indicator

« left pointing double angle quotation mark / doppelte spitze Anführungszeichen

¬ not sign

- soft hyphen / bedingter Trennstrich

® registered sign

¯ overline / Überstrich

° degree sign / Grad-Zeichen

± plus-minus sign / Plus-minus-Zeichen

´ acute accent / Akut

µ micro sign / Micro-Zeichen (= griechisches My)

¶ pilcrow sign, paragraph/Alinea-zeichen

· middle dot

¸ cedilla / Cedille

¹ superscript one

º masculine ordinal indicator

» right pointing double angle quotation mark / doppelte spitze Abführungszeichen

¼ vulgar fraction one quarter

½ vulgar fraction one half

¾ vulgar fraction three quarters

¿ inverted question mark

Ð Eth (= isländisches großes stimmhaftes »Th«)

× multiplication sign (Multiplikationszeichen, mal-Zeichen)

Þ Thorn (= isländisches großes stimmloses »Th«)

ß szlig (= sz-Ligatur)

à a grave

á a acute

â a circumflex

ã a tilde

ä a umlaut

å a ring

æ a elig (= ae-Ligatur)

ç c cedilla

ë e umlaut

ñ n tilde (= spanisches eñe, gesprochen enje)

÷ division sign (Divisionszeichen, durch-Zeichen)

þ thorn (= isländisches kleines stimmloses »th«)

ĕ e breve

ę e ogonek

ø o slash

ð eth (= isländisches kleines stimmhaftes »th«)

Ł capital l stroke

ł l stroke

ň n caron

ō o macron

– n dash / (kurzer) Gedankenstrich

— m dash / langer Gedankenstrich

Unicode, der Code für alle

Als vielsprachiges Talent kam der Computer nicht auf die Welt. Englisch ja – doch mit nichtenglischen Schriftzeichen weiß er von Haus aus nichts anzufangen. Schon Buchstaben wie das deutsche *ß* stürzten ihn in eine Verlegenheit, die auch nur im Prinzip auszuräumen fast zwanzig Jahre gedauert hat – von der weltweiten Normierung der 7-Bit-ASCII-Tabelle im Jahre 1968 mit ihrem minimalen englischen Alphabet bis 1986, als die Hinzunahme des achten Bit die Zahl der in einer Codetabelle möglichen Zeichen von 128 auf 256 erhöhte. Bis heute aber leidet die Textkommunikation zwischen Computern daran, dass man nie sicher sein kann, ob sie die hinzugewonnenen 128 Zeichenpositionen auf die gleiche Weise interpretieren. Das Ö, das ein deutscher Computer arglos auf den Weg schickt, kommt in einem griechischen wahrscheinlich als ein *Phi* (*Φ*) und in einem russischen als *She* (*ж*) an. Warum? Alle drei Zeichen tragen dieselbe Nummer, stehen aber in verschiedenen Codetabellen.
Die Verständigungsschwierigkeiten zwischen den Computern verschiedener Alphabetschriften erscheinen indessen als Bagatellen, wenn die ganz anderen, die im Wortsinn großen Schriftsysteme der Welt anrücken. Sehen Linguisten von oben auf die bunte Menge von Schriftzeichen hinunter, die sich die Menschen haben einfallen lassen, ein jedes immer nur den Eingeweihten verständlich, so teilt sie sich in drei große Gruppen.
Die eine ist die der alphabetischen Schriftsysteme, zu denen unser lateinisches gehört. Jedes Zeichen steht hier für einen Sprach-

laut, im Prinzip jedenfalls, auch wenn ein paar Laute mehrere Zeichen beanspruchen (*sch*) und ein paar Zeichen mehrere Laute enthalten (*z*). Ein ideales Alphabet hätte so viele Zeichen, wie die betreffende Sprache Laute hat. Die meisten haben zwischen dreißig und fünfzig. Alphabetschriften sind darum außerordentlich rationell: Keine anderen kommen mit weniger Zeichen aus. Die nächste Gruppe bilden die Silbenschriften. Hier steht jedes Zeichen (jedes »Syllabogramm«) nicht für einen Laut, sondern für eine Sprechsilbe. Japanisch mit seiner schlichten Silbenstruktur (*ka-wa-sa-ki*) käme mit fünfzig Silbenzeichen aus, wenn es ganz in einer seiner beiden Silbenschriften geschrieben würde und diese sich auf das Nötige beschränkten. Die Keilschrift, die auch eine Silbenschrift war, brauchte hundert.

Die dritte Gruppe, die altehrwürdigste, ist ganz anders beschaffen. Bei ihr steht jedes Zeichen mehr oder weniger für ein ganzes Wort: Es ist ein Logogramm (oder Ideogramm). Ursprünglich waren viele Logogramme einmal Bilder der Dinge, die sie bezeichneten; diese Verbindung ist mit der Zeit verloren gegangen. Die chinesische ist solch eine logografische Schrift, und ihre Logogramme (*hànzì* genannt, wörtlich »Han-Schrift«, wobei Han die Han-Dynastie, die ethnischen Chinesen und ihre Sprache bedeutet) sind auch in anderen ostasiatischen Ländern in Gebrauch. Eigentlich benötigte eine Schrift dieser Art so viele Zeichen, wie die Sprache Begriffe hat, einige hunderttausend. Da das mehr sind, als selbst die gelehrtesten Schriftgelehrten je beherrschen könnten, stützen sich neun von zehn chinesischen Begriffen auf zwei Zeichen – was die nötige Gesamtzahl stark verringert, denn ein einziges Zeichen kann so zum Bestandteil vieler Wörter werden. Trotzdem bleiben es immer noch sehr, sehr viele. Wie viele genau, weiß niemand; die Höchstzahl scheint in der Nähe von 74 000 zu liegen, Eigennamen nicht mitgezählt. Die meisten von ihnen sind tot und nur noch in historischen Schriftstücken zu finden, aber zehn- bis zwölftausend werden tatsächlich gebraucht, zwei- bis dreitausend davon

häufig. Zwölftausend verschiedene Schriftzeichen aber – die passen weder auf eine Tastatur nach Art der Schreibmaschine noch in den oberen Teil einer Schrifttabelle.
Aus der Sicht des Computers teilt sich die Schriftenvielfalt anders. Da sind erstens die unauffälligen Schriftsysteme, die kleinen, deren Zeichen auf die Tastatur passen und die sich mit einem Byte Speicherplatz pro Zeichen begnügen. Das tun Laut- wie Silbenschriften. Dann aber gibt es die Schriftsysteme, die mit ihren vielen tausend Zeichen eine ganz andere Herausforderung darstellen, vor allem die Großen Drei: CJK, Chinesisch-Japanisch-Koreanisch. Ein Byte mit seinen 256 Codiermöglichkeiten ist ihnen nicht gewachsen. Es ist das Schicksal logografischer Schriften, von vornherein 2-Byte-Schriften zu sein.
Die dritte Gruppe sind die bidirektionalen oder kurz Bidi-Schriften, die sowohl von links nach rechts wie von rechts nach links geschrieben werden. Computertechnisch sind sie der schwierigste Fall. Dem Computer ist es egal, wie groß oder klein die Zeichenmenge ist oder wie die Zeichen aussehen. Er braucht nur die entsprechenden grafischen Zeichensätze (also die digitalen Abbilder der Zeichen, die er am Bildschirm zeigt und an den Drucker sendet) sowie eine Zuordnungstabelle, die ihm sagt, welcher ihrer Nummern er welches Zeichenabbild zuweisen soll. Aber damit eine Schrift imstande ist, ihre Laufrichtung zu ändern, ist eine Modifikation des Betriebssystems nötig, das von Haus aus annimmt, aller Text verlaufe wie das Englische von links nach rechts. Echte Bidi-Schriften gibt es nicht viele. Die – ausgestorbene – Rongo-rongo-Schrift der Osterinsel war eine: Eine Zeile lief von links nach rechts, die nächste von rechts nach links und stand außerdem noch Kopf. Aber alle Rechts-links-Schriften wie die hebräische oder arabische müssen imstande sein, an beliebigen Stellen die Laufrichtung zu wechseln – nämlich immer dann, wenn Wörter aus einer Links-rechts-Schrift oder arabische Ziffern eingeschoben werden, also wenn etwa in einem arabischen Zeitungstext ein westlicher Name oder eine Zahl auf-

taucht. Darum muss jedes Programm für eine Rechts-links-Schrift bidi sein.
Wirklich multilingual kann es im Computerwesen der Welt erst zugehen, wenn die Schriftzeichen nicht über viele Codetabellen verstreut sind, von denen jeweils immer nur eine gelten kann. Sie müssten in einer einzigen großen Codetabelle vereint sein, in der jedes Schriftzeichen der Welt seinen Platz hätte, seine einmalige, feste und verbindliche Nummer. Dann ließen sich sogar innerhalb eines Dokuments beliebige Schriftsysteme verwenden.
Es gibt sie längst. Sie heißt Unicode. Allgemeingut ist sie noch lange nicht. Die Überlegungen für eine universale Zeichentabelle begannen Mitte der Achtzigerjahre in der Firma Xerox. 1984 formulierte für sie Joseph D. Becker, worum es ging: »Die faszinierende Vielfalt der menschlichen Schriftsymbole muss im Computer zur Koexistenz gebracht werden. Zunächst scheint das kaum möglich. Arabisch etwa fließt in Schnörkeln von rechts abwärts nach links. Thai und andere aus dem alten Indien stammende Schriften haben Zeichen, die manchmal um ihre Nachbarn herumtreten und so die phonetische Reihenfolge verlassen. Manchmal umhüllt ein Zeichen sogar seine Nachbarn ... Dennoch muss das letzte Ziel die multilinguale Textverarbeitung sein.«
So gut wie alle großen Namen in der Computerindustrie schlossen sich der Arbeitsgemeinschaft an, die sich das Mammutwerk einer universalen Schrifttabelle zum Ziel setzte. Die erste Aufgabe bestand darin, die chinesische, japanische und koreanische Schrift, die alle chinesische Zeichen verwenden, daraufhin zu prüfen, welches ihr wirklich gemeinsamer Zeichenvorrat ist, um so das größte Dublettenrisiko auszuschließen – ein aufwändiges Unternehmen, so als müssten westeuropäische, griechische und russische Schriftexperten prüfen, ob einige ihrer Zeichen nicht eigentlich die gleichen seien und lediglich in den lateinisch, griechisch und kyrillisch schreibenden Ländern verschieden dargestellt würden; nur handelt es sich bei den chinesischen Logogrammen nicht um zwei Dutzend, sondern mehrere tausend

Zeichen. Bei dieser Sichtung und Prüfung wurde ein dem Chinesischen, Japanischen und Koreanischen gemeinsamer Vorrat von fast 21 000 Hanzi definiert – sozusagen die Schrift CJK.
1991 hatte die Arbeitsgemeinschaft die erste Fassung der großen Codetabelle fertig, 1993 verschmolz ihr Werk mit parallelen Anstrengungen in der Internationalen Normenorganisation unter der Nummer ISO/IEC 10646. Seitdem ist Unicode da – und ist es doch noch nicht so recht, denn manches dauert auch in der Computerwelt lange.
Es ist eine Tabelle, die jedem Zeichen grundsätzlich zwei Byte zubilligt. Zwei Byte lassen sich nicht nur auf 256-fache Weise codieren, sondern auf 65536-fache. Für ebenso viele Zeichen hat Unicode Raum. In der Version 3.0.0, die das Unicode-Konsortium Anfang 2000 freigegeben hat, sind 49194 Zeichen zugewiesen: 10236 alphabetische Buchstaben und diverse Symbole und Piktogramme, 27786 chinesisch/japanisch/koreanische Wortzeichen, 11172 koreanische Silbenzeichen (Hangul) und 184 japanische Katakana- und Hiraganazeichen. Die Schriftsysteme (*»scripts«*) reichen von Arabisch über das indische Gurmukhi bis Tibetisch. Neu hinzu gekommen sind Linear B, Etruskisch, Gotisch, die europäische Notenschrift – und Tausende von Kompositzeichen aus asiatischen *scripts*. Etliche stehen noch auf der Warteliste, darunter auch die Keilschrift und die altägyptischen Hieroglyphen. Platz ist für alle, und wenn nicht, ließe sich Unicode erweitern.
Dass Unicode pro Zeichen zwei Byte braucht, hätte eigentlich einen eklatanten Nachteil, der ihn den Anwendern, die Alphabet- oder Silbenschriften schreiben, von vornherein verleiden müsste: Alle Texte, die bisher mit einem Byte pro Zeichen auskamen, würden nach der Umsetzung in Unicode doppelt so viel Speicherplatz in Anspruch nehmen und in den Leitungen doppelt so viel Übertragungskapazität. »Würden« – tatsächlich ist der Nachteil behoben. Zu Unicode gehört das Unicode Transformation Format UTF, ein Übersetzungsalgorithmus, der es erlaubt, die ASCII-Zeichen, die bisher mit einem Byte auskamen, wei-

terhin in ein einziges Byte zu schreiben. Das Platzproblem ist damit gelöst. Und da die Mail-Erweiterung MIME auf UTF eingerichtet ist, ist UTF-7 auch internettauglich. Man könnte seine Mail also ruhig in Unicode schreiben, sie wird nicht länger und kommt richtig an.

Tatsächlich unterstützen die modernen Textverarbeitungen wenigstens in Teilen Unicode, und eigentlich könnte der Computer damit endlich ein echt multilinguales Werkzeug werden.

Aber auch eine universale Codetabelle löst nicht das Eingabeproblem. Wenn mein Computer Unicode versteht und über die entsprechenden grafischen Zeichen verfügt, kann er mir Text in jeder Schrift der Welt zeigen. Aber wie schreibe ich in der betreffenden Schrift zurück? Natürlich, ich muss die Sprache können. Dann aber brauche ich auch noch eine Tastatur für diese Schrift, zumindest muss ich meine eigene Tastatur mit den fremden Zeichen belegen können. Zur Not geht es auch mit einer virtuellen Tastatur auf dem Bildschirm, die mich per Klick schreiben lässt. Aber was, wenn die Schrift so viele Zeichen hat, dass sie auf die Normaltastatur nicht passen? Auch nicht auf eine drei- und vierfach belegte? Überhaupt auf gar keine, weil sich kein normaler Sterblicher die Position von zwölftausend Zeichen merken kann? Anders gefragt: Wie kommt CJK in den Computer hinein?

Der schieren Zeichenmenge wegen hat sich in China die Schreibmaschine nie durchgesetzt. Es wurden Ungetüme konstruiert, aber bedienen lässt sich eine Maschine mit mehreren Tausend Zeichen nur mit großer Mühe, egal, wie geschickt diese angeordnet sind. Eine chinesische Schreibmaschine wurde im Zuge sozialistischer Bruderschaftshilfe 1953 vom VEB Optima in Erfurt konstruiert und bis 1992 in China gebaut. Sie hieß »Fliegende Taube« und war ein Tablett, das 78 mal 31 lose Metalltypen fasste und aus dem eine darüber hin- und herschiebbare Hebevorrichtung einzelne Lettern herausgriff, gegen eine dicke Gummiwalze drückte und dann sicher in ihr Fach zurückstellte: also eine Art leicht mechanisierter Handsatzkasten. Obwohl in China der Druck erfunden wurde, war Schreiben hier immer Kalligrafie gewesen, eine Form der Tuschkunst, bei der es darauf ankam, jedem einzelnen Zeichen einen einmaligen, individuellen Ausdruck zu verleihen. Die mechanische Vervielfältigung von Schrift hat für traditionsbewusste Chinesen etwas Kulturloses. Als China 1949 kommunistisch wurde, wollten seine neuen Machthaber dem Schreiben sein elitäres Air nehmen und forcierten zweierlei: eine Vereinfachung der gebräuchlichsten Hanzi und eine offizielle lateinische Umschrift, *hànyǔ pīnyīn* oder kurz Pinyin. 2238 der häufigsten Zeichen wurden im Laufe der Jahre grafisch vereinfacht, aber in Taiwan und Hongkong nie anerkannt, mit der Folge, dass es nun zwei chinesische Schriftsysteme gibt und alle Texte entweder nur für das Festland oder nur für Taiwan akzeptabel sind. Und obwohl Pinyin an den Schulen unterrichtet wurde und wird, drang es nicht recht durch, einmal, weil es etwas Westliches war und ein Affront für das mit seinen 3500 Jahren älteste lebende Schriftsystem der Welt; zum andern aber auch, weil seine Benutzer nicht nur die fremden lateinischen Buchstaben lernen müssen, sondern erst einmal die Sprache, die Pinyin phonetisch wiedergibt, das Pekinger Mandarin. (In China heißt es *pǔtōnghuà*, Gemeinsprache, und es ist die meistverbreitete Sprache der Welt.) Chinesisch nämlich wird in so vielen und so unterschiedlichen Dialekten gesprochen, dass sich Chinesen untereinander nur schwer verstehen. »Dialekt« ist wohl eine Untertreibung. Andere nennen Chinas Dialekte rundheraus Sprachen. Das einzige sprachliche Band der Chinesen ist ihre Schrift, die überall gleich aussieht und das Gleiche bedeutet.

Eine Schrift, die sich nicht schnell und nicht maschinell schreiben lässt, wäre in einer modernen Gesellschaft auf Dauer wahrscheinlich verloren gewesen. Nun ist es gerade der Computer, der doch für die Maschine der kulturellen Einebnung gehalten wird, welcher die chinesische Hand-Schrift rettet. Mit seiner besonderen Art von Intelligenz entschärft er das Eingabeproblem, das die mechanische Schreibmaschine bereitete. Viele Hunderte von Inputverfahren sollen inzwischen miteinander wetteifern.

Die meisten beruhen auf Lautschriften für das gesprochene Chinesisch, etwa dem lateinischen Pinyin oder der auf Taiwan gebräuchlichen Silbenschrift Bopomofo. Das eine Problem für die phonetische Eingabe ist die große Homophonie dieser Sprache: Jedem »Lautbild« (etwas *fu* oder *ji*) entsprechen im Durchschnitt 18 Zeichen mit ebenso vielen Bedeutungen, dem gesprochenen *ji* gar 110, von *eilig* über *Huhn* bis *rechnen*. Den Computer muss das jedoch nicht verdrießen: Er listet sie alle auf, sobald der Schreiber in Pinyin oder Bopomofo <ji> tippt, und der muss nur noch das gewünschte Wort anklicken. Die Kunst der Softwareingenieure besteht darin, diese Vorschlagslisten sinnvoll zu gewichten, also den Computer aus dem Kontext erkennen zu lassen, welche Zeichen an dieser Stelle die wahrscheinlichsten sind, und diese in den Vorschlagslisten nach oben zu rücken. Die andere Komplikation bei der phonetischen Eingabe besteht darin, dass Chinesisch eine Tonwertsprache ist. Jedes chinesische Wort hat einen bestimmten Tonfall, und mit diesem wechselt seine Bedeutung. Mandarin hat vier Worttöne: eben (ō), steigend (á), fallend (ì) und fallend-steigend (ŭ). Um die phonetische Eingabe eindeutiger zu machen, muss darum zu jedem Wort in Bopomofo oder Pinyin auch sein Tonwert angegeben werden.

Die nichtphonetischen, die grafischen Eingabeverfahren dagegen machen sich zwei glückliche Umstände zunutze: Ein Hanzi ist kein regelloses Gebilde aus bis zu dreiunddreißig Tuschstrichen; seine Striche werden immer in einer festen Reihenfolge geschrieben. Und jedes Zeichen enthält ein bestimmtes Wurzelelement (Radikal), die Zahl dieser Radikale aber ist begrenzt – es sind nur 227. Die Tasten werden also mit Wurzelelementen und Einzelstrichen belegt, diese beginnt der Schreiber in der kanonisierten Reihenfolge einzutippen, und sobald der Computer ahnt, worauf er hinaus will, bietet er ihm wiederum eine Vorschlagsliste an, in der nur noch die Wahl zu treffen bleibt. Die

Ein Satz, sieben Schriftsysteme

»Die erste eMail wurde 1971 von Ray Tomlinson verschickt.«

Chinesisch, vereinfacht (Volksrepublik China)

中文简体字：第一封电子邮件是由瑞•汤姆林逊 在一九七一年 *发出*的。

In Hanyu Pinying:
Zhong(1) wen(2) jian(3) ti(3) zi(4): di(4) yi(1) dian(4) zi(3) you(2) jian(4) shi(4) you(2) rui(4) • tang(1) mu(3) lin(2) xun(4) zai(4) yi(1)jiu(3) [=19] qi(1)yi(1) [=71] nian(2) fa(1) chu(1) de.
(Die eingeklammerten Ziffern bezeichnen den Tonwert des betreffenden Zeichens.)
Wörtliche Rückübersetzung: »Chinesische vereinfachte Zeichenform: Das erste Stück elektrische Post ist von Rui • Tangmulinxun im Jahr 1971 ausgesendet.«

Chinesisch, traditionell (Taiwan, Hongkong)

中文繁體字：第一封電子郵件是由湯尼森在一九七一年*所發送*的。

In der Silbenschrift Bopomofo

ㄓㄨㄥ(1) ㄨㄣ(2) ㄈㄢ(2) ㄊㄧ(3) ㄗ(4) ㄉㄧ(4) ㄧ(1) ㄈㄥ(1) ㄉㄧㄢ(4) ㄗ(3) ㄡㄧ(2) ㄐㄧㄢ(4) ㄕ(4) ㄧㄡ(2) ㄊㄤ(1) ㄋㄧ(2) ㄙㄣ(1) ㄗㄞ(4) ㄧ ㄐㄧㄡ(3) ㄑㄧ(1) ㄧ(1) ㄋㄧㄢ(2) ㄙㄨㄛ*(3)* ㄈㄚ ㄙㄨㄥ*(4)* ㄉㄜ

(Die eingeklammerten Ziffern bezeichnen den Tonwert des betreffenden Zeichens.)
Wörtliche Rückübersetzung: »Chinesische komplizierte Zeichenform: Das erste Stück elektrische Post ist von Tangnisen im Jahr 1971 gesendet«

Japanisch

日本語：最初のイーメイルは、１９７１年に
レイ・トムリンソンにより送付されました。

nihongo: saishōno ī-meiru wa 1971 nenini rei • tomurinson ni yori sôfusaremashita.
Wörtliche Rückübersetzung: »Japanisch: Erste eMail 1971 Jahr-in-Ray • Tomlinson-von abgeschickt-wurde.«

Koreanisch (Hangul)

한국어: 첫번째 email 은 1971 년 Ray Tomlinson 씨에 의해 전달되었다

Han gug o: Chob bun ze email un chun gu beg chil sip il nyon Ray Tomlinson ssi e oy he chon dal dö od da
Wörtliche Rückübersetzung: »In koreanischer Sprache: Die erste eMail 1971 im Jahr Ray Tomlinson Herrn von verschickt wurde«

Arabisch (bidirektional)

بالخطّ العربي : أُرسل الايمايل الاوّل في
سنة ١٩٧١ من راى توملينسون .

Bi'l-ḫaṭṭ al-'arabī: 'ursila al-īmāīl al-'awwal fi sannat 1971 min Ray Tomlinson
Wörtliche Rückübersetzung: »In der Schrift der arabischen: Wurde gesandt die eMail die erste im Jahre 1971 von Ray Tomlinson«

Hebräisch (bidirektional)

עברית: הדאר האלקטרוני הראשון נשלח בשנת **1971** על־ידי ריי טומלינסון.

'ivrit: had-do'ar ha-'eleqṭrônî ha-ri'šôn nišlah bišnat 'elef-tša'-me' ôt-šiv'im-v'ahat 'al-j^e^deî Reîî Ṭômlînsôn.
Wörtliche Rückübersetzung: »Hebräisch: Die Post die elektronische die erste wurde gesandt im Jahre Tausendneunhundertsiebzigundeins über die Hände Ray Tomlinsons.«

Jiddisch in moderner hebräischer Schrift (bidirektional)

יידיש: די ערשטע אי-מייל איז פארשיקט געווארן אין 71-סטן יאר פון ריי טומלינסון.

jiddisch: die eršte 'i-meil 'iz faršikt gevorn 'in 'ein-'un-zibetsikstn jor fun Rei Tomlinson.

Bei der Zusammenstellung der Schriftproben haben freundlicherweise geholfen: Klaus Witzenhausen (DCC Display of Chinese Characters GmbH, Hannover); Lai Dan (Generalkonsulat der VR China, Hamburg); S. Busching (Generalkonsulat von Japan, Hamburg); Saeon Hong (Korea Trade Center, Hamburg); Michael Lehmann (Orientalisches Seminar, Universität Hamburg); Ulf Heinsohn (Berlin).

Radikale stehen in einer bestimmten Abfolge und sorgen damit auch dafür, dass sich chinesische Wortzeichen sortieren lassen und dass es überhaupt chinesische Wörterbücher gibt.
Mehr als zwanzig Zeichen (zehn bis zwanzig Wörter) pro Minute sind allerdings auch mit der schnellsten Eingabemethode nicht zu schaffen; in den Alphabetschriften schreibt eine einigermaßen geübte Typistin sechzig bis siebzig. Wer sich in Hongkong chinesische Geschäftsbriefe schreiben lässt, bezahlt dafür denn auch dreimal so viel wie für die gleichen in lateinischer Schrift.
Japan wird das komplizierteste und unpraktischste Schriftsystem der Welt nachgesagt. Es besteht aus nicht weniger als vier Schriften aller Typen: chinesischen Wortzeichen, die hier Kanji heißen, zwei Silbenschriften (Hiragana vornehmlich für Flexionsendungen, Katakana für Fremdwörter) und der lateinischen Alphabetschrift Romaji. Jeder Schreiber muss sie nicht nur alle beherrschen, er muss auch wissen, welches Wort bei welcher Gelegenheit in welcher Schrift zu schreiben ist. Gerade diese Kompliziertheit aber gibt dem Computer Gelegenheit, sich im vollen Glanz seines Könnens zu zeigen. Die gesamte Sprache lässt sich in Romaji oder ihren beiden Silbenschriften eintippen. Der Schreiber kann es dem Computer überlassen, welches Zeichen aus welchem System er der Konvention entsprechend einsetzt. Auf dem Bildschirm oder im Ausdruck also erscheinen nur bedingt die Zeichen, die der Schreiber selber geschrieben hat. Der Schreiber schreibt die Schrift gar nicht, er souffliert dem Computer, was er geschrieben haben möchte.
Hat Japan das komplizierteste und undurchsichtigste Schriftsystem der Welt, so hätte Korea eigentlich das klarste. Bis ins fünfzehnte Jahrhundert wurde auf der koreanischen Halbinsel ausschließlich auf die chinesische Art geschrieben. Da das chinesische Schriftsystem aber nicht gut zur Phonetik, Morphologie und Wortstellung der koreanischen Sprache passte, war das Schreiben ein Krampf und führte zu einer umständlichen gelehrten Schriftsprache, Ido. Als sich der Buchdruck auszubreiten begann, ließ darum König Sejong »aus Mitleid mit dem gemeinen Volk« im

Jahre 1446 von Gelehrten am Reißbrett eine völlig neue Schrift entwerfen, Hangul, »koreanische Lettern«. Es ist eine Lautschrift, die ideal auf die Laute der koreanischen Sprache abgestimmt ist: acht Vokale, dreizehn Diphthonge, neunzehn Konsonanten. Jeweils zwei von ihnen setzen sich zu einer koreanischen Silbe zusammen; die elementaren koreanischen Silben sind in einer übersichtlichen Zeichentabelle von zehn mal vierzehn Feldern angeordnet, jede eine Kombination aus einem Konsonanten und einem Vokal. Hangul lässt sich bei der Eingabe also sowohl als Buchstaben- wie als Silbenschrift behandeln; für die Ausgabe braucht es etwa elftausend grafische Zeichenkombinationen (Glyphen). Dem Schreibenden macht es keine größeren Schwierigkeiten als die anderen Buchstaben- und Silbenschriften. Jedoch, Hangul hat sich nicht durchgesetzt. Bis 1945 galt es als vulgär, und wer etwas auf sich hielt, schrieb weiter in chinesischen Logogrammen, die in Korea Kanja heißen. Seitdem ist es in Süd- wie in Nordkorea zwar die offizielle Schrift, trotzdem aber werden daneben weiter Kanja geschrieben, müssen süd- wie nordkoreanische Schüler in der Schule dreitausend Kanja lernen – und müssen auch koreanische Computer über Eingabemethoden für diese chinesischen Zeichen verfügen.

Multilinguale Textverarbeitung galt nicht als ein besonders dringliches Problem. Zum einen haben Computeringenieure meist keinen Nerv für sprachliche Fragen und halten sie für nebensächlich und lästig. Zum anderen aber schien auch kein zwingender Bedarf zu bestehen. Die meisten Anwender waren und sind es zufrieden, ihre eigene Sprache und dazu vielleicht noch Englisch am Computer schreiben zu können. Mehr als zwei oder drei Sprachen sprechen und schreiben nur ganz wenige. Aber es sind immer wieder andere Kombinationen aus zwei, drei Sprachen, für die Computer gerüstet sein müssen, und damit beliebige Kombinationen möglich werden, braucht er die volle Multilingualität. Diese erhält er erst jetzt, zu Beginn des neuen Jahrtausends. Den Ausschlag gab, dass die Großkunden für Bürosoftware

multinationale Konzerne sind, die in allen ihren Filialen gern die gleichen Programme einsetzen. Darum konnte ein Programm nicht immer nur für ein, zwei Sprachen geschrieben werden. Es musste in allen Sprachen und Sprachkombinationen laufen, die irgend in Frage kamen. Es musste so internationalisiert sein, dass es in seinem Kern sprachfrei und überall das gleiche war. Es musste sich überall verschiedene Sprachen überstülpen lassen.
Schon Microsofts *Office 97* unterstützte teilweise Unicode und vereinte damit Schriftsysteme, zwischen denen vorher unüberbrückbare Gräben verliefen. *Word 2000* unterstützt die Schriften aller seiner fünfunddreißig Sprachversionen – unter dem neuen *Windows 2000* voll, unter *Windows 98* noch mit einigen Einschränkungen für Thai, Vietnamisch und mehrere indische Sprachen. »Unterstützt«, das heißt, man kann mitten in jedem Dokument die Benutzeroberfläche, die Tastatur, die Korrekturwerkzeuge (etwa Trennprogramme und Spellchecker) und die Sprache der Hilfetexte wechseln. Man kann jedes Textfragment in einem Dokument ausschneiden und in jede andere Textdatei jedes anderen Computers versetzen, dessen Software ebenfalls auf die Unicode-Tabelle eingerichtet ist, und der Ausschnitt kommt dort wohlbehalten an und nicht als *Pfpf"'Ç‰Á*.
Jeder wird sich dann das Wunder etwa der arabischen Textverarbeitung gönnen können: zu sehen, wie sich auf dem Bildschirm Einzelbuchstaben zu einer Kursivschrift liieren, wie fast jeder Buchstabe sich verändert, sobald man den nächsten schreibt (denn jeden gibt es in bis zu vier Formen, die von seiner Position im Wort abhängen), wie plötzlich, wenn man ein europäisches Wort einfügt, die Buchstaben in die andere Richtung laufen und den Wortanfang nach links von dem arabischen Text davor wegschieben und wie die Zeile am Ende ausgeschlossen wird, indem sich die Buchstaben in der Waagerechten dehnen.
Wer sich noch vor ein paar Jahren gequält hat, seinem Computer auch nur ein *Ä* zu entlocken, mag dann fast versucht sein zuzugeben, dass es so etwas wie Fortschritt doch gibt.

@, der Klammeraffe

Vor wenigen Jahren noch war das @ eines der obskuren Zeichen auf einigen wenigen nationalen Schreibmaschinentastaturen und anderswo, in Deutschland zum Beispiel, völlig unbekannt. Kaum einer wusste etwas mit ihm anzufangen. Nun ist das @ allenthalben; keine Computertastatur auf der ganzen Welt kommt ohne es aus. Es ist geradezu zum universal unentbehrlichsten lateinischen Schriftzeichen geworden, und seine ungewöhnliche Blitzkarriere hat ihm zu symbolischer Bedeutung verholfen. Es ist die »Ikone der vernetzten Welt«. Der Trendforscher Horst W. Opaschowski hat eine Generation nach ihm benannt und ein Buch über sie geschrieben. Seine »Generation @« ist die angeblich besonders flexible und schnelle Computerjugend, die Generation, für die eMail eine Selbstverständlichkeit ist. Was auch immer sie sich brieflich mitzuteilen hat: In jeder einzelnen eMail verwendet sie das sonderbare @.

Woher kommt dieses Schriftzeichen, das offiziell »kommerzielles *à*« heißt und englisch und darum auch im Deutschen *»at«*? Über seine Herkunft ist viel gerätselt worden. Ungezählte Webseiten spüren ihr nach. Die meisten kranken an ihrer Oberflächlichkeit und schreiben bloße vage Gerüchte ungeprüft voneinander ab. Der einzige Beitrag zu der Frage, dem man ansieht, dass er auf eigenen Nachforschungen beruht, ist ein Aufsatz von Hanno Kühnert. Dabei liegt der erste, neueste Teil der Geschichte völlig klar zutage.

Gegen Ende 1971 überlegte Ray Tomlinson, ein Softwareingenieur der Firma Bolt, Beranek & Newman (BBN) in Cambridge, Massachusetts (heute zu GTE Internetworking gehörig), die 1968 für das amerikanische Verteidigungsministerium das erste aller Computernetze eingerichtet hatte, das Arpanet, den Vorläufer des Internet, was sich mit einem solchen Netz wohl noch anstellen ließe. Er kam auf die Idee, dass man darin auch briefliche Mitteilungen verschicken könne, setzte sich hin und schrieb das erste eMail-Programm der Welt, das er SNDMSG taufte (unschwer ist darin ein »Send Message« zu erkennen) – nicht ahnend, dass er damit eine bahnbrechende neue Technik begründete, die die Kommunikationswelt mindestens so stark revolutionieren würde wie vorher das Telefon oder das Fax.

Jede versandte *message* brauchte eine für den Computer verständliche Adresse, und in jeder Adresse musste stehen, wer ihr Empfänger war und auf welchem Computer sie ihn erreichen sollte: »Person X bei Computer Y«. Die beiden Bestandteile mussten unmissverständlich getrennt gehalten werden, damit die involvierten Computer nicht Teile des Computer- (genauer: Domänen-)Namens als zum Personennamen gehörig interpretierten oder umgekehrt. Als Trennzeichen kam nur eines in Frage, das sonst nicht gebraucht wurde und niemals Bestandteil eines Personen- oder Domänennamens war. Viel Auswahl bot der knappe ASCII-Zeichensatz nicht. Vielleicht wäre noch das amerikanische Nummernzeichen # (das seinerseits aus einem *n*, einem durchgestrichenen *n*, hervorgegangen ist) in Frage gekommen; alle anderen wurden anderweitig gebraucht. So fiel Tomlinsons Blick ganz zwangsläufig auf das unnütze Zeichen, das da auf Position 64 zwischen dem *?* und dem *A* stand. »Das *at*-Zeichen wirkte ganz plausibel«, erinnert sich Tomlinson. »Ich habe es genommen, um anzudeuten, dass sich der Empfänger ›bei‹ (*at*) einem anderen Computer befand und nicht bei dem des Absenders.« Die erste eMail schickte er sich selbst über den Draht des Arpanet auf einen anderen Computer im selben Raum. Wie sie lautete, weiß er nicht mehr. Nichts Weltbewegendes; etwas wie »QWERTYUIOP«.

Zwei Jahre später waren die Leitungen des Arpanet zu 75 Prozent mit eMail ausgelastet, eMail war zum alltäglichen Kommunikationsmodus der Ingenieure und Wissenschaftler im Arpanet geworden. »Erst fünf Jahre später«, schrieb das elektronische Magazin *preText*, »dämmerte es den Konstrukteuren des Netzes, dass die eMail inzwischen dessen Hauptexistenzgrund bildete. ›Ein überraschender Aspekt des Briefdienstes‹, so hieß es 1976 in einem Bericht für die Arpa [die Advanced Research Projects Agency des Pentagon], ›ist die ungeplante, unerwartete und spontane Natur seiner Entstehung und seines Wachstums in den ersten Jahren. *It just happened*, und seine Frühgeschichte ähnelt mehr der Entdeckung eines Naturphänomens als der Entwicklung einer neuen Technologie.‹«

Der gleiche Umstand, dem das @ seine Aufnahme in die eMail-Adresse verdankt, führte dazu, dass es dem Computerbenutzer auch an anderen Stellen begegnet: Es war zufällig da und diente zu nichts, das unnützeste aller Zeichen. In manchen Programmsprachen, Anwendungsprogrammen und Datenbanken wird es darum als Einleitungszeichen benutzt. Es bedeutet dann die Anweisung an den Computer: Achtung, jetzt kommt etwas, worauf ein Programmbefehl anzuwenden ist, zum Beispiel eine Formel, etwa in einem Tabellenkalkulationsprogramm. Als Tomlinson es in die eMail-Adresse einfügte, wurde es in Computerprogrammen verschiedentlich als Löschbefehl verwendet. Hätte er das bedacht, so hätte er sicher einen weiten Bogen darum gemacht.

Von der eMail-Adresse und der ASCII-Tabelle springen alle Herkunftserklärungen voreiligerweise in einem großen Satz zurück in die tiefe Vergangenheit der Schrift und versuchen dort die Ursprünge des Zeichens dingfest zu machen. Zwei Theorien wetteifern miteinander.

Die eine stammt von dem amerikanischen Handschriftenforscher Berthold Luis Ullman. Er erklärte das @ 1932, lange vor ASCII und eMail, zu einer alten Ligatur, nämlich einer Verbindung aus *a* und einem übertrieben geschwungenen Unzial-*d* – und mithin für eine im Mittelalter geläufige Art, lateinisch *ad* (»zu«) in einem Strich zu schreiben. Semantisch würde es passen. Die Theorie hat jedoch den großen Schönheitsfehler, dass Ullman selber keinen einzigen Beleg für sie anführt und bisher auch sonst niemand in alten Handschriften je einer solchen Ligatur begegnet zu sein scheint. In den Kürzel- und Ligaturenverzeichnissen der Handschriftenforschung ist sie nicht enthalten.

Die andere Theorie führt das @ auf das Arroba zurück, eine bis spät ins neunzehnte Jahrhundert auf der iberischen Halbinsel und in Südamerika benutzte Gewichtseinheit, ein Viertel eines Quintals. In einzelnen Regionen unterschied sich der Wert des Arroba, später wurde es auf 11,5023 Kilo standardisiert. Ein Arroba war also etwa ein Viertelzentner. Das Wort kommt aus dem Arabischen (*ar-roub*) und bedeutet soviel wie »Viertel«. Für diese Theorie spricht, dass das Standardzeichen für das Arroba dem heutigen @ tatsächlich verblüffend ähnlich sah: **@** – praktisch ein @, dessen Ringelschwanz sich am Ende zu einer kleinen Quaste verdickt. Dass die Kunde vom iberischen Arroba auch nach Frankreich gelangt und dort vergessen worden sein muss, lässt sich daraus entnehmen, dass einer der französischen Beinamen des @, welches dort offiziell »*a* commercial« heißt, »l'arobas« lautet – ein für Franzosen ganz und gar rätselhaftes Wort, das sie fälschlich auf »*a* rond bas de casse« (»kleines rundes Setzer-*a*«) zurückführen. Aber wie das tote spanische Arroba in die ASCII-Tabelle geraten sein könnte, liegt völlig im Dunkeln.

Beide Theorien sind also wahrscheinlich falsch. Darum lohnt es sich, zunächst die jüngere Vorgeschichte ins Auge zu fassen. Wie das @ in die eMail kam, ist klar: aus der ASCII-Tabelle. Aber wie kam es eigentlich in die ASCII-Tabelle? Es heißt, es sei von der Schreibmaschinentastatur übernommen worden, aber das ist wahrscheinlich nicht ganz richtig. Das @ gehörte zu den Zei-

chen, die in Amerika schon lange direkt in den Computer eingegeben werden konnten. Es stand nämlich in dem Zeichensatz der 1928 eingeführten IBM Card, aber nicht in ihren kontinentaleuropäischen Pendants und auch nicht auf der konkurrierenden Lochkarte der Firma Remington Rand. Die IBM Card enthielt die Ziffern *0* bis *9*, die Buchstaben *A* bis *Z* und folgende Satzzeichen und Symbole: *& # , $. - @ % ¤* – viel weniger als die Schreibmaschine, aber das @ war dabei. In die ASCII-Tabelle von der amerikanischen Hollerith-Karte – aber woher hatte die es? Zweifellos tatsächlich von der Schreibmaschinentastatur. Die Kartenlocher, mit denen die Löcher – oder vielmehr Schlitze – in die IBM-Karte gestanzt wurden, waren der QWERTY-Tastatur nachgebildet, der universalen Schreibmaschinentastatur.
Dort stand das @ in den Zwanzigerjahren – aber ausschließlich in Nordamerika und Großbritannien, in den Vereinigten Staaten über der *2*, in England über der *4*. Dass es im ganzen spanisch-portugiesischen Raum nicht auf der Schreibmaschine vertreten war, besiegelt das Aus für die Arroba-Theorie. In welcher Bedeutung es auf den angelsächsischen Tastaturen stand, unterliegt keinem Zweifel. Ein englisches Lexikon des Maschinenschreibens aus dem Jahre 1932 stellt kategorisch fest: »@ (*zu*, *à* oder *zum Preis von*) darf nur in Rechnungen, Kostenvoranschlägen, Preislisten usw. benutzt werden. Beispiel: @ 60/- doz.« (zum Preis von 60 Schilling das Dutzend). In dieser Bedeutung kann man es in England noch heute manchmal antreffen.
Wie aber kam es auf die angelsächsische Schreibmaschinentastatur? Da die Schreibmaschine des zwanzigsten Jahrhunderts eine amerikanische Entwicklung war, wird sein Ursprung in Amerika zu suchen sein. Die Schreibmaschine, deren Grundtyp sich in der ganzen alphabetisch schreibenden Welt durchsetzen sollte, wurde 1868 von Christopher Sholes, einem Buchdrucker in Milwaukee, und Carlos Glidden konstruiert und 1873 von dem Waffenfabrikanten Philo Remington auf den Markt gebracht. Sholes selber hatte noch an eine alphabetische Anordnung der Tasten gedacht,

aber für Remington dann zusammen mit James Densmore ein anderes Tastenfeld entworfen, die nachmals berühmte QWERTY-Tastatur. Sie umfasste zunächst nur Großbuchstaben, acht Satzzeichen (_ , - : ? ; . /) , das & und die Ziffern *2* bis *9* – die *1* musste sich durch das *I*, die *0* durch das *O* vertreten lassen. Das QWERTY-Arrangement sollte wahrscheinlich verhindern, dass sich schnell hintereinander angeschlagene Typenhebel ins Gehege kämen und beim Rückfallen ineinander verklemmten. Erst das zweite Modell der Remington aus dem Jahr 1878 fügte die Umschalttaste und dank ihrer die Kleinbuchstaben hinzu sowie ein paar Satzzeichen mehr, aber kein # und kein @ und auch immer noch keine *1* und keine *0*. Als ein Stenografenkongress in Toronto 1888 eines von inzwischen fünf miteinander konkurrierenden Tastenfeldern zur Norm erklären wollte, wählten sie das am weitesten verbreitete, das der Remington Nr. 2. Damit wurde das QWERTY-Tastenfeld der Remington zur Universaltastatur, die sich mit leichten nationalen Abweichungen überall durchsetzen sollte – in Deutschland wurde sie 1928 zur offiziellen Norm, mit dem Hauptunterschied, dass *y* und *z* die Plätze tauschten und aus der QWERTY- eine QWERTZ-Tastatur wurde. (Das im Englischen zentrale *y* wurde, da es im Deutschen so selten ist, aus der Mitte ganz an den Rand in den Bereich des linken kleinen Fingers verbannt.) Alle Versuche, die Universaltastatur durch andere, einfachere, praktischere Arrangements zu ersetzen, blieben erfolglos, abgesehen von der Tastatur des amerikanischen Ergonomen August Dvorak aus den frühen Dreißigerjahren, der ein mäßiger Erfolg beschieden war und die bis heute ihre leidenschaftlichen Fans hat. In der Tat sieht die Dvorak-Tastatur sinnvoller aus – die häufigsten Zeichen und damit alle Vokale befinden sich in der zweiten Reihe von unten. Dass sie der QWERTY-Tastatur wirklich überlegen ist, scheint aber nie bewiesen worden zu sein. Doch darauf kommt es auch gar nicht an. Wenn sich ein System, das mühsam gelernt werden muss – eine Sprache, eine Rechtschreibung, ein Datums- oder

Adressenformat, eine Tastaturbelegung – einmal durchgesetzt hat und von vielen »verinnerlicht«, das heißt zu einer Sache automatischer Abläufe gemacht worden ist, über die nicht mehr nachgedacht werden muss und die nur mit einem gewissen Aufwand wieder verlernt werden könnten, sitzt es fest im Sattel, und allen Änderungsversuchen haftet etwas Sektiererisches an, auch wenn Gründe für eine Änderung sprächen. Ein @ enthielt die Dvorak-Tastatur übrigens nicht.

Die Universaltastatur enthielt jedoch ursprünglich auch keines! Dieses war eine Sonderentwicklung erst auf amerikanischen, dann auch auf britischen Maschinen, muss also einem ausschließlich angelsächsischen Bedürfnis entsprochen haben. Erstmals erschien es 1880 auf The Caligraph, konstruiert von George W. N. Yost und Franz Wagner. Diese beiden also sind es, die das @ auf die Schreibmaschinentastatur praktiziert haben. Ihre Tastatur war eine Volltastatur, also eine ohne Umschaltung, auf der Groß- und Kleinbuchstaben eigene Tasten hatten, und entsprach schon darum nicht dem später siegreichen QWERTY-Schema. The Caligraph wurde auch nur ein paar Jahre lang gebaut. In der Folgezeit tauchte das @ hier und da auch auf anderen amerikanischen Konstruktionen mit oder ohne QWERTY-Tastatur auf, aber auf denen des Marktführers Remington einstweilen nicht, und so wäre es möglicherweise wieder verschwunden, hätte nicht Underwood 1896 eine Maschine mit QWERTY-Tastatur herausgebracht, die es enthielt und die des Marktführers sofort überrundete – eine Maschine mit Vorderaufschlag, bei der man sah, was man schrieb, und nicht erst den Wagen anheben musste. Remington musste seine ganze Konstruktion ändern; das erfolgreiche, ab 1908 gebaute Modell 11 hatte dann auch das @.

Wenn man die @ auf jenen frühen Tastaturen vergleicht – die Möglichkeit dazu bietet die hervorragende Sammlung des Heinz Nixdorf MuseumsForums in Paderborn –, fällt auf, dass sie von Anfang an alle identisch aussahen. Die Form des Zeichens musste von den Schreibmaschinenkonstrukteuren also offenbar nicht erst ersonnen werden. Sie müssen sie vielmehr vorgefunden haben. Kam es im Druck vor? Der normale amerikanische Typenkasten enthielt es nicht; im Druck wurde *at* ausgeschrieben. In amerikanischen Schriftmusterbüchern konnte ich es, mit unterschiedlich langen Greifschwänzen, erst ab 1900 entdecken. Möglicherweise haben die Schreibmaschinen also ein handgeschriebenes Zeichen nachgeahmt, eines, das so verbreitet war, dass seine Aufnahme in das Zeichenrepertoire der Schreibmaschine nützlich schien. Auch in Großbritannien muss es gebräuchlich gewesen sein, sonst wäre es dort nicht so schnell und willig übernommen worden. Falls es eine entsprechende Drucktype gegeben haben sollte, so wäre auch sie einem in seiner Form festgelegten handschriftlichen Zeichen nachgebildet gewesen. Unter den Spezialzeichensätzen für einzelne Industrie- und Handelssparten, die im ersten Drittel des zwanzigsten Jahrhunderts für angelsächsische Schreibmaschinen angeboten wurden, kam das @ nur in einem einzigen vor, dort aber gleich fünf Mal: in der Sparte Textil. Und das lässt nun die Hypothese zu, dass die Ableitung aus mittelalterlichen Handschriften oder dem spanischen Arroba viel zu weit hergeholt ist und dass das @ in Wahrheit auf ein vorwiegend (aber nicht unbedingt nur) im Textilhandel Englands und Amerikas benutztes handschriftliches Zeichen in der Bedeutung *at* (»zum Preis von«) zurückgeht. Es ist dann genau, was sein deutscher Name besagt: ein kommerzielles *à*, und ist es immer gewesen.

Aber wieso dann seine kuriose Gestalt? Es ist ja immerhin sonderbar, das *t* nicht neben das *a* zu setzen, sondern es um das *a* herumzuziehen und seinen Querstrich wegzulassen. Und doch muss es so gewesen sein. Es sei denn, es hätte zwar die Bedeutung von englisch *at*, wäre aber gar kein *a* und *t*, sondern ein französisches *à*. Wahrscheinlich ist es nicht. Das französische *à* ist im Englischen, anders als im Deutschen, gar nicht geläufig. Es könnte höchstens sein, dass die Tuchmacher und Schneider auch schon damals nach Paris schielten und ihren Preisauszeichnungen eine französische Note zu geben versuchten, in einem Strich, vom *a* zurückgebogen zu einem Gravis und dann, als dieser Ursprung nicht mehr bekannt war, zu einem rein dekorativen, umgreifenden Kringel.

Ein neues, vielbenutztes, unbekanntes und unbenanntes Schriftzeichen muss natürlich einen Namen erhalten. Kein anderes hat so viele Spitznamen abbekommen wie das @. In Amerika und Israel heißt es unter anderem *shtrudel*, in Frankreich *escargot* (Schnecke), in Holland *apestaartje* (Affenschwänzchen), in Italien *chiocciolina* (Schnecklein), in Spanien natürlich *arroba*, in Dänemark *snabel*-a (Rüssel-*a*), in Norwegen *kanelbolle* oder *grisehale* (Zimtschnecke, Sauschwanz), in Schweden *kattfot* oder *kringla* (Katzenpfote, Brezel), in Finnland *kissanhanta* oder *miumau* (Katzenschwanz, Miau), in Polen *malpa* (Affe), in Russland *sobatschka* (Hündchen), in Tschechien und Slowakien *zavinac* (Rollmops), in Ungarn *kukac* (Wurm), in Bulgarien *majmunka* (Äffchen), in Griechenland *papaki* (Entchen), in der Türkei *kulak* oder *gul* (Ohr, Rose), im Arabischen *othon* (ebenfalls Ohr), in China *xiao-lao-shu/hao* (Mäuschenzeichen). Der sinnigste Spitzname aber ist wohl doch der deutsche: *Klammeraffe* – nicht nur wegen des überlangen Greifschwanzes der südamerikanischen Klammeraffen, sondern auch, weil deren wissenschaftlicher Gattungsname das *at* enthält: *Ateles*.

Inzwischen hat der Rundschwung des @ schon Schule gemacht und auf die nächsten Buchstaben übergegriffen, das symbolische »e« (»elektronisch«) des Internet (etwa in eCommerce, eBanking, eBook) und auf das *d*. Jedenfalls hat sich IBM ein @ schützen lassen, und wenn es so weitergeht, werden eines Tages alle Buchstaben mit animierenden Internetschwänzen versehen sein. Dass der Klammeraffe oft wie in Amerika *at* (gesprochen »ät«) genannt wird, bringt ein anderes Schriftzeichen in Bedrängnis, das &, mit dem es sowieso häufig verwechselt wird. Das &, das englisch immer *ampersand* hieß (das Wort ist angeblich aus *»and* per se–*and«* entstanden), trug bei deutschen Schriftsetzern und Typografen nämlich immer die Bezeichnung »Etzeichen«. Nunmehr gibt es also ein Et und ein Ät, Verwechslungen sind Tür und Tor geöffnet, und dem Et wird nur der Rückzug auf seinen heutigen Normnamen »kommerzielles Und« übrigbleiben, verscheucht vom Klammeraffen.

Das Et-Zeichen hat im Unterschied zum *at* tatsächlich eine sehr lange, mehr als tausendzweihundertjährige Geschichte. In allen seinen vielen Gestalten ist es ein lateinisches *et* (»und«). In den kursiven Unterformen vieler heutiger Druckschriften lebt es in der Gestalt *&* oder *&* fort – die eine noch klar erkennbar mit einem kleinen, die andere mit einem großen *e*. Seine normale Gestalt & ist die geheimnisvollste, denn das *Et* ist in ihr nicht mehr auszumachen. Oder doch, jedenfalls wenn man's weiß: links das kursive große *E*, eine umgekehrte *3*, rechts das Kreuz des kleinen *t*, und beides verschmolzen und ohne die Feder abzusetzen in einem Strich geschrieben. Wie die beiden Buchstaben eine so innige Verbindung (Ligatur) eingehen konnten, lässt sich am besten der Form des Et in der Mutter aller lateinischen Schriften Europas ansehen, der karolingischen Minuskel. Dort kam das Etzeichen als & vor.

Ein noch aus Handschriftenzeiten stammendes, in Deutschland aber fast vergessenes Zeichen hat der Computer hierzulande reaktiviert: das Alineazeichen ¶ (englisch *paragraph* oder *pilcrow sign* – nicht nach einem Advokatenschreiber namens Mr. Pilcrow, sondern nach einer mittelenglischen Verballhornung von *paragraph* im Sinne von »Absatz« zu *pylcrafte*). Seine uralte Bedeutung: »neue Zeile« – und in genau dieser Bedeutung erscheint es als in der Normalansicht verstecktes Steuerzeichen in Computertexten. Es ist älter als das deutsche §-Zeichen, das sich aus ihm entwickelt hat, im Englischen *section sign* heißt und als Paragrafzeichen weniger gebräuchlich ist als das ¶.

Weder ist die Geschichte der Typografie mit dem Computer an ihr Ende gekommen, noch schlägt er ihre Traditionen in den Wind; er hat sie nur ein wenig aufgemischt.

Urheberre©ht im Internet

Ganz am Ende einer Tagung, auf der Bibliothekare zwei Tage lang erschöpfend über das Für und Wider der Digitalisierung ihrer gefährdeten Schätze beraten hatten, stand einer von ihnen auf und fragte in die Runde: Warum bloß digitalisieren die Kollegen immer nur uralte Bücher? Viel nützlicher wäre es doch, den Lesern vielgefragte neue Literatur online zur Verfügung zu stellen. Ein anderer sekundierte: Die müssten dann wahrscheinlich nicht einmal von ihnen selbst digitalisiert werden, denn seit Mitte der Achtzigerjahre läge bei den Verlagen doch die Druckvorstufe praktisch aller Bücher und Zeitschriften in digitaler Form vor, und man müsste nur an diese herankommen. Ob nicht einmal jemand mit dem Börsenverein des deutschen Buchhandels über die Überlassung der Satzdateien reden könnte? Es wäre doch eine Kleinigkeit für die Verlage ...

Wenn sich selbst Profis auf so eklatante Weise im Unklaren sind über eine der Grundtatsachen ihres Tuns und eine der Grundgegebenheiten der digitalen Medien – wie soll dann der Amateur, der durchschnittliche Bibliotheksbenutzer und Web-Surfer darauf kommen? Ohne es zu ahnen, hatten die beiden Bibliothekare an einer der wundesten Stellen des anbrechenden digitalen Zeitalters gekratzt. Es war ihnen angesichts der verwirrend neuen Freizügigkeit in den internen und externen Netzen ganz entfallen, dass es ein Urheberrecht gibt und dass dieses – recht und schlecht – natürlich auch für digitale Werke und im Internet gilt.

Das Internet war frei, ist frei und muss frei bleiben – viele von

denen, die sozusagen im frühen Internet aufgewachsen sind, hängen noch immer und fast rauschhaft dieser Vorstellung an. »Der möglichst freizügige Zugang zu jeglicher Information ist fester Bestandteil der Internet-Kultur des ›Gebens und Nehmens‹. Die Verheißung des Internet ist die ›Globale Bibliothek‹, der freie Zugriff auf das ›Wissen der Welt‹, von jedem Ort der Welt und zu jeder Zeit«, schrieben Martin Grötschel und Joachim Lügger noch 1996, als jeder Blick ins Internet sie längst eines ganz andern belehrte.
Dem ziellosen Internet-Flaneur, der mal hier oder dort an einer Newsgroup teilnimmt, sich zu einem Chat mit einem Model einfindet, ein Kinoprogramm abruft, eine witzige Kuckucksuhr ersteigert, den Reisewetterbericht oder den neuesten Audioclip seines Lieblingsstars oder einen reparierten Treiber für seine Grafikkarte auf seinen Computer herunterlädt, trübt nichts ebendiese Illusion. Er streift über einen einzigen großen Jahrmarkt, wo überall bunte »Banner« flattern, Musik dudelt, sexye Düfte wehen, Java-Männchen winken, Java-Weibchen zwinkern, Werbesprüche säuseln und dröhnen. »Hereinspaziert die Herrschaften, immer nur hereinspaziert!« Nur wenn er in die XXX-Zone gerät und irgendjemand aus dem Off plötzlich seine Kreditkartennummer will, ehe er an die supergeilen Pornopix gelassen wird, merkt er, dass im Web doch nicht alles gratis ist und die Freiheit wie im richtigen Leben Grenzen hat. Wer dagegen im Internet nicht nach Freizeitspaß sucht, sondern nach substanziellen Informationen und Dienstleistungen, der weiß schon lange, dass auch hier nicht jeder überall Zutritt hat.
Er ist sich wahrscheinlich auch im Klaren darüber, dass es gar nicht anders sein kann. Substanzielle Informationen und Dienstleistungen sind normalerweise die Frucht von Arbeit, und nur wenige können es sich leisten, ihre Arbeit zu verschenken. Ein freies Internet wäre ein ziemlich leeres Internet, halb Hobbythek, halb Werbeveranstaltung, ein universaler, ständiger Flohmarkt, den nebenbei die Geschäftswelt nutzt, um einige ihrer

Waren an den Mann zu bringen. Ein seriöses Kommunikations- und Informationsforum kann das Internet nur werden, wenn dort seriöse Inhalte und Leistungen angeboten werden, und die werden nur angeboten, wenn derjenige, der sie erstellt beziehungsweise erbringt, dafür genauso bezahlt wird wie auch sonst im Leben – oder doch zumindest die Kontrolle darüber behält, was er der Allgemeinheit schenken will und was nicht.

Dass im Internet das Urheberrecht gilt, heißt in der Praxis zum Beispiel, dass man dort frei zugänglich und kostenlos nur Texte, Fotos, Karten, Notenblätter, kurz Werke aller Art findet, deren Urheberschutz abgelaufen ist – oder die von ihren Urhebern aus irgendwelchen Gründen zur beliebigen allgemeinen oder zumindest zur privaten Nutzung freigegeben wurden. Stößt man auf etwas, das urheberrechtlich geschützt ist und von den Rechteinhabern nicht freigegeben wurde, so handelt es sich schlicht um eine Raubkopie, um Klau, um Bootlegging, um einen Akt der Piraterie, egal, ob er guten oder bösen Glaubens begangen wurde. Wer Urheberrechte verletzt, kann auf Beseitigung der Verletzung, auf Unterlassung oder auf Schadensersatz verklagt werden; wer urheberrechtlich geschützte Werke unbefugt verwertet, macht sich strafbar und sieht einer Geldstrafe oder einer bis zu dreijährigen Haft entgegen.

Dass in der digitalen Welt das Urheberrecht nur »recht und schlecht« gilt, hat mehrere Gründe. Erstens wurde es nicht für digitale Objekte gemacht, und seine Anpassung an den Stand der Technik kommt nur langsam voran. Zweitens kennt das Netz keine Grenzen, Urheberrecht aber ist immer nur nationales Recht. Es gibt kein Weltcopyright, es gibt lediglich zwischenstaatliche Verträge, die die urheberrechtlichen Regelungen einzelner Staaten aufeinander abstimmen sollen und sie tatsächlich weitgehend harmonisiert haben. Der erste solche Vertrag war die Berner Konvention, die 1886 von neun europäischen Staaten geschlossen und fünfmal ergänzt und erweitert wurde und heute in der revidierten Pariser Fassung von 1971 gilt. Inzwischen sind ihr 142 Staaten beigetreten, die Vereinigten Staaten erst 1989, China 1992, Russland 1995. Das internationale Urheberrecht liegt seit 1974 in der Hand einer Unterorganisation der Vereinten Nationen, der WIPO (World Intellectual Property Organization) in Genf, die ursprünglich aus einer Vereinigung der ständigen Büros der Berner Konvention und einer ähnlichen Erfinderkonvention hervorgegangen war. In der WIPO arbeiten heute 171 Staaten mit.

In Deutschland ist das Urheberrecht ein Persönlichkeitsrecht, und zwar eines eigener Art. Wer ein »Werk« von einiger individueller geistiger »Schöpfungshöhe« schafft, hat das Urheberrecht daran, Punkt. Nicht an einer bestimmten Konkretisierung des Werks, sondern an seinem Inhalt. Sein Urheberrecht ist ein geistiges Eigentum. Er muss es nicht beantragen oder erwerben, er kann es nicht abtreten oder veräußern oder sonstwie loswerden, niemand kann es ihm abkaufen oder abschwatzen – er *hat* es, und nach seinem Tod geht es ohne jemandes Zutun auf seine Erben über.

Sein unveräußerliches Recht als Urheber besteht in einigen moralischen Rechten, etwa dem, dass sein Name in Verbindung mit dem Werk genannt werden muss und dass er keine Entstellungen zu dulden braucht; vor allem aber besteht es in dem Recht, alleine über die Nutzung seines Werks zu entscheiden, bestimmte Nutzungen zuzulassen und andere zu verbieten. Von diesem Recht macht er in der Regel Gebrauch, indem er einer professionellen Verwertungsagentur – etwa einem Verlag – die Verwertungsrechte überträgt. Der Verlag wird damit nicht der Eigentümer seines Urheberrechts, er erwirbt nur eine Nutzungslizenz und, wenn er davon Gebrauch macht, bestimmte eigenständige Leistungsrechte, die dann ebenfalls Schutz genießen.

Die Verwertungsrechte teilen sich in zwei große Gruppen: die »körperliche« Verwertung (Vervielfältigung, Verbreitung, Ausstellung) und die »unkörperliche« (Vorführung, Aufführung, Vortrag, Sendung).

Das Recht des Urhebers besteht nicht ewig. In den meisten Ländern der revidierten Berner Übereinkunft erlischt es fünfzig Jahre nach dem Tod des Autors, in der ganzen Europäischen Union sind es inzwischen siebzig Jahre, in den Vereinigten Staaten seit 1978 ebenfalls (davor währte dort die Schutzfrist bis zu fünfundsiebzig Jahre nach der Erstveröffentlichung). Nach Ablauf der Schutzfrist wird das Werk Eigentum der Allgemeinheit, es gerät in die *public domain*, es wird »gemeinfrei«. Den gleichen Urheberschutz genießen Übersetzer und Herausgeber. Im deutschen Urheberrecht (§ 70) endet bei wissenschaftlichen Ausgaben gemeinfreier Werke (also etwa bei anspruchsvollen Klassikerausgaben, die mehr als bloße Nachdrucke sind) der Urheberschutz fünfundzwanzig Jahre nach ihrer Veröffentlichung, ein Umstand, der die *Digitale Bibliothek** möglich gemacht hat.

Das Urheberrecht wurde in den Zeiten geschaffen, da es ausschließlich »analoge« Werke gab; auf die Welt der elektronisch verbreiteten digitalen Objekte lässt es sich an einigen Stellen nur unter Krämpfen oder gar nicht anwenden. So jedenfalls sieht es Nicholas Negroponte, der Guru der Digitalität: »Das Urheberrecht ist völlig überholt. Es ist ein Fossil aus Gutenberg-Zeiten. Da es immer nur reagiert, wird es wahrscheinlich ganz zusammenbrechen müssen, ehe es korrigiert wird. Die meisten machen sich Sorgen um das Urheberrecht nur, weil in der digitalen Welt die Vervielfältigung so leicht ist. Es handelt es sich aber nicht nur um die Leichtigkeit, sondern auch um die Tatsache, dass die digitale Kopie so vollkommen ist wie das Original und bei einiger trickreicher Computermanipulation sogar vollkommener. Wie sich in Bitfolgen Fehler korrigieren lassen, kann eine Kopie bereinigt, verbessert, vom Rauschen befreit werden ... Niemand weiß genau, wer im Internet für was bezahlt, aber für die meisten seiner Nutzer scheint es frei zu sein. Selbst wenn sich das in der Zukunft ändern und ihm ein rationales Wirtschaftsmodell übergestülpt werden sollte, wird es nur ein paar Pfennige kosten, eine Million Bits an eine Million Menschen zu verschicken. Bestimmt kostet es nicht so viel wie bei der Post oder bei FedEx, wo die Tarife auf dem Transport von Materieatomen beruhen.«

Wo hat und bereitet das Urheberrecht die größten Probleme?

1. Das Urheberrecht definiert, welche Arten von individuellen geistigen Schöpfungen, also von Werken, es gibt: Sprach-, Musik-, Kunstwerke, Fotos, Pantomimen, wissenschaftliche oder technische Darstellungen … Seit 1993 werden in Deutschland auch Computerprogramme dazugezählt und seit 1998 Datenbanken, wenn ihnen wenigstens eine »geringe Gestaltungshöhe« eigen ist. Damit hat sich das Urheberrecht den neuen Verhältnissen angepasst. Aber reicht diese Anpassung? Entstehen in der Netzwelt nicht Werke ganz neuer Art, sodass die Liste der Werkgattungen weiter ergänzt werden müsste? Bisher scheint sich im Web der Werkcharakter nur insofern zu ändern, als sich die traditionellen Werkarten mit größerer Leichtigkeit denn je in einem Werk zusammenfassen lassen. Bücher mit Abbildungen gibt es, solange es Bücher gibt; Bücher mit Tonbeigaben gab es nur wenige; Bücher mit Filmclips nie.

Jedenfalls steht fest, dass auch eine Webseite ein Werk im Sinne des Urheberrechts ist und kein neues Urheberrecht dafür geschaffen werden muss. Sie besteht aus Texten, Bildern, Tondateien und hat ein eigenes Design – alles geschützt. Von analogen Werken unterscheidet sie sich dadurch, dass sie auch ein Computerprogramm enthält – nämlich den HTML-Code, der ihren Aufbau steuert. Auch er ist geschützt. Da er, im Unterschied zu anderer Software, völlig unverschlüsselt daherkommt (jeder kann ihn in einem HTML-Editor in klarstem ASCII ansehen und weiterverarbeiten), lädt er besonders zur Piraterie ein. Doch wer sich aus dem Web Texte und Bilder und einigen hübschen HTML-Code zusammenklaubt und daraus eine eigene Webseite bastelt, begeht mehrere Urheberrechtsverstöße zugleich und kann deswegen belangt werden. Textdigitalisate als solche sind entgegen einer manchmal anzutreffenden Meinung nicht grundsätzlich frei von Urheberrechten. Das simple Abschreiben oder Einscannen eines Textes ist gewiss keine originelle geistige Schöpfung, die Schutz beanspruchen kann, aber hochwertige, mit einer komplexen Auszeichnungssprache eingerichtete Digitalisate genießen durchaus Urheberschutz. In dieser Hinsicht scheint das geltende Recht bisher ausreichend. Ob die Werkdefinition allen künftigen Entwicklungen im Internet gewachsen ist und dort nicht doch ganz neue Werkarten entstehen, bleibt jedoch abzuwarten.

2. Das alte Verhältnis von Original und Kopie gilt bei digitalen Werken nicht mehr. Das Original war immer etwas Besonderes. Kopien werden von Generation zu Generation schlechter; ihnen gegenüber war das Original immer besser, immer echter. Es allein hatte die Aura. Bei digitalen Werken hat die Unterscheidung von Original und Kopie keinen Sinn mehr. Sie sind identisch, sind Clones. Das Werk zersetzt sich auch mit der Zeit nicht mehr. Es bleibt unverändert bestehen, solange es von einem vergänglichen Träger auf den nächsten kopiert wird. Andererseits lässt es sich leichter, unauffälliger und unkorrigierbarer denn je manipulieren, verfälschen, ganz fälschen, zerstören. Der Urheber hat aber auch ein Recht auf die Integrität seines Werks, und seine künftigen Leser oder Zuhörer oder Betrachter haben es ebenfalls. Die Lösung dieses Problems ist weniger Sache der Juristerei als der Technik. Es wurden bereits »Digitale Wasserzeichen« entwickelt, unsichtbare Echtheitszertifikate, die nicht manipuliert und gelöscht werden können und sich jedem digitalen Dokument beigeben ließen. Sache der Juristerei wird es sein, jedem Urheber einen Anspruch darauf zu garantieren, dass seine Werke in ihrem digitalen Zustand mit einem solchen Wasserzeichen versehen werden.

3. Die Schutzfrist stammt zwar aus weniger schnelllebigen Zeiten, aber da sie an der Lebensdauer der Urheber bemessen ist (sie und ihre unmittelbaren Nachkommen sollen in den Genuss etwaiger Erträge aus der kommerziellen Verwertung kommen, ehe das Werk der Allgemeinheit anheim fällt) und da die mittlere Lebenserwartung sich im Laufe des zwanzigsten Jahrhunderts verdoppelt hat, scheint sie nicht zu lang. Womit das Urheberrecht

aber gar nicht gerechnet hat, ist die Möglichkeit, in den digitalen Medien verschiedenartigstes Material von vielen Urhebern und aus einer Vielzahl von Quellen zusammenzustellen; die »Körperlichkeit« der analogen Medien stand dem immer entgegen. Bei dieser Wiederverwertung stellt die Dauer des Schutzes ein großes Hindernis dar.

Wer heute eine CD-ROM mit vielen verschiedenen älteren Texten und Abbildungen und Tonbeispielen plant, muss Hunderte, vielleicht Tausende einzelner Rechte einholen. Viele Autoren haben ihren Verlagen seinerzeit zwar das ausschließliche Verwertungsrecht eingeräumt, und wenn jetzt diese Verlage gefragt werden und mit dem digitalen Nachdruck einverstanden sind, denkt der Laie, wäre der Fall erledigt. Das ist er aber nicht. Das deutsche Urheberrechtsgesetz verbietet grundsätzlich die Abtretung von Verwertungsrechten, die zur Zeit der Abtretung nicht »bekannt« waren. Dass sich manche Werke auch in den Datenbanken des Internet verwerten lassen, wurde erst Anfang der Neunzigerjahre bekannt. Also kann davor kein Autor das elektronische Verwertungsrecht je einem Verleger überlassen haben. Jeder Autor aus der Zeit vor der »Bekanntheit« des Internet (der genaue Zeitpunkt ist noch strittig – manche plädieren für 1985, andere für 1995) muss einzeln gefragt werden, ob er es abtreten möchte. In vielen Fällen lässt sich nur mit großer Mühe oder gar nicht ermitteln, wo der Autor erreichbar ist, ja, ob er oder seine Erben noch am Leben sind. Vielleicht ist der Autor lange tot, vielleicht sogar schon mehr als siebzig Jahre, und die Suche nach seinem Verbleib wäre gar nicht nötig gewesen. Viele Digitalisierungsprojekte sind unterblieben, weil sich ihre Planer den gewaltigen Verwaltungsaufwand, in dem es dennoch immer nur um Pfennigbeträge gegangen wäre, nicht zumuten wollten oder nicht leisten konnten. Darum ist es heute so gut wie unmöglich, etwa alte Zeitschriften zu digitalisieren, es sei denn, sie sind so alt, dass mit Sicherheit alle ihre Autoren und Grafiker und Übersetzer seit über siebzig Jahren tot sind. Hier steht das Urheberrecht der Medienentwicklung im Wege, ohne den Urhebern zu nützen. In gewisser Hinsicht schadet es ihnen sogar, nicht ihnen persönlich, aber ihrem Andenken und geistigen Fortleben. Eine Lockerung wäre dringend nötig. Zum Beispiel könnte das Gesetz unter der Voraussetzung, dass die Veröffentlichung eine bestimmte Zahl von Jahren zurückliegt, den Lizenznehmer von der Pflicht entbinden, bei den Urhebern Einzelgenehmigungen einzuholen, und stattdessen die Zahlung einer pauschalen Vergütung an eine Verwertungsgesellschaft vorsehen.

4. Die größten Schwierigkeiten machen dem geltenden Urheberrecht nicht die neuen Werk-, sondern die neuen Nutzungsarten. Der ganze Paragraf 15 des deutschen Urheberrechtsgesetzes will auf die neuen Verhältnisse nicht mehr richtig passen. Körperliche und unkörperliche Verwertung lassen sich nicht mehr so sauber unterscheiden wie in der analogen Welt. Das digitale Werk ist unkörperlich. Es ist fast so unkörperlich wie der geistige Inhalt, der den Gegenstand des Urheberrechts selbst ausmacht und aus dem sich alle Nutzungs- und Verwertungsrechte ableiten: ein noch unverkörpertes Werk, das unvorhersehbar viele konkrete Formen und Gestalten annehmen kann. Offensichtlich kann es trotz seiner Unkörperlichkeit sowohl körperlich wie unkörperlich vervielfältigt und verbreitet werden. Aber dem in analogen Zeiten gewachsenen Urheberrecht zufolge gibt es nur eine körperliche Vervielfältigung und Verbreitung. Wenn das Werk auf ein computerexternes Medium gespeichert wird, eine CD oder ein Datenband, kann man das eventuell noch als Verkörperung verstehen, obwohl die Pointe dieser Speicherung gerade darin besteht, dass es sich – im Gegensatz zur Schrift im Buch – von seinem Träger ablösen lässt. Sofern keine technischen Sperren eingebaut sind (die die Ablösung erschweren, aber nicht verhindern können), lässt es sich sogar schnell, leicht, vollständig und ohne Qualitätsverlust ablösen, um dann wieder in digitaler Gestalt unverkörpert durch die Netze zu flattern. Aber solange sich eine heruntergeladene Webseite nur

im Arbeitsspeicher des Computers befindet und auf dem Bildschirm »gerendert« wird, ist selbst bei angestrengter Wortklauberei der Tatbestand der Körperlichkeit schlechterdings nicht erfüllt. Also sind auch die Vervielfältigung und Verbreitung gar keine, und das eigentliche Copyright – das Recht, Kopien herzustellen und zu verbreiten – ist gar nicht tangiert? Unkörperliche Werke können nur »wiedergegeben« werden, und urheberrechtlich relevant ist nur die »öffentliche Wiedergabe«. Aber was für eine Wiedergabe wäre das Angebot einer Webseite? Eine »Vorführung«? Eine »Sendung«? Der Benutzer ruft jedes Dokument ja selber ab, wann er will und von wo er will. Die vorhandenen Kategorien taugen einfach nicht.
An dieser Stelle wird zur Zeit auf Abhilfe gesonnen. 1996 wurde bei der WIPO ein (noch nicht ratifizierter) internationaler Vertrag geschlossen, der die Lücke füllen soll. Er wurde 1997 in eine EU-Richtlinie übersetzt. Seit 1998 ist in Deutschland ein Gesetzentwurf auf dem Tisch, der diese EU-Richtlinie in nationales Recht umsetzen soll und am Ende umsetzen wird – die Mühlen des Gesetzes mahlen langsam, aber die des Gesetzgebers noch langsamer, und wenn viele Gesetzgeber im Spiel sind, die vielen widerstreitenden Interessen gerecht werden müssen, sind der Langsamkeit keine Grenzen gesetzt. Irgendwann aber wird ein neues Verwertungsrecht in das Urheberrecht aufgenommen werden, ein neues Recht der »öffentlichen Wiedergabe« unkörperlicher Werke. In Deutschland wird es wahrscheinlich »Übertragungsrecht« heißen. Dann haben Autoren *»the right of making available to the public of their works in such a way that members of the public may access them from a place and at a time individually chosen by them«* – das Recht, »ihre Werke der Öffentlichkeit dergestalt zugänglich zu machen, dass Angehörige der Öffentlichkeit von einem von ihnen individuell bestimmten Ort und zu einer individuell bestimmten Zeit auf sie zugreifen können«. Wie auch immer formuliert, jedenfalls wird das neue Recht genau auf die interaktive elektronische Übermittlung digitaler Inhalte zuge-

schnitten sein. Gewonnen wird damit aber zunächst nur sein, dass sich zumindest juristisch benennen lässt, was sich im Internet täglich millionenfach abspielt.

Ist »Nutzung« bei digitalen Medien etwas grundsätzlich anderes als bei analogen? Bei deren Nutzung »zum eigenen Gebrauch«, die nicht zustimmungspflichtig und damit kostenlos ist, darf man das betreffende Werk ansehen oder anhören, in welcher Gestalt und unter welchem Gesichtswinkel auch immer, man darf es abschreiben oder abzeichnen und mit gewissen Einschränkungen auch kopieren, man darf es privat anderen zeigen, man darf es in eigenen Veröffentlichungen zitieren, sofern das Zitat in einen eigenen Gedankenzusammenhang eingefügt und nicht exzessiv lang ist und die Quelle genannt wird, man darf es aber auf keinen Fall weiterverwerten und weiterverbreiten. Bei digitalen Medien läuft die Nutzung auf genau das gleiche hinaus, auch wenn sie sich technisch anders abspielt. Es ist darum nicht nötig, neue Nutzungsarten einzuführen.

Etwaige Nutzungseinschränkungen wären auch zwecklos, denn sie ließen sich nicht kontrollieren. Eine Bestimmung wie die, dass man das Werk zwar auf die eigene Festplatte speichern, aber nicht auf einen anderen Datenträger kopieren oder ausdrucken dürfe, wäre das Amtspapier nicht wert, auf dem sie stünde.

Allenfalls ließe es sich überlegen, ob ein grundsätzlicher Unterschied zwischen Online- und Offline-Nutzung gemacht werden sollte: dass also bei bestimmtem Material jede Art der Speicherung untersagt wäre. Abspeicherung und Ausdruck lassen sich immerhin technisch erschweren, wenn auch nicht verhindern, denn wenigstens einen Screenshot könnte sich auch der technisch Unbedarfteste immer machen. Shareware-Hersteller versuchen oft die Dauernutzung ihrer Software zu unterbinden, indem diese nur eine bestimmte Zahl von Tagen läuft oder sich nur eine bestimmte Zahl von Malen aufrufen lässt – nach dreißig Tagen oder fünfzig Malen ist Schluss, und auf dem Bildschirm erscheint nur noch ein letztes Bestellformular. Damit kann man den Nutzer und potenziellen Kunden zwar ein wenig ärgern, aber nichts ist leichter, als solchen Schutz zu unterlaufen: Der installiert sich die verfallene Software einfach neu, und der Countdown beginnt von vorn. Viel effektiver ist es, Teile oder Funktionen zu sperren. Dann hat der Nutzer das betreffende Software-Werk immer in seiner ganzen Pracht vor sich, und wenn es ihm gefällt, ärgert er sich auch, aber nicht über die Firma, die ihm den Hahn zudreht, sondern nur darüber, dass es ihm nicht uneingeschränkt zur Verfügung steht. Er wird wesentlich williger dafür zahlen als für ein nur halb geliebtes Werk, das eines Tages den Geist aufgibt und dessen Exitus er verschmerzen kann. Für diese beiderseitige Kalkulation aber – Wie bewege ich den Nutzer am cleversten dazu, käuflich eine Lizenz zu erwerben? Wie viel ist mir die volle Nutzung eines Werkes wert? – braucht es kein Urheberrecht. Es müsste den technischen Möglichkeiten der Nutzungserschwerung und ihrer Überlistung ohnehin immer hoffnungslos hinterherhinken.

5. Der deutsche Entwurf übersetzt WIPO-Vertrag und EU-Richtlinie auf eine Art, die die kommende Urheberrechtsänderung für Bibliotheken gefährlich macht. Er definiert nämlich nebenbei und ohne unmittelbare Notwendigkeit einen der fragwürdigsten Begriffe des geltenden Gesetzes neu: den der Öffentlichkeit. Bisher spricht das Gesetz immer nur von »öffentlicher Wiedergabe« und definiert diese so: »Die Wiedergabe eines Werkes ist öffentlich, wenn sie für eine Mehrzahl von Personen bestimmt ist, es sei denn, dass der Kreis dieser Personen bestimmt abgegrenzt ist und sie durch gegenseitige Beziehungen oder durch Beziehung zum Veranstalter persönlich untereinander verbunden sind« (§ 93,3 UrhG). Und nun darf jeder nach Herzenslust Haare spalten.

Handelt es sich um eine zustimmungspflichtige und damit kostenpflichtige öffentliche Wiedergabe, wenn jemand im Gemeinschaftsraum eines Seniorenwohnheims eine Videocassette mit einem urheberrechtlich geschützten Film einlegt? Einige gucken tatsächlich hin, die »Mehrzahl« ist also gegeben. Aber ist die Beschränkung auf andere Heimbewohner eine »bestimmte Abgrenzung«? Ist sie es nicht mehr, wenn eine Bewohnerin zufällig eine Nichte zu Besuch hat und diese den Film mitguckt? Ist der Umstand, dass alle Anwesenden im gleichen Heim wohnen, eine persönliche Beziehung? Aber wie andererseits wäre genauer zu fassen, was als »öffentliche Wiedergabe« gelten soll? Manche Dinge bleiben eben besser im gnädigen Schummer der Ungenauigkeit, und wenn sie den Weg vor Gericht finden, mögen Richter ihre kasuistischen Künste an ihnen üben.

Im Entwurf von 1998 – das ist der kleine, aber entscheidende Unterschied – beginnt die Öffentlichkeit nicht erst mit einer Mehrzahl, sondern schon mit der Einzahl. Eine öffentliche Wiedergabe findet statt, so der Entwurf, wenn ein Werk »aufgrund eines an die Öffentlichkeit gerichteten Angebots für einen einzelnen Angehörigen der Öffentlichkeit zugänglich gemacht wird«. Was hier ins Recht eingeführt werden soll, ist etwas ganz Neues: die »sukzessive Öffentlichkeit«, bestehend aus einem Einzigen, sofern ihm später ein anderer folgen könnte. Für Bibliotheken hat sie gravierende Folgen.

Bisher findet in Bibliotheken grundsätzlich keine »öffentliche Wiedergabe« statt, höchstens bei Dichterlesungen oder Filmabenden. An ihren Computerarbeitsplätzen liest keine Mehrzahl von Menschen in den gleichen digitalen Beständen, immer nur jeweils einer. Die Bibliotheken müssen sich das Recht dazu nicht bei der Verwertungsindustrie erkaufen und die Kosten in Form von Gebühren an den Bibliotheksbenutzer weitergeben. »Die Präsenznutzung von audiovisuellen Medien durch eine Einzelperson fällt nach geltendem Recht nicht unter den Öffentlichkeitsbegriff« (Harald Müller). Die geplante Neudefinition einer sukzessiven Öffentlichkeit würde diesem Zustand ein Ende machen.

Bibliotheken und Verwertungsindustrie ziehen nicht unbedingt am gleichen Strang. In mancher Hinsicht sind sie Bundesgenossen, in anderer natürliche Feinde. Zwar sind öffentliche und wissenschaftliche Bibliotheken Kunden des Buchhandels, Großkunden sogar. Aber sie verleihen die Werke kostenlos an unabsehbar viele und nehmen den Verlagen und dem Buchhandel damit möglicherweise Kunden weg. Alle hatten sich damit abgefunden, dass das so ist und dass es im Interesse des Großen und Ganzen hingenommen werden muss, weil nämlich Wissenschaft und Forschung ohne diese Funktion der Bibliotheken paralysiert wären. Aber als das Fotokopieren aufkam und in den Bibliotheken Fotokopierer aufgestellt wurden, war der Burgfrieden gestört. Er wurde erst wiederhergestellt, als das Fotokopieren gesetzlich geregelt und eine Fotokopierabgabe eingeführt wurde. Seitdem darf in Deutschland kopiert werden, aber nur zu eigenem Gebrauch und nicht ganze Werke, es sei denn, sie sind mindestens zwanzig Jahre alt oder seit mindestens zwei Jahren im Buchhandel vergriffen. Dann kamen die Bibliotheken den Wissenschaftlern entgegen, indem sie Dokumentenlieferdienste einrichteten und Fotokopien auf Bestellung versandten. Wieder witterte der Buchhandel unlautere Konkurrenz und strengte einen Musterprozess an, durch den der Technischen Informationsbibliothek in Hannover (TIB) der Kopienversand verboten werden sollte. Das Begehren wurde 1999 vom Bundesgerichtshof abgeschmettert: »Der Gesetzgeber [wollte] den Kopienversanddienst öffentlicher Bibliotheken wegen der überragenden Bedeutung, die der freie Zugang zu Fachinformationen für die Allgemeinheit hat, nicht von einem Zustimmungsrecht der Urheberberechtigten abhängig machen.« Das Gericht hatte also abgewogen – hier die kommerziellen Interessen der Verwertungsindustrie, dort der freie Zugang zur Information –, und es hatte den freien Zugang über die kommerziellen Interessen gestellt, aber zugleich empfohlen, den Verwertern eine Vergütung für den Kopienversand zu zahlen, abzurechnen über eine Verwertungsgesellschaft. Eine solche Abwägung lässt die geplante Neudefinition der Öffentlichkeit durchaus vermissen. Sie würde die Wissenschaft behindern und den Bibliotheken den Anschluss an das digitale Zeitalter erschweren. Sie dürften urheberrechtlich geschützte Werke, die seit zwei Jahren oder länger vergriffen sind, zwar noch zu eigenem Gebrauch, also zu Zwecken der Bestandserhaltung digitalisieren, aber sie dürften diese digitalen Fassungen keinen Benutzer mehr sehen lassen; jeder Benutzer wäre bereits Öffentlichkeit.

Noch ist es Zeit, diesen Widersinn aufzuhalten. Bei der Einführung des Übertragungsrechts und der Neudefinition der Öffentlichkeit müsste den öffentlichen Bibliotheken ausdrücklich der Spielraum zugestanden werden, den sie benötigen, wenn sie ihrer Aufgabe gerecht werden sollen. Alles andere würde letztlich ebender neudefinierten Öffentlichkeit schaden.

In Amerika sieht man, dass Bibliotheken auch im digitalen Zeitalter Spielraum brauchen, und hat dies inzwischen in ein Gesetz gefasst. 1998 setzten die Vereinigten Staaten den Digital Millennium Copyright Act in Kraft, das »Urheberrechtsgesetz für das digitale Jahrtausend«. Vorher durften nichtkommerzielle Bibliotheken und Archive für die Fernleihe und zur Bestandserhaltung eine einzige digitale Kopie von geschütztem Material anfertigen; jetzt dürfen es sogar drei Kopien sein, aber die Fernleihe ist ausgeschlossen – sie können nur in der Bibliothek selbst eingesehen werden. Andererseits sollen ausdrücklich auch Fernstudenten die digitalen Bestände ihrer Hochschulbibliothek nutzen können: Der Online-Zugriff auf die Bücher und Zeitschriften, die für die Domäne ihrer Hochschule freigeschaltet sind, soll auch von ihrem häuslichen Computer aus möglich sein. Die Archivkopie der Bibliothek darf von dieser beliebig umkopiert werden.

6. Weltweit wird das Urheberrecht nie gelten. Besonders die Entwicklungsländer fühlen sich durch die Schutzbestimmungen grob benachteiligt. Das intellektuelle Eigentum der industrialisierten Welt wird für sie unerschwinglich und die Kluft immer größer. Aber selbst wenn der unwahrscheinliche Fall einträte, dass alle Staaten der Erde die Copyright-Konventionen unterschrieben, würden diese doch nicht überall gleichermaßen durch-

gesetzt. So wie es heute Steueroasen gibt, würde es immer in irgendeinem Takatukaland oder auf einem Krokodilarchipel Copyrightoasen geben, wo nichts wirklich verboten ist. Was ein Server dort ins Internet einspeiste, ließe sich nirgends aussperren. Allenfalls könnte seine Nutzung verboten werden, aber solch ein Verbot wäre nicht durchsetzbar und darum wirkungslos. Sobald etwas in digitaler Form existiert, ließe sich mit genügend Chuzpe, technischem Know-how und einiger krimineller Energie also jeder Urheberschutz unterlaufen. Wenn sich jemand, durchaus legal, Zugang zu einer Datenbasis verschaffte, sie sich Stück um Stück herunterlüde, dabei die Zugriffskontrollen überlistete und sich nicht erwischen ließe, sie dann wieder zusammenpuzzelte und in irgendeinem Bermudadreieck auf einen Server stellte, wäre der Diebstahl perfekt und dem noch so ausgeklügelt geschützten Werk nicht mehr zu helfen. »Hier erreicht jeder Rechtsschutz seine Grenzen«, schrieb der Urheberrechtsexperte Thomas Dreier in einem Gutachten für die Friedrich-Ebert-Stiftung.

Eine offene Frage ist die Stellung der Autoren im Internet. Nicht, ob sie in Zeiten des Internet noch gebraucht werden. Sie werden sogar dringend gebraucht, denn das Web benötigt Inhalte. Sobald der Anfangsrausch verflogen ist, in dem die bloße Demonstration seiner technischen Möglichkeiten vielen schon Inhalt genug scheint, wird sich herausstellen, dass das Medium eben nicht bereits die Botschaft ist, dass es nicht reicht, wenn eine inhaltsleere Seite mit vielen anderen ebenso inhaltsleeren Seiten grafisch ansprechend verlinkt ist. Auf einigen muss auch etwas Substanzielles stehen, und das muss erdacht, geschrieben, erarbeitet, geschaffen werden. Die Frage ist jedoch, ob die Autoren ihre Urheberrechte im Internet realisieren können. Haben sie die Kontrolle über die Art der Nutzung ihrer Werke im Web? Werden die, denen sie die Verwertungsrechte daran übertragen, sie angemessen an dem wirtschaftlichen Gewinn der elektronischen Publikation beteiligen, wenn der sich eines Tages einstellt? Das Urheberrechtsgesetz als solches wird wenig für sie tun können. Ihre Ansprüche werden

sie sich in individuellen und kollektiven Verträgen mit ihren Arbeit- und Auftraggebern erstreiten müssen.
Während das Urheberrecht den Entwicklungen in der Informationstechnologie hinterherhinkt und ihnen teilweise hilflos gegenübersteht, bildet sich im Internet ganz von allein ein Usus heraus, der seinen technischen Möglichkeiten wie den geltenden urheberrechtlichen Bestimmungen und auch den unterschiedlichen Interessen seiner Benutzer einigermaßen gerecht wird: ein großer, pragmatischer Kompromiss. Er sieht etwa folgendermaßen aus.
Wer auf jeden Fall verhindern will, dass sein Werk anderen online zugänglich wird, stellt es sicherheitshalber auf keinen ans Internet angeschlossenen Computer; noch besser bringt er es nie in eine digitale Form.
Wer hinnimmt oder gar wünscht, vielleicht sogar dringend, dass sein Werk online genutzt wird, es aber nicht der Allgemeinheit schenken will, stellt es auf einen Internet-Server, richtet jedoch Schranken in Form von Zugangs- und Nutzungskontrollen ein. Soll zwar jeder freien Zugriff haben, den Inhalt aber nur am Bildschirm einsehen können und auf keinen Fall weiterverwenden, so sperrt er die Abspeicherung und den Ausdruck beim Client. Auch wenn die Sperre durchbrochen werden kann, ist sie effektiv, denn überwinden wird sie nur, wer technisch ausreichend versiert und zur unbefugten Nutzung ausdrücklich entschlossen ist. Das unbedachte, beiläufige Kopieren, nur weil es so einfach ist – dieser Regelfall wird unterbunden.
Viele Datenobjekte würde eine solche Barriere wertlos und uninteressant machen. Sie werden nur genutzt, weil sie sich speichern und drucken lassen. Sie müssen auf andere, rigidere Art geschützt werden. Zugriff auf sie erhält nur, wer das Recht dazu erwirbt. Er muss sich registrieren lassen, gegebenenfalls Gebühren zahlen – heute noch meist, indem er seine Kreditkartennummer mitteilt –, erhält einen Benutzernamen und ein verdecktes Passwort und muss sich bei jedem Zugriff damit ausweisen. Der

Rechteinhaber führt Protokoll über alle seine Zugriffe und kann unerlaubten Downloads – etwa dem sukzessiven Downloaden ganzer Zeitschriftenjahrgänge – damit wahrscheinlich auf die Spur kommen.

Will eine Institution, eine Bibliothek zum Beispiel, ihren Benutzern geschütztes digitales Material anbieten, so erwirbt sie beim Rechteinhaber eine Lizenz. Befindet sich das Material auf einem körperlichen Träger, etwa einer CD-ROM, so hat sie meist die Wahl zwischen mehreren Lizenzbedingungen. Am billigsten ist die Einzelplatzlizenz. Dann darf die CD nur auf einem einzigen Computerarbeitsplatz laufen. Teurer ist die Einzelplatznetzlizenz. Mit ihr darf die Bibliothek die CD zwar auf allen ihren Arbeitsplätzen anbieten, aber zu jeder Zeit nur jeweils einmal. Am teuersten ist die Mehrplatznetzlizenz. Eine Dreiplatzlizenz kostet etwa doppelt so viel wie eine Einzelplatzlizenz. Die Online-Nutzung wird auf ähnliche Weise lizenziert. Die Bibliothek abonniert zum Beispiel eine elektronische Zeitschrift und erwirbt damit das Recht, aus ihrer eigenen Domäne heraus (also von allen Computern mit dem gleichen Domänennamen) bei dem Verlag oder in einem elektronischen Zeitschriftenarchiv auf diese Zeitschrift beliebig zugreifen zu können. Dann wird die Zeitschrift für die betreffende Domäne »freigeschaltet«. Oder die Bibliothek zahlt eine bestimmte Gebühr für jeden Zugriff (Pay-per-View) oder kauft eine bestimmte Zahl von Zugriffen – die flexibelste Option, von der bisher wenig Gebrauch gemacht wird, die aber in Zukunft eine große Rolle spielen dürfte. Der Client identifiziert sich bei dem Server mit der IP-Nummer seiner Domäne (eine nicht ganz sichere Methode, die sich mit einem Proxy-Server unterlaufen lässt, der der Datenbasis die richtige IP-Nummer nur vortäuscht); von zu Hause aus kommt der Student an die von seiner Hochschulbibliothek abonnierten elektronischen Zeitschriften also nicht heran. Das funktioniert, belastet aber die ohnehin knappen Budgets der Bibliotheken und stellt sie vor ein zusätzliches Problem. Sie haben ja auch einen Sammelauftrag: zu

verwahren, was sie erworben haben. Im Falle der elektronischen Zeitschriften erwerben sie eine Zugangslizenz und sonst nichts. Wenn sie ein Papierabonnement kündigen, bleiben ihnen immerhin die angeschafften Hefte und Bände. Wenn sie ein elektronisches Abonnement kündigen, bleibt ihnen nichts. (Die Verlage könnten diesen Nachteil ausgleichen, indem sie die abonnierten Jahrgänge auf CD zur Verfügung stellen.)
Die strikte Zugangskontrolle schützt die Urheberinteressen wirksam, aber natürlich ist das Internet alles andere als »frei« oder »freizügig«, wenn man auf Schritt und Tritt auf Login-Tafeln stößt, die einem das Passwort oder andernfalls die Kreditkartennummer abverlangen und einen schnöde ohne jedes »Sorry!« abweisen, wenn man jenes nicht weiß und diese nicht verraten will: »Sie haben keine Zugangsberechtigung.«
Zwischen den Zuständen »offen und frei, aber minderwertig« und »hochwertig, aber gesperrt und kostenpflichtig« hat sich jedoch eine große Zwischenzone substanzieller und dennoch frei zugänglicher Inhalte herausgebildet. Einmal sind es die digitalen Angebote öffentlicher Organisationen und Institutionen, die von diesen finanziert werden, im Falle der deutschen Bibliotheken mit ihren digitalen Sammlungen letztlich also von der öffentlichen Hand. Die Bibliotheken geben der Öffentlichkeit, die sie alimentiert, etwas zurück; da sie nur das zurückgeben können, was nicht anderen gehört, kann es sich nur um gemeinfreies Material handeln oder um solches, für das sie eine uneingeschränkte Nutzungslizenz erworben haben. Das große, aller Welt freistehende französische eText-Archiv *Gallica** trägt letztlich der französische Steuerzahler. Das große Digitalisierungsprojekt der amerikanischen Kongressbibliothek, *American Memory**, entsteht teilweise mit Bundesmitteln, zum größeren Teil aber mit Mitteln privater Sponsoren.
Sponsoren – das ist die andere Möglichkeit. Das eText-Archiv *bibliomania** zum Beispiel leistet sich ein britischer Verlag für elektronische Publikationen als Visitenkarte. Das amerikanische

eText-Archiv *Project Gutenberg** enthält nur gemeinfreie Werke, wurde von unbezahlten Freiwilligen zu ebendem Zweck zusammengetragen, es jedermann frei und zu beliebigem Gebrauch zur Verfügung zu stellen, und die Kosten seiner Internetpräsenz trägt ein Hoster, der sich davon Zuspruch zu seiner Domäne erhofft. Bei dem deutschen *Projekt Gutenberg-DE**, dem skandinavischen *Project Runeberg** oder dem italienischen *Progetto Manuzio** verhält es sich ähnlich. Das erste hat ein Online-Dienst unter seine Fittiche genommen, das zweite eine Universität, für das dritte hat ein Verein Platz auf einem Universitätsrechner gefunden.

Daneben gibt es aber im Web auch immer mehr, was keineswegs gemeinfrei und trotzdem frei zugänglich ist. Manches steht nur vorläufig gratis da, um zu testen, ob und wie ein digitales Angebot überhaupt angenommen wird, zum Beispiel die Fachzeitschrift *psycoloquy** oder zunächst auch Microsofts Online-Magazin *Slate*, das inzwischen zwanzigtausend zahlende Abonnenten hat. Anderes hofft sich durch Anzeigen zu finanzieren, nachdem es auf Abonnementbasis nicht gelungen ist, etwa die Online-*Britannica*. Vieles aber wird von den Rechteinhabern tatsächlich wissentlich und willentlich verschenkt, und das Risiko, dass ihre Großzügigkeit missbraucht wird, nehmen sie dabei in Kauf.

Manche Rechteinhaber verhalten sich immer noch so, als sei das Internet ein Ozean, in dem es von hungrigen Haien wimmelt, die nur darauf lauern, ihnen das kleinste Bisschen digitales Fleisch von den Knochen zu reißen. Sie verschließen ihre Inhalte in Safes und lassen die Leute nicht einmal von fern einen Blick darauf werfen – erst wer bezahlt hat, bekommt zu sehen, wofür er bezahlt hat. Andere sind offenbar zu dem Schluss gekommen, dass diese Strategie kontraproduktiv und auch unnötig ist, und haben zu einer lässigeren Haltung gefunden. Die rigorose Sicherung vertreibt ja potenzielle Kunden. Wer nicht wenigstens ein Abstract des Aufsatzes zu sehen bekommt, für den er zwei bis zwanzig Mark berappen soll, verzichtet vielleicht lieber ganz auf die Bestellung; folglich finden sich im Web häufig Abstracts.

Auch hat sich die Konkurrenzsituation im Web völlig geändert. Es ist längst keine Sensation mehr, wenn eine Firma eine Homepage hat. Die Hauptgefahr ist nicht, dass sich alle Welt und darunter möglicherweise auch Diebesgesindel sofort auf den Site stürzt und ihn plündert, sondern dass er in der Sintflut von Homepages untergeht und niemand auch nur Notiz von ihm nimmt. Die Firma oder Institution muss sich also anstrengen, ihrem Web-»Auftritt« Beachtung zu verschaffen, »Besucher« auf ihre Homepage zu ziehen. Um Besucher anzulocken, muss sie ihnen aber mehr bieten als Firmenlogo und Adresse. So ist es dazu gekommen, dass viele Zeitungen und Magazine heute kostenlos im Web zu lesen sind – in der Regel nicht vollständig, sondern nur zu etwa 25 Prozent, sodass sich der Gang zum Kiosk nicht erübrigt, aber doch in substanziellen Teilen; oder dass andere Verlage eine Web-Publikation mit demselben Titel, aber eigenen, auf das Web zugeschnittenen Inhalten ins Netz gestellt haben, kostenlos und vorerst mit Verlusten. Hin und wieder stößt man auch auf Auszüge aus eigentlich geschützten Büchern, die mehr als bloße Leseproben sind, wie sie in den entsprechenden Verlagsprospekten stehen. Welchen Vorteil versprechen sich die Rechteinhaber davon? Nur ebenden: die Internetpräsenz. Sie möchten im Web vorhanden sein, wenn eines nicht zu fernen Tages die meisten Inhalte aus dem Internet kommen werden.

Die Missbrauchsgefahr wiederum wird in Kauf genommen, weil sie gar nicht so groß ist, wie es den Internetparanoikern vorkommt. (Musikpiraterie ist ein spezieller Fall.) Gegen Gesetzeslücken und Kriminelle war kein Werk je vollständig geschützt; immer hätten in der Sowjetunion oder in China Raubkopien auftauchen können, manchmal kam es dazu, meistens aber nicht. Oft macht die kostenlose Online-Fassung der käuflichen analogen faktisch gar keine Konkurrenz. Es kostet Zeit, ein Buch abschnittsweise herunterzuladen und auszudrucken; der Gang in die Buchhandlung oder Bibliothek wäre vielleicht schneller zu erledigen. Es kostet auch Geld, die Verbindungskosten, das Papier, die Druckertinte – mindestens sechs Pfennig die Seite, unter Umständen das Doppelte und Dreifache; der Kauf des entsprechenden Paperbacks wäre günstiger, und dann hätte man nicht nur einen Stapel fliegender Blätter. Dass jemand sich eine Bibliothek aus Computerausdrucken aufgebaut hätte, wurde bisher nicht vernommen. Auch die Gefahr der unerlaubten körperlichen Weiterverwertung ist zumindest bei manchen Arten von Material nur gering. Ein Foto oder eine Grafik in JPEG-Qualität, wie sie im Web üblich ist, sieht auf dem Bildschirm ganz ordentlich aus, ist als Druckvorlage aber völlig ungeeignet. Einen Raubdruck der Weimarer Goethe-Ausgabe – ob in ihrer gedruckten oder digitalen Form – würde niemand herstellen, und wenn er noch Geld dazubekäme.

Und die unkörperliche, die elektronische Weiterverwertung? Das Internet ist zwar groß und unübersichtlich, liegt aber offen da und hat kein Versteck. Jedes Datenpaket, das im Internet unterwegs ist, verrät in seinem Kopf die IP-Nummer des Servers, von dem es kommt, und die des Computers, zu dem es will. Wer auf einen Website – mit oder ohne Zugangskontrolle – zugreift, muss immer gewärtigen, einen Fingerabdruck zu hinterlassen. Immer könnte eine Logdatei auf dem Server aufzeichnen, wann welche IP-Nummer zu Besuch war. Und wenn der Besuch nicht unter einer eigenen IP-Nummer da war, sondern mit der eines Internet-Providers, so kann dieser feststellen, wem er wann welche Nummer automatisch (»dynamisch«) zugewiesen hatte. Einem Dieb kommt man im Web also relativ leicht auf die Spur, leichter als in der nichtvirtuellen Welt. Aber auch wenn er beim Bootlegging unertappt bleibt: Sobald er das gestohlene Gut ins Netz stellt, um es dort weiterzuverwerten, verrät er sich unweigerlich. Wenn ein Rauschgiftsyndikat mit voller krimineller Energie über häufig wechselnde Server in Bananenrepubliken, die von Strohmännern angemeldet wurden, einen Versandhandel betreibt, steht die Kriminalpolizei natürlich vor großen ermittlungstechnischen Schwierigkeiten. Sogar in diesem Fall hätte sie immerhin eine Spur. Urheberrechtlich geschützte Werke aber sind kein Rauschgift. Wer unerlaubterweise den neuesten Roman von Stephen King digitalisierte und ins Netz stellte, wäre bald gefasst. Und was hätte er davon außer den Kosten und das Risiko einer Bestrafung? Und würde das Buch sofort am Bildschirm verschlungen und nicht mehr im Laden gekauft? Wäre das freie Online-Angebot nicht vielleicht sogar ein Werbegag?

Im angelsächsischen Bereich sind viele Anbieter dazu übergegangen, die Klienten ausdrücklich und unübersehbar darauf hinzuweisen, dass es sich um geschütztes Material handelt und sie den Zugang nur erhalten, wenn sie zusichern, ausschließlich *fair use* davon zu machen (der Begriff fehlt im deutschen Urheberrecht leider): es nur zum privaten oder wissenschaftlichen eigenen Gebrauch zu verwenden. Manchmal lassen sie auch einen Revers dieses Inhalts ausfüllen, bei empfindlicherem Material unter Hinterlegung von Name und Anschrift. So hält es etwa das *Oxford Text Archive* (OTA)* mit seinen aufwändigen Digitalisaten. Über die nationalen Urheberrechtsgrenzen hinweg schließen sie zusagen einen individuellen Vertrag mit dem Nutzer. Wie viel er ihnen international vor Gericht nützen würde, steht dahin. Da aber die große Mehrheit der Menschen Verträge ungern bewusst bricht, hat diese explizite Fair-Use-Erklärung eine moralische Abschreckungswirkung, die vielen Anbietern auszureichen scheint.

So kommt es, dass im Netz zwar ein unzulängliches und teilweise überholtes Urheberrecht gilt, dass aber Rechteinhaber und Nutzer die Möglichkeit haben, Vor- und Nachteile, Chancen und Risiken ihres Tuns rational abzuwägen, und insgesamt recht gut damit fahren.

Informationstod im Informationszeitalter

Unser Zeitalter hat manche klingende Namen bekommen: Informations-, Kommunikations- oder Wissenszeitalter und jedenfalls nicht mehr Industriezeitalter. Ganz falsch ist »Informationszeitalter« sicher nicht, versteht man unter Information nicht Informiertheit und zählt alles dazu, was an Schriften, Bildern, Klängen hervorgebracht wird, alle Veräußerungen menschlichen Geistes und menschlicher Geistlosigkeit. Aber wenn wir mitten in einer beispiellosen Informationsexplosion leben, so gleichzeitig in einer Zeit des beispiellosen Informationsverfalls. Die Ära der Information ist auch eine der Informationsvernichtung.
Dass in den Archiven »Zeitbomben ticken«, in den Bibliotheksmagazinen ein »langsames Feuer« glimmt, sind irreführende Bilder. Flöge hin und wieder ein Magnetbandarchiv in die Luft, ginge hin und wieder eine Bibliothek so dramatisch in Flammen auf wie im Jahre minus 47 die von Alexandria oder 1988 die von Leningrad (dort gingen über 700 000 Papyri verloren, hier über 400 000 Druckwerke), so wäre die Öffentlichkeit alarmiert, und Konservierung stünde ganz oben auf der kulturellen Prioritätenliste. Der tatsächliche tägliche Informationsverfall ist jedoch schleichend. Die Katastrophe vollzieht sich langsam und leise und fast unbemerkt. Die Medien, die die Information beherbergen, sind wie Lebewesen: Jedes trägt seine vorgegebene Lebensdauer in sich, in jedem tickt die Uhr des Alterns, und solange es nur altert, tröstet man sich gerne damit, dass es schon noch irgendwie hält. Am Ende aber steht unweigerlich der Tod, und

niemand und nichts wird die gestorbene Information zurück ins Leben holen.
»Gedächtnis der Menschheit« – so heißt nicht nur ein Konservierungsprojekt der Unesco. Das Gedächtnis der Menschheit steht tatsächlich auf dem Spiel, und es handelt sich nicht um ein theoretisches Problem für besinnliche Feierstunden. Der Informationstod vollzieht sich höchst konkret, und er vollzieht sich jetzt. Das Problem wird auch trotz aller neuen Techniken nicht kleiner – es wächst mit der Menge dessen, was es zu bewahren gäbe.
Man könnte geradezu ein Gesetz formulieren: Je neuer die Medien und je dichter sie die Information packen, desto kürzer ist ihre Lebenserwartung. Verglichen mit den digital-elektronischen Speichern ist Film ein dauerhaftes Medium, und verglichen mit Film hält ein Buch aus Papier eine menschliche Ewigkeit, könnte es zumindest.
Die keilförmigen Schriftzeichen, die in Mesopotamien vor gut fünftausend Jahren mit einem Rohrgriffel in Tontafeln gedrückt wurden, sind heute so perfekt wie am ersten Tag. Die Gebotstafeln, die Moses aus dem Granit des Sinai meißelte, wären heute so lesbar wie damals, hätte es sie je gegeben. Den ungegerbten, durch Spannen geglätteten Ziegen- und Schafhäuten, die vor 2200 Jahren als Schreibmaterial in Gebrauch kamen, hat der Zahn der Zeit wenig anhaben können: Jahrtausende alte Pergament-Codices sind noch so lesbar wie je. Auch das aus Lumpen handgefertigte Hadernpapier, das im fünfzehnten Jahrhundert das Pergament ablöste, hat sich als erstaunlich dauerhaft erwiesen.
Aber ein antikes Beispiel zeigt auch, was geschieht, wenn Schrift einem unbeständigen Medium anvertraut wird: Es werden Rettungsaktionen nötig. Papyrus, das gepresste und verklebte Stängelmark einer im Nildelta wachsenden Staudenpflanze, war hoch feuchtigkeitsempfindlich, und das Auf- und Abrollen der Papyrusstäbe bei jeder Benutzung strapazierte das empfindliche Material weiter. Wären in den Bibliotheken des vierten Jahrhunderts nicht Papyrusrollen in großer Zahl von emsigen Kalligrafen auf

Pergament umgeschrieben worden, von der antiken Literatur wären heute nur jene zufälligen Überbleibsel erhalten, die rechtzeitig irgendwo weitab vom Grundwasser verschüttet wurden.

Papier, vor 1900 Jahren in China erfunden und über Arabien nach Europa gebracht, ist geduldig, aber es hat seit längerem ein gewaltiges Problem. Im wesentlichen besteht es aus Cellulose: den verfilzten langen Kettenmolekülen der Zucker, die aus pflanzlichen Zellwänden gewonnen werden. Solange es handwerklich und aus Hadern hergestellt wurde, war es teuer, aber äußerst haltbar.

Handschriften und Akten auf Hadernpapier sind nur darum gefährdet, weil zur Beschriftung oft Eisengallustinten verwendet wurden. Diese enthalten Gallussäure, die zum gefürchteten Tintenfraß führt. Ganze Blattbereiche bekommen haarfeine Risse, und auch wenn ein vom Tintenfraß befallenes Blatt auf den ersten Blick immer noch lesbar scheint, zerkrümelt es bei der ersten Bewegung zu kleinen Flocken, einem Puzzle, das niemand je wieder zusammensetzen kann. Über zwei Drittel der Bach-Handschriften, deren Großteil – achttausend Blatt – sich im Besitz der Staatsbibliothek Berlin befindet, sind auf diese Weise geschädigt. Bach hat nicht nur eisengallushaltige Tinten benutzt, er hat die Seiten auch noch sehr eng beschrieben, sodass viel Gallussäure in die Blätter eingebracht wurde. Schon in den Zwanzigerjahren wurde der Zersetzungsprozess erkannt, der in diesen unmermesslich kostbaren Autografen im Gange war, aber aufgehalten werden konnte er bisher nicht.

Um 1850, mit der Umstellung auf die maschinelle Produktion, änderte sich die Lebenserwartung des Papiers schlagartig. Seitdem ist das Papier selbst sauer, und saures Papier hält nur fünfzig bis achtzig Jahre – unter schonendsten Lagerbedingungen (gleichmäßig trocken, kühl und in Ruhe gelassen) bis zu zweihundert, unter ungünstigsten nur zwanzig.

Sauer wurden die Papiere seit 1850 aus zwei Gründen. Erstens wurde die kostbare Cellulose gestreckt, und zwar mit zerfasertem Nadelholz, Holzschliff, der säurebildendes Lignin enthält, das Harte am Holz. Zweitens wurde der Faserbrei, aus dem das Papier geschöpft wird, unter Zusatz von Alaun oder Aluminiumsulfat mit Harzen geleimt. Dadurch gelangte Schwefelsäure ins Papier – und die zerfrisst die Kettenmoleküle der Cellulose. Schon nach zwanzig Jahren hat saures Papier 80 Prozent seiner Festigkeit und Elastizität verloren. Es vergilbt, wird spröde, bricht beim Biegen und Falten, zerbröckelt schließlich und zerfällt zu Staub.

Über 95 Prozent alles dessen, was seit 1850 geschrieben und gedruckt wurde, steht auf solchem sauren Papier. In den wissenschaftlichen Bibliotheken Deutschlands stammen 70 bis 90 Prozent des Bestandes aus der Zeit des sauren Papiers. Etwa 12 Prozent davon (24 Millionen Bände) sind schon heute unbenutzbar, 30 Prozent so vergilbt und bröselig, dass ihr Exitus bevorsteht, und 50 Prozent sind mittelfristig bedroht. Die Nationalbibliothek Frankreichs besitzt zwei Millionen Bücher aus den sauersten Jahren 1875 bis 1960; davon sind 90 000 unwiederbringlich verloren, 580 000 akut und 600 000 mittelfristig gefährdet. Die Library of Congress hat bereits 25 Prozent ihrer Druckwerke jeder Benutzung entzogen; wenn jemand sie jemals wiedersieht, dann nur auf Mikrofilm.

Bei den Akten sieht es nicht besser aus, wie Stichproben in Baden-Württemberg gezeigt haben: 18 Prozent der Akten und 30 Prozent der Karten sind bereits stark geschädigt, 70 Prozent sind gefährdet. Insgesamt, schätzt man, ruhen in Deutschland etwa 2200 laufende Kilometer Archivgut, unsere ganze amtliche Geschichte, sofern sie nicht schon Bränden, Überflutungen, Raubzügen, Schimmelpilzen oder achtlosem Fotokopieren zum Opfer gefallen ist. Davon sind 1540 Kilometer bedroht und 352 am Zerfallen.

Was geschieht zur Rettung der geschriebenen und gedruckten Vergangenheit? Auf jeden Fall zu wenig. Obwohl schon seit dem neunzehnten Jahrhundert vereinzelte Warnungen laut wurden, haben Bibliotheken und Archive die Gefahr erst in den letzten zwanzig Jahren in ihrer ganzen Dringlichkeit erkannt, genau in dem Moment, als die große Informationsvermehrung einsetzte und sie immer mehr Mühe hatten, auch nur mit der aktuellen Produktion Schritt zu halten. Mittel und Arbeitszeit, die sie für die Bestandserhaltung aufwenden, gehen den Neuerwerbungen verloren.

So etwa sieht die Rechnung an der größten deutschen Bibliothek aus, der zur Stiftung Preußischer Kulturbesitz gehörenden Staatsbibliothek zu Berlin*. Die Schadensbilanz an ihren etwa sieben Millionen Druckwerken beläuft sich auf 200 bis 300 Millionen Mark. Ihr Erwerbungsetat beträgt jährlich 15,5 Millionen. Davon versucht sie 10 Prozent für Konservierungsmaßnahmen abzuzweigen. Unter der abwegigen Annahme, dass überhaupt keine neuen Schadensfälle mehr dazukämen, wäre bei diesem Tempo der Altbestand in hundertsechzig Jahren gerettet – oder eben nicht mehr, denn bis dahin ist ein großer Teil der zu rettenden Druckwerke längst Staub. »Es wird zu Informationsverlusten kommen«, ist ein Refrain unter Konservatoren und Restauratoren, und man hörte und läse ihn noch viel öfter, wäre er nicht längst zu einem tristen Gemeinplatz geworden, von dem keine besonders alarmierende Wirkung mehr auszugehen scheint.

Welche Techniken gibt es, das Leben der Bücher zu verlängern? Die wichtigste ist die, neue Druckwerke von vornherein auf nichtsaures und holzfreies und damit alterungsbeständiges Papier zu drucken, um wenigstens keine neuen Säureschäden anzurichten. Seit Anfang der Neunzigerjahre liegen die Spezifikationen für solche Papiere fest, und da ihre Produktion inzwischen kaum noch teurer ist als die von saurem Papier, finden sie auch zunehmend Verwendung. Recyclingpapier allerdings ist nicht haltbarer als saures Papier, und wo es zum guten Zweck der Umweltschonung auch für Akten mit Archivwürde benutzt wird, kehrt das Problem in wenigen Jahrzehnten doch zurück.

Die andere wichtige, nämlich ebenfalls für Büchermassen, nicht nur für wertvolle Einzelexemplare in Frage kommende Technik ist die Entsäuerung: die Herauslösung der an der Cellulose zehrenden Säuren und die Einbringung einer »alkalischen Reserve« in das Papier, die einige hundert Jahre lang weiterhin entstehende Säuren neutralisiert. Entsäuert werden Bücher schon lange, aber es geschah von Hand, und sie mussten dazu in ihre einzelnen Blätter zerlegt werden. Seit den Achtzigerjahren wurden mindestens ein Dutzend Verfahren der *Massen*entsäuerung entwickelt und ausprobiert, bei denen die Bücher chargenweise und unzerlegt in einer Art großer Waschmaschinentrommel mit einer alkalischen Chemikalie von ihren Säuren befreit werden. Lange hatten alle so viele Nachteile, dass sich die Vereinigten Staaten noch immer nicht zur Massenentsäuerung durchringen konnten und stattdessen auf die Mikroverfilmung setzen. In Deutschland hat sich die Deutsche Bibliothek in Frankfurt 1994 für ein Verfahren der Firma Battelle entschieden, das ohne FCKWs auskommt und die Bücher besonders schonend behandelt, seit auch noch die Mikrowellentrocknung überflüssig wurde. Die Anlage steht im Keller der Deutschen Bücherei in Leipzig und kann jährlich etwa 200 000 Bücher entsäuern. Die Schweiz hat vor kurzem dasselbe Verfahren gewählt.

Entsäuerung, ob einzeln oder in Massen, hilft aber nur, wo der Säurefraß noch nicht weit fortgeschritten ist. Da die ersten Jahre für die Säurekarriere eines Papiers besonders bedeutsam sind und ein Papier, das hundertfünfzig Jahre gut überstanden hat, auch fünfhundert überstehen wird, wäre es am besten, alle sauren Bücher sofort zu entsäuern, noch bevor sie in die Magazine eingestellt werden.

Die Entsäuerung verspricht den sauren Büchern, Karten und Akten eine wesentlich längere Restlebenszeit, stellt aber kein zerstörtes Zellstoffmolekül wieder her, macht keinen Schaden wieder rückgängig. (Ob sich das Papier in dem Prozess auch festigen lässt, ist noch eine strittige Frage.) 25 Prozent des Bücherbestandes sind jedoch bereits so vergilbt und brüchig, dass die Entsäuerung zu spät käme. Wenn hier noch jemand helfen kann, dann der Restaurator und nicht mehr der Konservator. Jede Restaurierung ist aber wesentlich teurer als die Massenkonservierung und darum von vornherein kostbaren Einzelstücken vorbehalten.

Zur Restaurierung stark geschädigten Papiers gibt es zwei Verfahren.

Das eine ist die Laminierung: Auf beide Seiten eines Blattes wird eine durchsichtige Folie oder ein dünnes Papier aufgebracht; meist nimmt man schlicht Japanpapier und Kleister.

Das andere Verfahren ist die Spaltung. Haare lassen sich nicht spalten, aber Papier lässt sich, erstaunlicherweise. Die Voraussetzung ist, dass die Säuren die Cellulosemoleküle bereits stark verkürzt haben und das ganze Blatt also auf dem Weg ist, zu Mehl zu werden. Nur »gestrichenes« Kunstdruckpapier mit seiner veredelten Oberfläche, das aber auch weniger gefährdet ist, eignet sich nicht für die Spaltung. Man klebe auf beide Seiten eines geschädigten Blattes, zum Beispiel mit Gelatine, ein festes Trägermaterial, zum Beispiel Filterpapier, und ziehe dann die Trägerbahnen vorsichtig und gleichmäßig auseinander: Auf jeder bleibt eine Seite des Blattes samt ihrer Beschriftung haften, das Blatt ist gespalten. Jetzt klebe man beide Seiten passgenau gegeneinander auf ein sehr dünnes, sehr reißfestes, sehr beständiges Kernpapier, löse die Trägerbahnen ab, und fertig – das zerbröselnde gespaltene Blatt ist fest wieder zusammengefügt. Wenn das Blatt in dem Prozess auch entsäuert und mit einem alkalischen Puffer versehen wurde, ist es fit für eine kleine Ewigkeit.

Bis vor kurzem war die Papierspaltung schwierige Handarbeit. Jetzt muss sie es nicht mehr sein. Noch zu DDR-Zeiten entwarfen die Buchrestauratoren Wolfgang Wächter in Leipzig und Günter Müller in Jena gegen den Unglauben und Widerstand ihrer Kollegen eine Maschine, die Papier nicht nur schneller, sondern auch gleichmäßiger und zuverlässiger spaltet als der

Mensch. In der DDR gab es keine Mittel, sie auch zu bauen. Das geschah erst nach der Wende mit Fördermitteln aus dem Bundesforschungsministerium durch die Firma Becker Proservotec. Seit 1998 läuft sie, die einzige auf der Welt, im Leipziger Zentrum für Bucherhaltung (ZFB), einer Ausgründung der Deutschen Bücherei.

Ein Restaurator schafft am Tag fünfundsiebzig bis hundert Blatt, die Spaltmaschine zweitausend, und mit einigen Ergänzungen und Modifikationen könnte sie zehnmal so viel schaffen. Die Handspaltung eines Blattes kostet zwanzig Mark, die maschinelle Spaltung fünf, mit gleichzeitiger Ergänzung und Stabilisierung zehn. Wenn die Berliner Bach-Autografen gerettet werden, dann durch die Spaltmaschine. Ein Verfahren für die Massenrestaurierung ist die Spaltung dennoch nicht. Und viele Restauratoren in den Bibliotheken, die es mit sehr kostbaren Autografen zu tun haben, trauen der Spaltmaschine bisher nicht so recht. Wolfgang Wächter meint, eine Maschine widerspreche wohl ihrem Selbstverständnis als kauzige Kreuzung aus Künstler, Wissenschaftler und Handwerker – alles Antimaschinenmenschen.

Aber auch wenn solche Vorbehalte fielen und die Maschine zehnmal so schnell liefe wie heute: Alle jene Blätter, die zu spalten wären, wenn auch nur die 24 Millionen schwerst geschädigter Bibliotheksbände im letzten Augenblick gerettet werden sollen, wird sie niemals spalten. Das heißt, vieles wird verloren gehen. »Es wird zu Informationsverlusten kommen.«

Aber selbst saures Papier ist noch ein robuster Informationsträger im Vergleich zu den meisten anderen, die danach kamen. Der Einzige, welcher es mit ihm in puncto Langlebigkeit unter bestimmten, sehr viel engeren Voraussetzungen aufnehmen kann, ist die Fotografie. Und genau sie ist es, die wenigstens die Inhalte vieler jener Bücher und Periodika retten wird, die selber verloren sind.

Fotografien, die nicht ausreichend fixiert wurden, bleichen unter

Lichteinwirkung aus: Die schwarzen Silberpartikel, die die Grautöne eines Schwarzweißfotos bilden, oxidieren und zerfallen, der »Grundschleier« des Fotos nimmt zu, bis es nur noch ein einziger heller Schleier ist und kein Bild mehr. Heutigen Bromsilberfotopapieren wird bei fachgerechter Verarbeitung immerhin eine Lebensdauer von fünfzig bis hundert Jahren zugebilligt. Farbfotos sind wesentlich kurzlebiger. Unter Lichteinwirkung verlieren die bei der Entwicklung gebildeten Pigmente rasch an Dichte, die Farben bleichen in verschiedenem Tempo aus, das Bild wird farbstichig und immer unschärfer, schließlich verblasst es ganz. Solche »chromogenen« Fotos und Filme haben im Hellen eine Lebensdauer von nur wenigen Jahren; im Dunkeln sollen sie immerhin bis zu hundert halten.

Die Art der Lagerung ist bei Fotos von großer Wichtigkeit: Eine gleichmäßige Temperatur von minus 18 Grad, 30 Prozent Luftfeuchtigkeit und völliges Dunkel verlängern ihre Lebenspanne angeblich um das Tausendfache. So schlummern größere Mengen von Mikroformen aus deutschen Archiven heute im Schwarzwald, in einem stillgelegten Bergwerk bei Oberried, späteren Generationen entgegen.

Die Mikroverfilmung ist fast so alt wie die Fotografie selbst, und sie ist seit langem das probateste Mittel, wenn schon nicht die Bücher und Akten selbst, so doch ihr Abbild zu konservieren, und das nicht nur wegen der relativen Robustheit der Mikroformen (entweder Mikrofilme oder Mikrofiches). Zum einen ist sie, mit fünfzig Pfennig bis einer Mark pro Seite, relativ kostengünstig; zum anderen beanspruchen Mikrofiches und Mikrofilme nicht viel Magazinplatz. Mikroformen sind im Prinzip so haltbar wie alterungsbeständige Bücher. Auch brauchte jedes Buch, jede Zeitung eigentlich nur einmal mikroverfilmt zu werden, denn wenn einmal ein Masterfilm vorhanden ist, lässt dieser sich unbegrenzt und äußerst billig duplizieren. Um bei der Mikroverfilmung Dubletten zu vermeiden, wird seit 1986 an der Pariser Bibliothèque nationale ein europäisches Register der Mikroformen-Master (EROMM) geführt. Aus der Sicht des Konservators sind Mikroformen also fast das Ideale. Leider nicht aus der Sicht des Lesers. Er braucht ein spezielles Sichtgerät, um sie zu lesen, kann sich dieses nicht aussuchen, muss die gewünschte Seite auf den Fiches und Filmen mühsam lokalisieren, kann sie nicht markieren oder annotieren und sie, wenn überhaupt, dann nur unter Schwierigkeiten kopieren – kurz, der Inhalt des betreffenden Werks ist zwar vollständig bewahrt, und sogar ein Abbild seiner äußeren Gestalt ist erhalten, aber die großen Benutzungsvorteile des analogen Buches sind vollständig dahin, ohne dass dafür die ganz anderen Benutzungsvorteile des digitalen Textzustands eingetauscht wären.

In den Vereinigten Staaten werden in einer nationalen Rettungsaktion zur Zeit drei Millionen nur einmal vorhandener saurer Bücher auf Mikroformen abfotografiert. In der Regel aber werden Bücher und Zeitungen bisher nicht zur Rettung, sondern nur zu Schutz und Schonung auf Film gebannt: vielbenutzte Sachen, die noch viel schneller zerfielen, wenn sie ständig zwischen den kühlen Magazinen und den warmen Lesesälen hin und her wechselten und von Benutzern geknickt und geknittert und auf den Fotokopiergeräten malträtiert würden. Aber auch die brutale Mikroverfilmung hat schon manchem Buch den Rest gegeben: Da die Seite um der Schärfe willen bei der Aufnahme plan liegen muss, wurden manche Einbände, die sich nicht vollständig öffnen ließen, praktisch aufgebrochen; hier und da wurden sogar einfach die Buchrücken abgehackt.

Dass die Mikroverfilmung eine Schutzverfilmung sei, nur dazu bestimmt, das Leben der Originale zu verlängern, ist aber sowieso eine liebe Illusion: Am Ende werden Druckwerke aus der Zeit zwischen 1850 und 1990, wenn überhaupt, dann nur in Gestalt von Mikroformen überleben. Es sei denn ...

Es sei denn, sie werden schlicht nachgedruckt, und zwar auf alterungsbeständigem Papier. Nachdrucke vielbenutzter historischer Standarddrucke sind natürlich nichts Neues. Es gibt Verlage (in

Deutschland vor allem Olms in Hildesheim), die seit Jahrzehnten darauf spezialisiert sind. Olms bemüht sich seit 1999 um Sponsoren für eine »Bibliothek der geretteten Bücher«, die in kleiner Auflage nachgedruckt und ausgewählten Bibliotheken sowie dem Goethe-Institut zur Verfügung gestellt werden sollen.

Selbst an den Bibliotheken hat es sich noch nicht herumgesprochen, dass sich die Erhaltungsoption Nachdruck heute zu ganz anderen Bedingungen als in der Vergangenheit anbietet. Die technischen Voraussetzungen haben sich radikal geändert. Die »Druckvorstufe« wird von der Schwerkraft befreit. Es müssen keine Druckformen, Platten aus Blei oder anderem Metall, mehr hergestellt und auf die Zylinder gewaltiger Druckpressen montiert werden – eine Prozedur, die man nicht um einiger weniger Exemplare willen in Gang bringt. Eine entsprechend vorbereitete digitale Vorlage kann unter Umgehung aller schwerfälligen Maschinerie direkt als Buch ausbelichtet werden. Das heißt, dank digitaler Drucktechnik lassen sich heute viel kleinere Auflagen zu tragbaren Kosten herstellen, sogar ein einziges Exemplar. Hier und da geht man zu Print- und Publishing-on-Demand über: Gedruckt wird nur, was tatsächlich sofort gebraucht wird, nicht auf Vorrat, sodass die Lagerhaltung entfällt – kostspielig nicht nur, weil der Lagerraum Geld kostet und die Lagerhaltung Kapital bindet, sondern weil ein Verlag im Voraus nie genau wissen kann, wie viele Exemplare er wirklich benötigen wird, er hoffnungsvoll und sicherheitshalber meist mehr drucken lässt, als er schließlich braucht, und viel lagerndes bedrucktes Papier eines Tages makuliert werden muss. Die unabdingbare Voraussetzung für jedes Print-on-Demand ist jedoch eine digitale Druckvorlage. Sollen ältere Werke nachgedruckt werden, für die es keine digitalen Satzdateien gibt, so müssen zunächst hochwertige Image-Scans davon hergestellt werden – und das macht den Nachdruck dann doch wieder umso teurer, je kleiner die Auflage ist.

Spiel- und Dokumentarfilmen der besten Qualität, Polyester mit

Silberhalogenidbeschichtung, wird bei rücksichtsvoller Lagerung eine Haltbarkeit von fünfhundert bis tausend Jahren versprochen. Polyester wird aber erst seit einigen Jahrzehnten verwendet. Vorher war das gebräuchliche Filmmaterial Celluloseacetat, das, wie der Name schon verrät, das gleiche eingebaute Säureproblem hat wie Papier – es zerfrisst sich selbst, und zwar rasch, wenn es warm und feucht lagert. Den Zerfall verrät der Essiggeruch, den solche Filme verströmen. Als dieser Materialtyp um 1950 eingeführt wurde, hieß er »Sicherheitsfilm«, denn er war immerhin nicht so eminent brennbar wie der ältere Cellulosenitratfilm (»Nitrofilm«), der sich schon bei 37 Grad selbst entzündet. Archive alter Filme sind darum explosive Gefahrgutlager. Und die Umkopierung eines Spielnitrofilms auf das rettende Polyester kostet zwanzig- bis fünfzigtausend Mark. Der Film hat also schon vorgemacht, was die Rede von den Informationsverlusten, zu denen es kommen wird, praktisch bedeutet: Von den zwischen 1930 und 1950 entstandenen Filmen haben sich bereits 50 Prozent selbst zerstört (sofern sie nicht auf konventionelle Weise verloren gegangen sind), von den älteren sogar 80 Prozent.
Magnetträger wie Ton- und Videobänder haben ähnliche Probleme wie Filme. Ein verbreiteter Glaube sagt ihnen nach, sie entmagnetisierten sich von allein und müssten sicherheitshalber alle Jahre umkopiert werden. Das ist ein Irrglaube: Eine Demagnetisierung droht ihnen nur in starken Magnetfeldern, zum Beispiel in der Nähe von Trafos. Die Gefahr lauert vielmehr im Trägermaterial und seiner Beschichtung. In früheren Jahrzehnten wurde neben PVC vor allem wie beim Film Celluloseacetat verwendet, das sich bei zu feuchter und zu warmer Lagerung unter Essiggeruch selbst zersetzt; das heutige Polyester dagegen ist stabil. Unter den Bindemitteln, mit denen das magnetisierte Metalloxidpulver auf das Band aufgetragen wird, neigt vor allem das in den Siebziger- und Achtzigerjahren gern verwendete Polyurethan dazu, sich bei zu hoher Luftfeuchtigkeit selbst aufzulösen und den Abtastkopf zu verschmieren. Heutigen Ton- und Video-

und Datenbändern wird immerhin eine Lebensdauer von zehn bis zwanzig Jahren zugebilligt.

Ein Jahr, zehn, zwanzig, gar sagenhafte hundert: In einem Archiv für das Gedächtnis der Menschheit ist das alles nur ein Moment. Bei einer derartigen Instabilität der Informationsträger werden schon unsere Enkel nichts mehr von uns wissen.

Aber sind das nicht alles Sorgen, die letzten, aus der unbequemen vordigitalen Zeit? Löst die Digitalisierung der Information nicht auch auf wundersame Weise und gerade noch rechtzeitig das Problem ihrer Konservierung?

Eben das tut sie bisher nicht. Die Digitalisierung führt zwar zu einer neuen Dimension bei der Erzeugung, Verbreitung, Verwaltung der Information und beim Zugriff auf sie, aber im digitalen Zustand ist Information empfindlicher und flüchtiger als in allen anderen. Genauer gesagt: Da sie sozusagen körperlos ist, ist sie eigentlich so unvergänglich wie die Seele – über alle Zeiten hin ließe sie sich verlustfrei von einem Träger auf den anderen übertragen. Aber wie die Seele ist sie nichts ohne einen Körper, in dem sie sich materialisiert, und teilt genau dessen Lebensdauer. Endet diese, im Fall eines Magnetdatenbandes also nach zwanzig Jahren, so geht sie mit ihm unter – es sei denn, ihr wurde rechtzeitig zur Seelenwanderung in einen neuen, jungen Körper verholfen. So heißt der Vorgang auch: Migration. Digitale Daten müssen migrieren. Prosaischer gesagt: Digitale Daten müssen in relativ kurzen Abständen von einem Träger auf einen neuen umkopiert werden.

Den Königsweg der Langzeitkonservierung gibt es nicht; es werden viele Wege gleichzeitig gegangen werden müssen. Aber Einigkeit besteht unter Experten darüber, dass die Digitalisierung, was immer sonst ihr Nutzen sein mag, jedenfalls keiner dieser Wege ist. Schon analoge Information, die für ihre Wiedergabe auf sehr spezielle Geräte angewiesen ist (ausgefallene Schallplattenformate etwa), ist fragil; digitale Information braucht neben dem Gerät auch noch Software zu ihrer Entschlüsselung und ist

damit doppelt fragil. Je dichter sie gepackt ist, umso anfälliger ist sie. Es soll optoelektronische Bildplatten geben, die sich nur von dem Gerät lesen lassen, das sie auch beschrieben hat, weil kein anderes je genau dieselbe Fehljustierung besitzen wird.
Fragil ist sie auch noch aus anderem Grund. Die Steuerlogik von digitalen Ton- und Bildwiedergabegeräten verfügt über eine Fehlerkorrektur, die eine gewisse Zahl von Lesefehlern verkraftet, etwa fünfzig in zehn Sekunden. Wird diese Fehlerzahl überschritten, so gibt das Medium die Information nicht etwa schlechter wieder her, wie eine verkratzte Schallplatte oder ein vergilbtes Buch, sondern mit einem Schlag gar nicht mehr, oder es fallen zumindest ganze Teile völlig aus. Ein verschmutzter CD-Spieler verzerrt nicht den Klang: Solange er kann, reproduziert er ihn richtig, und überall dort, wo er nicht mehr kann, verfällt er in völlige Stummheit. Bei Programmdaten kann ein einziges unlesbar gewordenes Bit unter Milliarden dazu führen, dass der ganze Bitstrom zu Nonsens wird und nichts mehr läuft.

Nichts einfacher als eine wiederholte Migration? Ein Mausklick? Dass dies ein irriger Optimismus ist, weiß jeder, der plötzlich eine Datei benötigte, die er vor nur ein paar Jahren auf einer flappigen 5¼-Zoll-Diskette deponiert hatte. Zum einen brauchte er ein funktionsfähiges Laufwerk für dieses ausgestorbene Format, zum anderen das Programm, das es ihm erlaubt, die Datei aus der kurz zurückliegenden Urzeit zu lesen. Kurz, die Instabilitäten der digitalen Datenträger hatten bisher noch gar keine Gelegenheit, zum Problem zu werden. Lange vor dem physischen Altern der Speichermedien war immer schon sowohl die Hardware obsolet, derer sie bedurften, als auch die Software, die allein den Zahlenstrom aus Nullen und Einsen richtig zu interpretieren vermochte. Die Produktzyklen in der Informationstechnik betragen drei bis fünf Jahre – dann ist jede Computerausrüstung veraltet. So verbietet die rasche Obsoleszenz der Geräte und der sie steuernden Programme jedes Vertrauen in

Lebensdauer (bei optimaler Lagerung und schonender Benutzung)

Magnetbänder und -platten	10 bis 30 Jahre
Zeitungspapier	10 bis 30 Jahre
Recyclingpapier	10 bis 50 Jahre
CD, Optical Disc	30 bis 100 Jahre
CD-R	wenige bis 200 Jahre
Chromogene Farbfilme	bis 100 Jahre
Saures Papier	20 bis 200 Jahre
Alterungsbeständiges Papier	über 500 Jahre
Silberhalogenid-Film auf Polyestermaterial	über 1000 Jahre
Pergament	über 1000 Jahre

Kostenvergleich für ein Buch von 260 Seiten mit 3000 Zeichen pro Seite

Massenentsäuerung (20 DM pro Kilo): 17 DM	= 0,07 pro Seite
Mikroverfilmung (Masterfilm 120 bis 280 DM): durchschnittliches Beispiel 200 DM	= 0,77 pro Seite
Digitalisierung per Single Key (einfaches manuelles Abschreiben, Fehlerquote bis 10 Prozent): 585 DM	= 2,25 pro Seite
Digitalisierung per Double Key (doppeltes manuelles Abschreiben zum Zwecke des halbautomatischen Vergleichs in Billiglohnländern): 1131 DM	= 4,35 pro Seite
Digitalisierung per Image-Scan (Scannen und Speicherung einer nicht reproduktionsfähigen, aber am Bildschirm lesbaren Image-Datei, schwarzweiß 1 bis 2 DM, Farbe über 5 DM): durchschnittliches Beispiel schwarzweiß 390 DM	= 1,50 pro Seite
Digitalisierung per OCR (Scannen und automatische Konversion in formatierten Text, je nach Schwierigkeit der Vorlage 0,10 bis 15 DM pro Seite): durchschnittliches Beispiel 350 DM	= 1,35 pro Seite
Preservation Reprint (Nachdruck auf alterungsbeständigem Papier nach Image-Scans, ohne Digitalisierungskosten): 175 DM	= 0,68 pro Seite
Maschinenspaltung *2600 DM*	= 10,00 pro Seite
Handspaltung *5200 DM*	= 20,00 pro Seite

eine auch nur mäßige Langlebigkeit der digitalen Information. Ein Ausweg, der ihnen zur Permanenz verhelfen könnte, ist bisher nicht einmal in Sicht. Es werden nur Modelle diskutiert.

Das eine ist das Modell Technikmuseum: Neben den Daten selbst müssten irgendwo auch die Geräte und die Programme aufbewahrt werden, die sie hervorgebracht haben. Es ist illusionär. All der Schrott müsste ja gewartet werden, um ihn lauffähig zu halten. Edisons ursprünglichen Tonzylinderspieler und andere Geräte aus der Frühzeit der analogen Ton- und Bildaufzeichnung könnte ein gewiefter Feinmechaniker notfalls nachbauen. Die elektronischen Geräte mit ihren hochintegrierten Bauteilen aber sind ein für allemal tot, sobald der Nachschub an Originalteilen versiegt.

Das zweite Modell: Emulation, die Nachahmung alter Hard- und Software auf Computern der jeweils aktuellen Generation. Sie setzt voraus, dass ausreichend detaillierte technische Metainformation über die veralteten Systeme aufbewahrt wird, sodass eines Tages die Ausgangslage rekonstruiert werden kann. Aber wie das? Alle Baupläne und Sourcecodes auf Papier mit hoher alkalischer Reserve drucken und in einem Bergwerk lagern? Emulation wird bereits praktiziert und wird es weiterhin werden – aber nur, wo ein sehr großer Datenbestand den sehr großen Aufwand lohnt. Auf die Fanclubs, die einst beliebte ausgestorbene Maschinen am Leben halten, wird sich kein Archivar verlassen wollen.

Modell drei: eben die Migration, das Umkopieren von einem Datenträger auf den anderen. Sie ist zur Zeit die einzige realistische Möglichkeit der Langzeitsicherung. Aber auch sie setzt entweder voraus, dass zusammen mit den Informationen die Programme erhalten bleiben, mit deren Hilfe sie erzeugt wurden und wieder entziffert werden könnten; und dass diese vor den Informationen selbst auf die neueren Maschinen migrieren – oder aber, dass sich maschinenunabhängige Standardformate für Text- und Grafik- und Tondateien und für Datenbanken herausbilden, die die Chance hätten, auch in weiter Zukunft zu überleben. Zur Zeit lässt sich nur sagen, dass reine ASCII-Textdateien ohne allen internen Steuercode vermutlich »immer« lesbar sein werden – das heißt, solange die physischen Datenträger lesbar bleiben, auf denen sie stehen oder auf die sie umkopiert werden. Die ewige Festschreibung solcher Standards scheint bisher den Lebensgesetzen der informationstechnischen Industrie zu widersprechen. Aber es besteht immerhin die Aussicht, dass einige dieser Standards solche Verbreitung finden und solche Mengen an Information regieren, dass kein innovationsversessener Entwickler es sich mehr leisten könnte, den Standard leichthin fallen zu lassen.

Gerade erst hatten Musikhörer die Langspielplatte aus Vinyl als eine Erlösung von der überaus zerbrechlichen Schellackschallplatte erlebt, da wurde sie auch schon durch die optoelektronische Compact Disc ersetzt – ein unwiderstehlicher und darum auch unaufhaltsamer Fortschritt. Aber in den fünfunddreißig Jahren, die der LP gehört hatten, von 1948 bis 1983, hatte sich ein solcher Thesaurus an Tondokumenten im LP-Format angesammelt, dass die alten Plattenspieler und die Ersatzteile dafür auch zwanzig Jahre später noch zu haben sind. Um seine alten LP-Sammlungen braucht darum noch niemand zu bangen. Die Masse macht es. Für die Single-LP, die 17½-Zentimeter-Platte, die sich nicht annähernd im gleichen Maße durchgesetzt hatte, wäre schon zehn Jahre später nicht mehr leicht ein Abspielgerät zu finden gewesen. Wenn irgendein künftiges Archiv alte Singles wieder zum Tönen bringen will, wäre das jedoch eine Kleinigkeit. Es müsste nur eine kleine mechanische Modifikation an einem funktionstüchtigen LP-Plattenspieler vorgenommen werden, die seine Laufgeschwindigkeit von 33⅓ auf 45 Umdrehungen erhöht. Eine alte 5¼-Zoll-Floppy lässt sich aber mit einem 3½-Laufwerk auf keine Weise mehr lesen – erstens, weil sie gar nicht hineinpasst, zweitens, weil die Steuerlogik des Computers ihre Datenstruktur nicht mehr interpretieren könnte.

Ein Format, das eine große Datenmasse hinter sich versammeln konnte, gewinnt in der nicht zu bremsenden Evolution der Technik eine gewisse Beharrungskraft – und auf die allein kann sich die Hoffnung auf eine längere Lebensdauer stützen. Zumindest lässt sich ein vorsichtiges Vertrauen darein setzen, dass es nicht allzu plötzlich aussterben wird und dass die digitalen Daten darum eine Chance erhalten werden, rechtzeitig in ein anderes, aktuelleres Format zu migrieren.

Als Datenträger hat sich immerhin ein Standard, sogar ein relativ haltbarer, so weit durchgesetzt, dass er zumindest als Zwischenlösung taugen dürfte: die Compact Disc und ihr Abkömmling, die DVD. Eine CD besteht aus einer Scheibe hartem, glasklarem, dauerhaftem Polycarbonat, in die oben eine von innen nach außen laufende Spiralspur von mikroskopischen Vertiefungen (Pits) eingeprägt ist, die die digitale Information in binärer Form (Pit oder Nichtpit) enthält und von einem Laserstrahl ausgelesen wird. Damit er das kann, muss die Scheibe ihn reflektieren; und damit sie reflektiert, wird oben eine spiegelnde Metallschicht aufgesprüht, die wiederum mit einer Schutzschicht aus Acryllack gesichert wird. Gelesen wird die Scheibe von unten. In den ersten Jahren der CD wurde als Spiegelschicht Aluminium verwendet. Dieses wurde durch Oxidation so rasch stumpf, dass man der CD zunächst eine Haltbarkeit von höchstens fünf Jahren gab. Beschleunigt wurde die Oxidation in der Anfangszeit noch durch die für die Beschriftung verwendeten Tinten, die sich durch den Acryllack zum Aluminium durchfraßen. Aber diese Kinderkrankheiten sind behoben. Heute werden meist Chrom-Aluminium-Legierungen verwendet, die sehr viel langsamer oxidieren, sodass der CD inzwischen eine Lebensdauer von fünfzig bis achtzig, vielleicht sogar hundert Jahren zugetraut wird. (Eine hochwertige CD erkennt man daran, dass sie, gegen eine starke Lichtquelle gehalten, nur wenig Licht durchlässt.) Die echtgoldenen und damit gegen das Rosten gefeiten CD-Rs zum Selberbrennen dürfen sogar mit 200 Jahren rechnen; die billigeren silberblauen, die sie abgelöst haben, sind empfindlich gegen UV-Licht und halten wahrscheinlich nur einige Jahre.

So unempfindlich, wie sie zunächst schien, als sie die höchst verkratzbare und verschleißbare Langspielplatte ablöste, ist die optoelektronische CD, bei der kein harter Abtaststift mehr sich an weichem Plastikmaterial reibt, natürlich nicht. Kratzer oder Schmierflecke auf der freien Unterseite können dem Laserstrahl im Weg sein. Bei Ton- oder Bilddaten werden Lesefehler in einem gewissen Umfang automatisch korrigiert – das Lesegerät interpoliert, man könnte sagen: Es rät, was an der unlesbaren Stelle gestanden haben könnte. Bei Programmdaten lässt sich nichts raten und interpolieren. Ein verlesenes Byte kann eine Programmdatei oder die ganze CD unlesbar machen. Eben schien noch alles da zu sein, und nun ist alles weg ... Manchmal hilft es, die Unterseite sehr behutsam zu säubern.

Wie die verwendeten Plastikstoffe einzeln und im Verbund aber tatsächlich altern werden, weiß kein Mensch. Voraussagen gründen sich in der Regel auf Alterungsexperimente. Diese simulieren das Vergehen der Zeit, indem sie einige der zu erwartenden Strapazen zeitlich raffen – also etwa die Medien häufigen starken Temperaturwechseln oder hoher Luftfeuchtigkeit oder ständigem Gebrauch aussetzen. Es ist durchaus sinnvoll, mit diesen Stressoren zu rechnen; aber ob in der Echtzeit nicht noch ganz andere auftreten, lässt sich kaum absehen. Alterungsexperimente erlauben darum Wahrscheinlichkeitsprognosen. Die Gewissheiten, die Archivare gerne hätten, bringen sie nicht.

Wenn schon zweifelhaft ist, wie sich einzelne genau identifizierte »Datenobjekte« langfristig bewahren lassen – was ist dann mit dem Internet selbst, seiner ganzen brodelnden Datenmasse, die wächst und wächst und keine fünf Minuten stillhält? Die durchschnittliche Lebensdauer einer Webseite beträgt vierundvierzig Tage, und die meistgefürchtete Meldung bei der Suche im World Wide Web ist die Meldung HTTP 404: »Die Seite wurde nicht gefunden«. Es gab sie einmal und gibt sie nicht mehr. Als das

Internet Archive[1], eine von dem Suchmaschinenexperten Brewster Kahle begründete nichtkommerzielle Organisation in San Francisco, die Frühgeschichte des Web zu rekonstruieren versuchte, die Jahre 1993 bis 1995, war fast nichts davon mehr vorhanden, bis auf eine Hand voll Seiten, die durch Zufall auf irgendeinem Server vergessen worden waren. Seit 1996 sammelt und speichert dieses *Internet Archive* öffentlich zugängliche Web-Sites und Usenet Groups (Diskussionsforen), in Zusammenwirkung mit dem inzwischen zu Amazon.com gehörenden Internetsuchdienst Alexa, der alle paar Monate einen Agenten vorbeischickt und eine Momentaufnahme von ihnen machen lässt. Anfang 2000 hatte das *Internet Archive* eine Größe von 20 TeraByte erreicht, 20 Millionen Megabyte. Angestrebt sind 100 TByte, die der wissenschaftlichen Forschung von Fall zu Fall zugänglich gemacht werden sollen. So unvorstellbar viel ist es gar nicht – 20 TByte entsprechen 20 Billionen Schriftzeichen, so viele, wie in etwa vier Millionen nicht sehr dicke Bücher passen. Aber es hat ja auch gerade erst angefangen, und wie viel auch immer es werden mag – niemand wird sich darauf verlassen können, dort etwas Bestimmtes je wiederzufinden. Etwas größer ist die Aussicht bei dem derzeit einzigen anderen konkreten Projekt der Langzeitarchivierung von Web-Inhalten, aber das Sammelziel ist auch bescheidener und umgrenzter: Seit 1997 archiviert die australische Nationalbibliothek in ihrem *Pandora Project*[2] Online-Veröffentlichungen – nicht alle, sondern nur australische, und nicht alle australischen, sondern von Hand ausgewählte, und nicht automatisch, sondern so, wie jede Bibliothek schon immer gedruckte Publikationen archiviert hat, gleichzeitig auf Erhaltung und auf Erschließung bedacht.

Und der Rest? Verloren. Auch wer nur einen kleinen, mit Sicherheit archivwürdigen Kern der ganzen digitalen Herrlichkeit für

1 www.archive.org
2 http://pandora.nla.gov.au/pandora/bpm.html

künftige Generationen erhalten wollte, kann nicht verkennen, dass alle ihre Verkörperungen Verfallsdaten in sich tragen und dass von diesen viele nahe sind. Das Gedächtnis der Menschheit wird so löchrig sein wie ein Alzheimergehirn.

Spezieller Teil

WWW – Fakten und Zahlen

Das World Wide Web wurde Anfang der Neunzigerjahre von einer Arbeitsgruppe um Tim Berners-Lee am Kernforschungszentrum CERN in Lausanne entwickelt, um Hypertext und Hypermedien durchs Internet schleusen zu können, und 1993 als einer von dessen Standards festgelegt. Dieser Standard besteht vor allem in einer Beschreibungssprache für WWW-Dateien (HTML) und einem Übertragungsprotokoll (HTTP). Die erste sinnvolle Software, HTML-Seiten auf den Computern ihrer Empfänger darzustellen, der erste Web-Browser also, war das 1993 von Marc Andreessen (nachmals einer der Gründer von Netscape) geschriebene *Mosaic*. Seit 1994 wird das WWW von einer nichtkommerziellen internationalen Arbeitsgemeinschaft verwaltet, dem World Wide Web Consortium, das die in ihm geltenden Standards festsetzt. Im Internet, das niemandem gehört, heißen Standards bescheiden RFC, Request for Comments, »Bitte um Kommentare«, und werden von der IETF ausgearbeitet, der Internet Engineering Task Force, der technischen Abteilung des World Wide Web Consortium. So wird erstens deutlich, dass es sich um bloße Vorschläge handelt, an die sich niemand halten muss, und zweitens, dass sie offen sind und jederzeit von besseren abgelöst werden können.
Dass das Internet niemandem gehört, dass es keine Direktion und keine Zentrale hat, ist sein wichtigstes Geburtsmerkmal. Als das amerikanische Verteidigungsministerium 1969 seinen Vorläufer Arpanet einrichten ließ, ging es darum, ein militärisches

Kommunikationsmedium für den Fall zu schaffen, dass ein feindlicher Atomschlag diese oder jene Kommandozentrale ausschalten sollte. Darum keine bloßen Nachrichtenleitungen von Punkt zu Punkt, sondern ein Netz, eines, in dem jeder Computer ein »Knoten« ist, der von vielen anderen aus erreicht werden kann, und in dem sich die Datenpakete selber einen Weg über die noch intakten Leitungen zu den noch intakten Knoten suchen.

Im Frühjahr 2000 hatten 130 Millionen Menschen zu Hause Zugang zum Internet und 32 Millionen an ihrem Arbeitsplatz, 46 Prozent davon in den USA und Kanada. Von diesen 162 Millionen haben sich 90 Millionen tatsächlich eingeloggt, und zwar von zu Hause aus durchschnittlich sechsmal wöchentlich für eine halbe Stunde; für jede Web-Seite hatten sie dabei 56 Sekunden übrig (Nielsen//NetRatings). 2001 soll die Zahl auf 700 Millionen steigen (laut UNDP).

Die Zahl der Web-Sites hat sich seit 1993 explosiv vermehrt und wird sich weiter vermehren: Im Juni 1993 waren es 130, im Dezember 1993 623, 1994 10022, 1995 100000, 1996 230000 (MIT) und Anfang 2000 13,2 Millionen, davon knapp 900000 in Deutschland (NetNames).

Am genauesten lässt sich das Wachstum des Internet an der Zahl der registrierten Host-Computer – die nicht nur, aber immer öfter WWW-Hosts waren und sind – ablesen. 1990 waren es 0,3 Millionen, 1991 0,5, 1992 1, 1993 1,8, 1994 3,2, 1995 6,6, 1996 12,8, 1997 19,5, 1998 36,7 und 1999 52,2 Millionen (ISC). Die Zahl der Webseiten soll sich alle halbe Jahre verdoppeln; Anfang 2000 soll es zwischen 500 und 800 Millionen gegeben haben (Internet Archive) – nachgezählt hat niemand.

80 Prozent der Web-Sites sind in englischer Sprache (UNDP), aber nur für eine knappe Hälfte der Web-Nutzer ist Englisch die Muttersprache. Von den 46 Prozent, die im Internet in anderen Sprachen miteinander verkehren, tun es 7,1 Prozent auf Japanisch, 6,2 Prozent auf Spanisch, 5,4 Prozent auf Chinesisch, 5 Prozent auf Deutsch (Global Reach). Für sie und die

anderen Nichtanglisten muss das Internet multilingual gemacht werden.
eMail, die bereits 1971 eingeführt wurde und von der auch heute nur ein kleiner Teil durchs WWW fließt, hat sich gleichwohl zeitgleich mit dem WWW als Massenkommunikationsmedium durchgesetzt. Etwa 97 Prozent der Internetnutzer machen von eMail Gebrauch, und 84 Prozent von ihnen sagen, dass sie ohne eMail nicht mehr auskommen könnten (Yahoo!). Angeblich gab es Anfang 2000 263 Millionen eMail-Adressen (CyberAtlas) und werden täglich acht Milliarden eMails verschickt, ein großer Teil – etwa ein Drittel – unverlangte Werbung, Spam-Mail.
Diese und viele, viele andere Internetstatistiken, glaubhafte und unglaubhafte, lassen sich über eine Linkliste der Firma Internet.com finden[1].

1 www.webreference.com/internet/statistiscs.htm

Die Adresse im Web

Damit sie von irgendwoher angesteuert werden kann, braucht jede Webseite eine eindeutige Adresse. Sie ist es, die der Computerbenutzer oben in das Adressenfeld des Browsers eingibt, wenn er eine neue Seite aufschlagen will. Der offizielle Name einer Internetadresse ist URL, Uniform Resource Locator.

Das Adressensystem im Internet geht auf Jon Postel (1943–1998) zurück, einen Informatikprofessor an der Universität von Südkalifornien, der die bis 1998 von der amerikanischen Regierung getragene IANA (Internet Assigned Numbers Authority) aufbaute und leitete. Seit 1999 wird die Aufgabe von einer nichtkommerziellen internationalen Organisation wahrgenommen, der ICANN (Internet Corporation for Assigned Names and Numbers).

Wie ein URL im World Wide Web (WWW) auszusehen hat, ist genauestens geregelt. Er darf nur aus den Kleinbuchstaben und Zahlen des 7-Bit-ASCII-Satzes bestehen, dazu dem Bindestrich, dem Schrägstrich und dem Punkt. Jeder URL beginnt mit der Bezeichnung des Datenübertragungsprotokolls, das benutzt werden soll. Im WWW ist es immer das Hypertext Transfer Protocol **HTTP**. Jede Web-Adresse beginnt folglich mit <http://>. Es ist so selbstverständlich, dass die meisten Web-Browser nicht mehr auf seiner Eingabe bestehen. Es gibt mindestens elf andere Übertragungsprotokolle im Internet. Viele Web-Browser unterstützen außer HTTP auch noch **FTP** (File Transfer Protocol), **Gopher** und bedingt **Telnet**. Eine Internetadresse außerhalb des WWW beginnt mit dem entsprechenden Übertragungsprotokoll, also zum Beispiel <telnet://>. Bis zur Geburt des WWW im Jahre 1993 regierte bei der Textübermittlung das 1971 festgelegte FTP. Es ließ die Übermittlung von schlichten, unformatierten Textdateien und »binären« (das heißt in einen Strom von Nullen und Einsen verwandelten) Programmdateien zu, aber nicht die Übermittlung von komplex strukturierten Dokumenten mit verknüpften multimedialen Elementen. Darum musste es im Web ausgemustert werden. Bei großen Mengen schlichten Textes ist FTP aber bis heute die schnellere und rationellere Übertragungsmethode.

Der zweite Teil der Web-Adresse bezeichnet die sogenannte **Domäne**: nämlich den Namen des angesprochenen Servers oder Hosts. Die Bezeichnungen »Server« und »Host« werden oft als Synonyme gebraucht, und in gewisser Hinsicht bedeuten sie auch das gleiche: ein in ein Netz eingebundenes Computersystem, das anderen Computern – die Clients heißen – etwas zur Verfügung stellt. Aber Server meint eher das physische Gerät, Host die Entität, die im Internet auftritt. Auf mindestens zwei Servern muss jeder Host antreten. Hinter mancher Domäne verbirgt sich nicht *ein* Server, sondern stehen Hunderte oder Tausende – ein Netz im Netz. Eigentlich ist das Internet gar kein ebenmaschiges Netz, sondern ein Verbund unterschiedlichster lokaler Netzwerke (LANs). Die professionellen »Hostmaster« oder »Hoster« leben davon, auf ihren Servern den Platz – in diesem Fall Speicher- und Rechenkapazität – gewerbsmäßig zu vermieten, entweder unter ihrem eigenen Domänennamen oder dem ihres Kunden.

Jeder Server im Netz identifiziert sich durch eine aus vier Zahlen bestehende Nummer. Sie darf auf der ganzen Welt nur einmal vorkommen und muss dem Internet-Protokoll (IP) entsprechen; es ist seine **IP-Nummer**. Sie wird von der ICANN vergeben und verwaltet.

Normalerweise jedoch bekommt der Web-Surfer die IP-Nummern der angesprochenen Server, die so unattraktiv sind wie Telefonnummern, nie zu sehen; manche Porno-Server allerdings verraten sich durch nichts anderes als diese Nummer. Was der Web-Surfer sieht und eingibt, ist der einprägsamere Domänenname, den die meisten Hosts im WWW zusätzlich zur IP-Nummer ihrer Server tragen. Er wird ebenfalls vom ICANN verwaltet und von etwa hundert bei der ICANN akkreditierten Registraren vergeben; der führende Registrar ist die Firma Network Solutions, Inc. (NSI) in Herndon, Virginia. Bei der Eingabe eines Domänennamens fordert der Computer zunächst von einem Server des **DNS** (Domain Name Service) die zu dem Domänennamen gehörige IP-Nummer an; unter dieser nimmt der Client dann Kontakt mit dem Server auf. Ein Beispiel: Der Hoffmann und Campe Verlag gehört zum Jahreszeiten-Verlag, und der führt den Domänennamen <ganske.de>. Die Domäne <ganske.de> steht auf einem Server des Hamburger Hosters POP, und der hat die IP-Nummer 195.222.210.76. Wer die Homepage von Hoffmann und Campe sucht, gibt also die Adresse <http://www.ganske.de> ein, diese wird an einen DNS-Server geschickt, und der verbindet mit der IP-Nummer von POP Hamburg. Jeder Domänenname besteht aus mindestens zwei Teilen. Der hintere Teil bezeichnet die Top Level Domain, die Oberdomäne, von denen jede ihre eigenen Verwalter hat. International benutzte Oberdomänen, denen jeder beitreten kann, sind <.org> für gemeinnützige Institutionen, <.net> für Hosts, die etwas mit dem Internet zu tun haben, und <.com> für *commercial*, »gewerblich«, also für Firmen. Auf die Vereinigten Staaten beschränkt sind die Oberdomänen <.mil> (Militär), <.gov> (Regierung) und <.edu> (Bildungswesen); Letztere wird nur von Network Solutions vergeben. Die Oberdomänen anderer Länder identifizieren sich durch den aus zwei Buchstaben bestehenden Normcode für ihr Land, etwa <.de> für Deutschland oder <.uk> für United Kingdom. Die Domäne <.com> (gesprochen »dottkomm«) ist inzwischen zur größten und geradezu zu einer magischen Werbebotschaft geworden. Alle, die Geschäfte machen, wollen sich damit brüsten können, und die Nationaldomäne <.us>, die für amerikanische Firmen genauso gut in Frage käme, kümmert dahin.

Vor dem *dot* steht der Second-Level-Name, der eigentliche Name des Hosts. Er kann, aber muss nicht mehrteilig sein. Ist er mehrteilig, so wird er von hinten nach vorn immer spezifischer. Hinten steht der Hauptname des Hosts, davor können beliebige Unternamen stehen. Ein sehr häufiger Untername ist **<www>**. Er bedeutet: der WWW-Server der Domäne Soundso. Dass es manchmal <www2> oder <www3> heißt, besagt nicht etwa, dass das WWW übergelaufen ist und es inzwischen mehrere WWWs gibt, sondern nur, dass die betreffende Domäne mehrere WWW-Server besitzt, die sie durchnummeriert hat. Sie könnte sie aber auch ganz anders nennen. So heißt der WWW-Server, auf dem die Bibliothèque nationale de France ihr eText-Archiv gestellt hat, <gallica> und dessen vollständige Web-Adresse folglich <http://gallica.bnf.fr/>. Während das <http://> bei der Angabe von Web-Adressen weggelassen werden kann, weil es sich von selbst versteht, ist ein eventuelles <www.> Teil des Domänennamens und darum unentbehrlich.

Gibt man nichts als den Domänennamen ein, so erreicht man die Homepage des betreffenden Hosts, die Start- oder Titelseite, von der aus man auf seine weiteren Webseiten gelangt. Weiß man deren genaue Adressen in dem betreffenden Server, so kann man diese auch gleich angeben und gelangt direkt an die Seite. Auf den Domänennamen folgt also der Pfad, der innerhalb der kontaktierten Domäne zu einer bestimmten Datei führt. Die Startseite trägt oft den Namen <index.html>, das heißt »in der Webseitenbeschreibungssprache HTML geschriebene Seite mit dem Verzeichnis der gesamten Domäne«.

Zwar verschweigen oder kaschieren ärgerlicherweise viele Absender von Internet-»Botschaften« mit Absicht oder aus Schlampigkeit ihre Identität, aber jedes aufgerufene Web-Dokument, ob Textdatenbank oder Porno-Pic, zeigt dem Benutzer des

Browsers seine exakte Adresse und in dieser den Namen der Domäne, aus der es kommt; jede eMail verrät in ihrem Kopfteil, aus welcher Domäne sie abgeschickt wurde. Der Absender lässt sich über den Domänennamen oder, wenn dieser fehlt, über die ihn vertretende IP-Nummer sicher identifizieren, mit Namen, Adresse und Telefonnummer. Es lässt sich also immer feststellen, wer hinter einer Aussendung steckt, oder zumindest, wo der Server steht, von dem sie kommt, und wer die Verantwortung für diesen trägt. Besonders leicht macht einem die Ermittlung der führende Registrar, die Firma NSI, unter dem URL <http://www.networksolutions.com/cgi-bin/whois/whois>.
Diese ganze Adresse bedeutet also: Datenübertragung nach dem HTTP – WWW-Server in der Domäne von Network Solutions, die zur Oberdomäne »Firmen« gehört – in dieser Domäne eine nach dem CGI-Skript abzufragende binäre Datenbank – dort die im Verzeichnis <whois> stehende Seite namens <whois> (»Wer ist ...?«).

Seiten und Sites

Da geht einiges durcheinander, sachlich und sprachlich. »Die *Homepage* merkt sich die Präferenzen des Kunden«, lesen wir, oder: »Ab und an muss sie eine *Website* lesen«, »Er schickt den Schnappschuss auf seine *Webseite*«, »Sie klickt sich nur noch von einer *Webpage* zur nächsten«, »Ich konnte die *Webside* nicht finden«. *Homepage, Website, Webseite, Webside* – das richtige Wort an die richtige Stelle lässt sich nur setzen, wenn man weiß, was hier eigentlich was ist.

In der Tat landet man bei jeder Suche im Web auf einer *Page*, und das Wort lässt sich völlig zufriedenstellend mit *Seite* übersetzen. Eine solche *Page* oder *Seite* ist jedoch nicht, was man sich darunter vorstellen möchte: eine Bildschirmfüllung. *Seite* nennt man im Web, was anderswo in der Computerwelt *Datei* oder, falls Text im Spiel ist, *Dokument* heißt. Eine *Webseite* ist jedoch ein ganz spezielles Dokument, nämlich eines, dessen Aufbau in der Seitenbeschreibungssprache HTML und ihren Nachfolgerinnen festgelegt ist.

Was man sich in seinen Browser lädt, ist jeweils ein vollständiges HTML-Dokument, eine *Seite* oder *Webseite* also. Sie kann Text, Tabellen, Grafiken, grafische Animationen, Ton- und Video-Clips enthalten. Eine bestimmte Länge hat sie nicht. Aus rein praktischen Gründen orientiert sich ihr Umfang sehr oft am Fassungsvermögen des Monitors; aber sie kann auch viel kürzer als eine Bildschirmfüllung sein oder viele Bildschirme lang. Anders als in einem Buch ist im Web eine Seite also nicht unbedingt das, was man mit einem Blick erfassen kann. Leider lässt sich in Webseiten auch nicht blättern wie in einem Buch. Am Bildschirm bewegt man sich mühsamer im Text vorwärts: durch *Scrollen* (ein englisches Kunstwort aus *screen* – Bildschirm – und *rollen*) – ergonomisch ein Rückfall in die Zeit der Papyrusrolle. Erst die kommenden eBook-Lesegeräte werden eine Art Blättern erlauben.

Oft sind thematisch zusammengehörige *Seiten* einer Quelle miteinander zu einem Web im Web verlinkt und unter einer Hauptadresse zu erreichen. Zusammen bildet ein solches Großgebilde von *Seiten* einen *Site*, und damit ist im Deutschen die Verwirrung angerichtet. In normaler deutscher Aussprache klingt das Wort zwar ungefähr wie *Seite*, aber es bedeutet etwas ganz anderes, nämlich »Stelle«, »Lage«, »Platz«. Mit *Seite* ist es schlicht falsch übersetzt. Wenn man beide mit *Seite* übersetzt, *Page* und *Site*, werden sie zwangsläufig verwechselt. Diese Verwechslung geschieht allenthalben, und sie verrät sich schon dadurch, dass jedermann *die Site* sagt. Warum *die*? Natürlich in Analogie zu *die Seite*. Um deutlich zu machen, dass *Site* etwas anderes ist als *Seite*, müsste das Wort wie im Englischen ein Neutrum sein, *das Site*; oder das grammatische Geschlecht könnte sich an dem Ursprungswort von *site* orientieren, dem lateinischen *situs*, das ein Maskulinum ist: *der Site*. Jedenfalls ist es schade um den semantischen Unterschied, der in diesem Fall der Aussprache zum Opfer fällt.

Wenn man die Adresse eines *Site* eingegeben hat, landet man gewöhnlich auf dessen Eingangs- oder Titelseite, einer Art Empfangslobby, wo der Besucher begrüßt wird und (sofern es nicht von Werbungs-*Bannern* zugestellt ist) auch ein Inhaltsverzeichnis vorfindet, dessen Links ihn zu den Unter- und Unterunterseiten des *Site* weiterweisen. Das ist die berühmte *Homepage*, manchmal durchaus treffend mit *Startseite* oder auch *Leitseite* übersetzt. Wer als Privatperson im Web präsent sein möchte, legt sich eine *Homepage* an. Ob eine *Homepage* mit ein paar Unterseiten den großspurigen Titel *Site* verdient, ist Geschmackssache.

Man liest normalerweise keinen *Website*, auch keinen weiblichen, sondern die eine oder andere einzelne *(Web-)Seite*; man »besucht« aber meist einen *Site* und nicht eine einzelne *Seite*. Eine Hochschule oder ein Konzern hat keine *Webseite*, sondern einen *Website* – ein einziges HTML-Dokument wäre ein Armutszeugnis. Eine *Homepage* kann sich so wenig etwas merken wie eine Eingangshalle. Und eine *Webside* gibt es nicht.

Digital? Elektronisch? Binär? Virtuell? Cyber?

Was ein Berliner Verlag auf CD-ROM herausbringt, nennt sich »*Digitale* Bibliothek«. In verschiedenen Verlagen wird an *»eBooks«* gearbeitet, *elektronischen* Büchern. Im World Wide Web gibt es verschiedene Sites, die sich »*virtuelle* Bibliothek« nennen. Und die Teilnehmer des *elektronischen* Postdienstes, der *eMail*, schicken sich gelegentlich *binäre* Dateien zu. Alles das ereignet sich im *Cyberspace. Digital, elektronisch, binär, virtuell, cyber* – alles eins? Keineswegs.

Das Zauberwort *digital*, das dem ganzen Zeitalter seinen Namen geben mag, bedeutet in der Medizin »mit dem Finger« und in der Datenverarbeitung »in Ziffern«. Der Zusammenhang ist klar. Der lateinische *digitus* ist ein »Finger«, und *numerare per digitos* bedeutet »an den Fingern abzählen«. Im Englischen ist ein *digit* eine der zehn Ziffern 0 bis 9, jener also, die man an den Fingern abzählen kann. *Digitalisieren* heißt genau genommen so viel wie »verziffern«, »in Ziffern verwandeln«; das französische Wort verrät am deutlichsten, worum es geht: *numériser*, »vernummern«. Die Digitalisierung ist die Erzeugung eines elektronischen Abbilds, das in viele, jeweils in einer (ganzen) Zahl ausgedrückte Einzelteile zerlegt ist. Gleitende Übergänge zwischen den Werten gibt es nicht, jeder Wert steht einzeln (»diskret«) neben dem nächsten. Bei digitalem Text ist jedes Schriftzeichen durch eine Zahl wiedergegeben, bei digitaler Grafik jeder Bildpunkt (Pixel) – sein Schwarzweißwert, sein Grauwert, seine Farbwerte –, bei digitaler Musik wird 44 100-mal in der Sekunde eine Momentaufnahme der Tonkurve gemacht (die Sampling-Rate für einen glaubhaft vollen und kontinuierlichen Höreindruck), die mit einem Zahlenwert belegt wird. Je höher die Auflösung der Bilder oder die Sampling-Rate bei Klängen, desto weniger erkennt das menschliche Auge oder Ohr, dass sich das visuelle oder akustische Abbild aus diskreten Werten zusammensetzt.

Das Gegenteil von digital ist *analog*. Analog ist die Abbildung von Werten mit gleitenden Zwischenwerten durch physikalische Prozesse, die ebenfalls gleitende Zwischenwerte annehmen können, zum Beispiel die Reproduktion von Musik, wenn ein Abtaststift durch die Wellen einer Tonspur geführt und das stufenlose Bewegungssignal in ein ebenso stufenloses elektrisches Signal übersetzt wird. Zwar gibt es auch analog arbeitende Computer, aber im allgemeinen sind heutige Computer digital, sodass *digital* geradezu zu einem Synonym von »computergerecht« geworden ist. (Der in der schöngeistigen Ecke zuweilen erhobene Vorwurf, die Digitalisierung sei gleichbedeutend mit einer Quantifizierung der ganzen Welt oder leiste zumindest dem quantifizierenden Denken Vorschub, ist dennoch falsch. Die Verzifferung ist eine computerinterne Anlegenheit. Der Benutzer muss sich wohl der strengen Computerlogik anbequemen, wenn er nicht von einem Misserfolgserlebnis zum nächsten stolpern will, aber die Verzifferung spielt sich im Hintergrund ab, und er merkt gar nichts von ihr. Ein Teil des ganzen computertechnischen Aufwands dient just dazu, den Umstand, dass er es mit einer Rechenmaschine zu tun hat, vor ihm gründlich zu verbergen.)

Die *Elektronik* ist jenes Feld der Technik, wo elektronische Schaltungen zur Erzeugung, Verstärkung, Übermittlung oder Speicherung von elektrischen Signalen eingesetzt werden. Diese Signale können analog sein (wie im Dampfradio) oder digital (wie im digitalen Fernsehen). Die analoge wie die digitale Abbildung sind im Prinzip auch ohne Elektronik denkbar. Die ersten digitalen Rechenmaschinen, Pascals Addiermaschine, Babbages Analytische Maschine, funktionierten rein mechanisch und Edisons analoger Phonograph ebenfalls.

Binär ist eine völlig andere Kategorie. Der Begriff bedeutet »aus zwei Einheiten (und nicht mehr) bestehend«. Den Zeitablauf in Tag und Nacht einzuteilen, ist, wenn man so will, eine binäre Form der Weltbetrachtung. In der Datenverarbeitung verweist *binär* auf das verwendete Zahlensystem. Unser normales ist das Dezimalsystem. Es beruht auf zehn Ziffern, 0 bis 9; nach der zehnten (der 9) wird eine neue Stelle eröffnet. Computer arbeiten mit dem Binär- oder Dualsystem. Es muss mit nur zwei Ziffern auskommen, 0 und 1. Zwei ist also binär 10, drei 11, vier 100, fünf 101, sechs 110, sieben 111, acht 1000, und so fort. So unhandlich das Binärsystem für den Menschen ist, so praktisch ist es bei der maschinellen Datenverarbeitung. Schon das 1838, hundert Jahre vor den ersten Computern, von dem amerikanischen Kunstmaler Samuel Morse für seinen elektrischen Telegrafen bestimmte Morsealphabet war ein binärer Code, beruhend auf nur zwei Signalen, »kurz« und »lang«. Ein binärer Code eignet sich für die Signalübertragung darum besonders gut, weil er außerordentlich robust ist. Das Morsealphabet war noch relativ anfällig, weil der Unterschied zwischen »kurz« und »lang« nicht kategorisch genug ist – ein langer Stromimpuls zum Beispiel konnte beim Empfänger leicht als ein kurzer ankommen. Aber wenn der Unterschied der zwischen Vorhandensein und Nichtvorhandensein eines Signals ist, Spannung oder Nichtspannung, Loch oder Nichtloch, Grube oder Nichtgrube, ist die Botschaft so gut wie unzerstörbar, und es kommt beim Schreiben und Lesen der so codierten Daten trotz enormer Geschwindigkeit praktisch zu keinen Fehlern.

Fehler kommen bei der Interpretation der internen Steuerbefehle eines Dokuments vor, wenn zum Beispiel ein Format nicht richtig erkannt wird, aber nie im Wortlaut selbst. Jede Kopie ist der Clone, der identische Zwilling des Originals. Man könnte sich eine CD denken, die die Ziffern der digitalen Daten in einem anderen Zahlensystem darstellt, zum Beispiel im Dezimalsystem. Dann müssten alle ihre Pits, ihre Gruben, zehn verschiedene Tiefen haben. Der Laserstrahl, der eine solche CD ausläse, könnte sich nicht wie bei der binären CD damit begnügen zu registrieren, ob ein Pit vorhanden ist oder nicht, er müsste die Tiefe jedes Pits messen – und würde dabei Fehler über Fehler machen. Eine dezimale CD ließe sich auch gar nicht in Massenproduktion herstellen, da schon den Pressen zu viele Ungenauigkeiten unterlaufen würden.

Der Begriff *virtuell* gehört wiederum zu einer anderen Kategorie. Virtuell heißt »potenziell«, »scheinbar« und in diesen Zusammenhängen »vom Computer simuliert«. Sein Gegenteil ist *real*. Das Unbefriedigende am »realen Sozialismus« war, dass er nur virtuell war. Die *virtuelle* Bibliothek verwahrt *digitale* Medien, verwaltet und transportiert sie *elektronisch*, ist im unsichtbaren Innersten *binär* und hat keine Masse, keine Schwerkraft, keine Ausdehnung, simuliert aber eine echte Bibliothek – der Akzent liegt auf dem Als-ob. Ist es nun auch eine *Cyber*bibliothek? Das Wort *Cyberspace* wurde 1984 von William Gibson in seinem Roman *Neuromancer* geprägt und hat bis heute etwas Romanhaftes. Er suggeriert eine vom Computer geschaffene virtuelle Nebenwelt, die man betreten und in der man mit allen Sinnen ganz aufgehen kann. So weit ist es nicht; der computergenerierte Cyberspace beschränkt sich bisher auf den Versuch, beschallte dreidimensionale Räume einermaßen zutreffend und glaubhaft abzubilden und dem Computerbenutzer die Illusion zu vermitteln, er befinde sich mitten darin. Eine *Cyber*bibliothek bilden die vorhandenen Ansätze zur Großen Virtuellen Bibliothek gewiss nicht.

Digital, elektronisch, binär, virtuell, cyber – die Begriffe entstammen verschiedenen Kategorien und bezeichnen verschiedene und voneinander unabhängige Eigenschaften. Diese kommen in der Praxis aber fast immer gemeinsam vor. Die Information wird in *digitale* Form gebracht (in Ziffern ausgedrückt), um sie in Digital-

computern zu verarbeiten. Computer könnten mit vielen Materialien arbeiten, Wassersäulen zum Beispiel, sind aber gewöhnlich *elektronische* Geräte. Der *digital-elektronische* Computer könnte die Zahlen in beliebigen Zahlensystemen codieren, verwendet aber aus praktischen Gründen das robuste *Binär*system. Mit dieser *digital-elektronisch-binären* Maschine lässt sich *virtuelle* Realität erzeugen – und in dieser entfaltet sich vielleicht der *Cyber*zauber.
Bei keiner Sache und keinem Vorgang wird man je alle ihre Attribute aufzählen wollen. Man nennt nur ihr charakteristischstes, das, welches sie am deutlichsten von ihren Nachbarn und Rivalen abhebt. Es könnte auch *digitale* Mail heißen oder sogar *binäre* Mail, nicht dagegen *virtuelle* Mail, denn die Briefe sind echt, nicht simuliert. Aber die Ersten, die von *eMail* sprachen, wollten eben hervorheben, wodurch sie sich am deutlichsten von der normalen Schneckenpost unterschied: durch die schnelle Elektronik, die da im Spiel war. Ein *digitaler* Text ist fast immer gleichzeitig ein *elektronischer*, und oft heißt er auch so: *eText*, *E*-Book, nämlich dort, wo es mehr auf das Wiedergabegerät ankommt als auf seine innere Beschaffenheit. Wo aber gerade diese betont werden soll und damit das, was ihn am deutlichsten von nichtcomputergeeigneten Texten abhebt, nennt man ihn zu Recht *digital*.

Auf der Suche nach dem Kern von Dublin

Dass der Computer die ganze symbolische Welt, mit der er es zu tun hat, tief in seinem Innern in Zahlen auflöst und diese durch logische Gatter schleust, muss den Benutzer nicht weiter interessieren, es muss ihm nicht einmal bewusst sein. Aber auf gewisse Konsequenzen dieses Sachverhalts muss er bei seinem Umgang mit ihm Rücksicht nehmen. Die allgemeinste und wichtigste ist die, dass der Computer nichts tun kann, wenn es ihm nicht erstens ausdrücklich und zweitens eindeutig aufgetragen wird. Sobald er und seine Produkte mit anderen Computern in Verbindung treten, müssen alle denselben Regeln folgen. Der Computer als soziale Maschine braucht für alles ausdrückliche und eindeutige bindende Konventionen, Normen, Standards.

Ein Mausklick auf einen Link, und schon baut sich vor einem eine Webseite auf. Dass die elektrischen Signale als solche richtig ankommen, setzt die weltweiten Standards der Datenübertragung voraus, von denen der Benutzer nie etwas merkt. Dass aus den übermittelten Bits eine Webseite wird, beruht auf diesen internationalen Standards für die Interpretation der Bitströme.

Wer online in Katalogen recherchiert, begegnet mit Sicherheit dem geheimnisvollen Kürzel Z39.40. Es handelt sich um ein im Jahre 1984 auf Betreiben der Kongressbibliothek von dem Amerikanischen Normeninstitut ANSI festgelegtes Protokoll für den Austausch bibliografischer Daten, das die Prozeduren festlegt, nach denen ein Client (das Computersystem des Benutzers) die Datenbanken eines Servers (das Katalogsystem einer Bibliothek) durchsuchen und Datensätze entgegennehmen und sortieren kann: ein Gateway also, ein spezialisiertes Verbindungsstück. Ohne Z39.40 verliefe die Kommunikation zwischen den verschiedenen Datenbeständen der Bibliotheken der Welt sehr viel stotternder. Inzwischen hat sich das Protokoll Z39.40 auch außerhalb des Datenverkehrs der Bibliotheken als nützlich erwiesen.

Eine Webseite hat Inhalte, die sehr heterogen sein können: Text, Links zu anderen Webseiten, Tabellen, Grafiken, bewegte Applets (in der Programmiersprache JAVA abgefasste kleine Programme), Musik- und Videoclips, Hintergründe. Sie alle muss der Client in seinem Empfangswerkzeug, dem Browser, richtig anordnen und darstellen. Dazu braucht es eine verbindliche Beschreibungs- oder Auszeichnungssprache für solche Seiten. Dies ist bis heute die Hypertext Markup Language HTML. Auch wenn es am Ende eines URL nicht ausdrücklich vermerkt ist, ist ein Web-Dokument in der Regel in HTML abgefasst. Intern und für den Websurfer unsichtbar strotzt es von *tags*, Steuerbefehlen zwischen spitzen Klammern und in reinem ASCII, die angeben, ob etwa ein Stück Text gerade oder kursiv oder fett oder eingerückt oder in Form einer Tabelle angezeigt wird und dass an einer bestimmten Stelle ein Logo oder eine andere Grafik einzusetzen ist. Da HTML den wechselnden Gegebenheiten der Bildschirmanzeige gerecht werden muss, lässt es manche der bei Druckwerken und bei der Textverarbeitung sonst selbstverständlichen Auszeichnungsanweisungen offen. In welcher Schriftart und Schriftgröße der Text angezeigt werden soll, kann sich jeder User in Grenzen selber einstellen; also hat ein Text im Web in der Regel keinen bestimmten Zeilenfall, und wo die Zeile keine feste Länge hat, kann es auch keine Worttrennung am Zeilenende geben. Merkmale, die in der Beschreibungssprache nicht vorgesehen sind, können am Bildschirm auf keine Weise dargestellt werden. Wenn zum Beispiel ein Schriftzug eine im Auszeichnungsrepertoire nicht vorgesehene Gestalt haben soll, wie etwa bei einem Firmenlogo, bleibt nur übrig, ihn als Grafik auf die Seite zu stellen.

HTML selbst ist nicht im leeren Raum entstanden. Es ist eine von vielen möglichen Anwendungen einer allgemeineren, abstrakteren Konvention, die in den Siebzigerjahren entwickelt und 1986 zu einer verbindlichen internationalen Norm für die Darstellung aller Arten von Computerdokumenten gemacht wurde: der Standard Generalized Markup Language SGML (ISO 8879), zu Deutsch »Genormte verallgemeinerte Auszeichnungssprache«.

Es ging darum, die äußeren Formen, die Computerdokumente haben sollen, unabhängig von Plattformen, Geräten und Programmen zu definieren, sodass sie zwischen allen frei ausgetauscht werden können und auch noch Bestand haben, wenn die ganze gegenwärtige Maschinerie obsolet ist. SGML ist eine Art, Dokumente eindeutig, logisch, vollständig und hierarchisch zu strukturieren, sodass der Computer ihre Struktur leicht erkennen (»parsen«) und deren einzelnen Elementen dann die richtigen Darstellungsbefehle zuweisen kann. Der Grundgedanke von SGML ist die Trennung von Inhalt und Struktur. Für jede Sorte von Inhalten wird als erstes eine Dokumentstruktur definiert, eine DTD (Document Type Definition). Das heißt, es wird nach den Regeln von SGML von vornherein ein bestimmtes Strukturschema festgelegt, das beschreibt, welche Elemente ein Dokument dieser Sorte enthalten kann und in welcher Beziehung sie zueinander stehen. Eine DTD für Memoranden beispielsweise könnte festlegen, dass ein Memorandum aus einem Adressaten, einem Absender, einem Datum und einem Textkörper besteht; eine DTD für Telefonbücher oder Baupläne sähe ganz anders aus. Wird bei Druckwerken die Struktur normalerweise ad hoc aus dem jeweiligen Inhalt entwickelt, so ist die SGML-Struktur vorgegeben, und beliebig viele verschiedene Texte und Daten gleichen Typs können in sie einfließen. Eine allgemeine Struktur für Kochrezepte kann auf sämtliche Kochrezepte angewandt werden, die ein Verlag jemals publizieren wird, wenn sie nur von Anfang an komplex genug ausgelegt ist; andererseits kann diese Struktur auf ganz verschiedene Weise konkret ausgezeichnet werden, sodass einzelne Kochbuchsammlungen dann ganz verschieden aussehen können. HTML ist nichts anderes als eine DTD für Webseiten, und XML ist eine andere.

SGML nachträglich auf vorhandene Druckwerke anzuwenden, ist meist gar nicht leicht, denn bei näherer Betrachtung strotzen sie von Irregularitäten, die ad hoc zustande gekommen waren. Bei SGML geht alles von vornherein streng geordnet zu. Es ist ein Korsett, das der Spontaneität bei der Gestaltung eines Dokuments keinen Raum lässt. Aber es bietet einen gewaltigen Vorteil: Ein SGML-konformes Dokument ist durchgehend »parametrisiert«. Zur Darstellung am Bildschirm oder im Druck braucht jedem Element nur noch ein konkreter Wert zugewiesen zu werden (zum Beispiel: alle Zwischentitel gleich Schriftart soundso und Schriftgröße soundso), und es kann sich auf jedem Bildschirm der Welt auf sinnvolle Weise vor seinem Leser aufbauen. Für alle, die etwas veröffentlichen – Verlage, Lektoren, Redakteure – wird künftig die Frage, ob und wie sie ihre Publikationen SGML-konform und damit fit für den elektronischen Vertrieb machen, von zentraler Wichtigkeit sein.

Vor der Etablierung des Web wurden per Datenfernübertragung Texte vor allem als unformatierte reine ASCII-Texte im File Transfer Protocol (FTP) übermittelt. Verglichen mit dem dürren FTP, bot die Websprache HTML geradezu ein Füllhorn von Möglichkeiten der grafischen Auflockerung und Gliederung von Text am Bildschirm. Für die Darstellung komplexer und differenzierter Dokumente reicht HTML aber leider nicht. Es ist zu grobschlächtig, zu umständlich, zu starr, zu eng im Repertoire seiner Möglichkeiten. Viele hoffen auf seine Ablösung. Der Nachfolgekandidat ist die 1997 vorgestellte eXtensible Markup Language XML, auch sie eine Anwendung von SGML. Sie soll dem Web demnächst mehr Flexibilität und Differenziertheit bei der Darstellung von Dokumenten bringen. Viele Browser verstehen sie bereits.

Für die Digitalisierung literarischer, künstlerischer und geisteswissenschaftlicher Dokumente wurde von einer ursprünglich an der Universität Chicago beheimateten internationalen Arbeitsgemeinschaft eine Richtlinie ausgearbeitet, die gute Chancen hat, zum weltweiten Standard zu werden: TEI, die Text Encoding Initiative. TEI beruht ebenfalls auf SGML. Genauer gesagt, es ist eine weitere SGML-gemäße DTD. Sie stellt einen Fundus von etwa hundertfünfzig *tags* bereit, für den Leser unsichtbaren Markierungen, mit denen die einzelnen Elemente eines eTexts ausgezeichnet werden können: Tags für die Titelseite und den Textkörper, für den Verfasser und die Überschriften, für Kapitel und Absätze, für Fuß- und Endnoten, Hervorhebungen, Seitenzahlen, Auslassungen ... Wie alle SGML-konformen Auszeichnungen, auch die von HTML und XML, sind diese Tags Folgen von ASCII-Zeichen in spitzen Klammern, zum Beispiel das Tag <p> für »Absatz«, <q> für »Anführung«, <pb n='75'> für »Fußpagina 75«. Ein so markierter digitaler Text lässt sich an jedem Computer in einer Gestalt wiederherstellen, die dem Original zwar nicht unbedingt grafisch nahe kommt, aber das, was zunächst nichts anderes ist als eine amorphe Buchstabenmasse, in einer Weise typografisch gliedert, die nicht weniger sinnvoll ist als seine Aufgliederung in der gedruckten Vorlage. Auch wenn es Softwarewerkzeuge für die Erzeugung der Tags gibt: TEI macht Arbeit, und das verteuert die Digitalisierung. Darum kommt der meiste eText im Web, der von Fans und Freiwilligen erfasst worden ist, zur Zeit noch ohne TEI daher. Man kann aber schon heute die Verarbeitungsqualität eines digitalen Texts daran erkennen, ob TEI im Spiel ist.

Es ist nicht damit getan, dass eine Webseite einen Aufbau mitbringt. Sie muss sich erst einmal finden lassen. Um sie zu finden, gibt es heute die allgemeinen Suchmaschinen (die weltweit mit Abstand meistbenutzte ist *Yahoo!*) und spezialisierte Suchmaschi-

nen und Metasuchmaschinen wie *Profusion*, die die Ergebnisse mehrerer Suchmaschinen zusammenfassen. Suchmaschinen untersuchen die Startseiten einzelner Web-Domänen und mehr oder weniger viele ihrer Unterseiten darauf, welche Wörter in ihnen vorkommen, und erstellen aus den vorgefundenen Wörtern Indizes; manche lassen auch die Betreiber von Hosts ihre Seiten registrieren. In den Indizes wiederum sucht der Benutzer. Was er dort findet, sind also die Adressen von Webseiten, auf denen seine Suchwörter vorkommen. Ob sie auch tatsächlich von dem handeln, was er sucht, weiß er nicht. Darum bilden die Suchmaschinen nach verschiedenen Kriterien Prioritätenlisten. Wenn das Suchwort auf den betreffenden Seiten häufig vorkommt, ist die Chance, dass es das eigentliche Thema dieser Seiten bildet, relativ groß. Deshalb gewichten viele Suchmaschinen ihre Fundstellen nach der Häufigkeit des Suchworts; aber meist sind auch noch andere Kriterien im Spiel, und vor allem durch die verwendeten Kriterien unterscheiden sich die einzelnen Suchmaschinen voneinander. Schließlich sehen sich die Benutzer selten mehr als die obersten zehn oder zwanzig Adressen näher an (nur ein Drittel lässt sich auch noch den dritten Zehnersatz anzeigen), und wenn es insgesamt Hunderttausende gibt, ist es schon extrem wichtig, welche eine Suchmaschine ganz nach oben rückt. Unter anderem darum scheinen die Suchmaschinen oft ganz verschiedene Ergebnisse zu liefern.
Jeder Websurfer ist dankbar für die Suchmaschinen, ohne die er völlig verloren wäre. Er weiß aber auch, dass die ganze Methode nicht sehr befriedigend ist. Zu der einen Seite, die er sucht, mag er auf diese Weise niemals finden. Das Web ist gewissermaßen eine schon heute unermesslich große Bibliothek von Webseiten. In einer echten Bibliothek würde schließlich niemand darauf verfallen, die Bücher danach zu ordnen, wie häufig bestimmte Wörter in ihnen vorkommen, und niemand würde erwarten, über eine solche Wörterliste je zu einem gesuchten Buch zu finden. Das Ungenügen an den Leistungen der Suchmaschinen

führte Mitte der Neunzigerjahre zu der Idee, jedem der höchst unterschiedlichen Datenobjekte des World Wide Web eine kurze Beschreibung seines Inhalts voranzustellen: wer es geschaffen und veröffentlicht hat und wann, wie sein Titel lautet, zu welchem Sachgebiet es gehört, wo es steht – ihm also eine Reihe von »Metadaten« mit auf den Weg zu geben, eine Art genormte unsichtbare Titelseite, über die der Interessent sicherer als über die Wörterindizes der Suchmaschinen zu den gewünschten Inhalten findet. Auch für solche den Inhalt beschreibende Metadaten muss es natürlich Regeln geben.

Durchgesetzt hat sich zur Jahrtausendwende noch kein Metadatenstandard. Es gibt jedoch zwei ernst zu nehmende Kandidaten. Der eine ist das förmliche, auf die genaue Beschreibung von möglichen Strukturen bedachte RDF (Resource Description Framework), das von der Computerindustrie entwickelt und 1997 vom World Wide Web Consortium offiziell vorgeschlagen wurde. Der andere ist das praxisnahe Dublin Core (DC). Es heißt so nicht, weil es in Irland ersonnen wurde, sondern weil sich das amerikanische Zentralinstitut für die vernetzte Computerbibliothek, das OCLC*, das sich seit 1995 dafür stark macht, in Dublin, Ohio, befindet, wo die erste Skizze angeblich in einer Bar auf eine Serviette gekritzelt wurde. Dublin Core ist kein weiteres ausgefeiltes Katalogkartenformat. Sein Vorteil besteht gerade in seiner umwerfenden Schlichtheit. Genau sie verleiht ihm seine Flexibilität, macht es auch für Datenobjekte geeignet, die mit dem Buch der traditionellen Bibliothek nur noch sehr wenig gemein haben, und versetzt selbst Laien in die Lage, jedem Dokument im Web eine Reihe von beschreibenden Auskünften mit auf den Weg zu geben. Dublin Core verteilt die Inhaltsbeschreibung auf lediglich fünfzehn nicht weiter unterteilte Felder, die ebenso vielen beschreibenden Kategorien entsprechen: Titel, »Schöpfer« (»Autor« wäre zu buchfixiert), publizierende Institution, Thema (Schlüsselwörter), Beschreibung, Standort im Netz, Datentyp (zum Beispiel »Text«), Datenformat (zum Beispiel HTML), Sprache, Datum.

Den Bibliotheken erspart Dublin Core die regelrechte Katalogisierung nicht. Einem etwa an die tausenddreihundert Datenfelder eines Pica-Titelsatzes gewöhnten Bibliothekar lässt es geradezu die Haare zu Berge stehen, vor allem darum, weil ihm jegliche »Ansetzungsregeln« fehlen: Ob der Schriftsteller Herbert Günther im »Schöpfer«-Feld als <H. Günther> oder <Gunther, H.> oder <Guenther Herbert> eingetragen wird, bleibt jedem überlassen. Aber ist es im Web überhaupt so wichtig, ob der Schöpfer eines Tondokuments nun als »Stones, Rolling« oder »Rolling Stones« geführt wird? Die Suchmaschine fände ihn so oder so, wenn nur im Schöpferfeld beide Wörter vorkommen. Noch steht wenigen Webseiten eine DC-Beschreibung voran, noch ist nicht zu erkennen, dass sich die Suchmaschinen überhaupt auf Metadaten einrichten. Aber der Auffindbarkeit zuliebe wird etwas in dieser Richtung geschehen müssen, und zwar bald.

RDF und DC konkurrieren miteinander, aber sie haben voneinander gelernt und sind nicht inkompatibel; eine Gefahr, dass sie das Web in zwei Teile spalten, besteht nicht. Dem Benutzer, der im Web eine »Ressource« sucht oder von einer Suchmaschine suchen lässt, wird es gleich sein können, ob der entsprechende Passus der Webseite Metadaten à la RDF oder à la Dublin Core enthält.

Zwei Metadatensätze

In dem unsichtbaren Header einer Webseite – heute HTML, morgen wahrscheinlich XML – nähme sich eine einfache Beschreibung ihres Inhalts gemäß RDF im Programmiererlatein etwa so aus:

```
<rdf:RDF>
      dc:creator="Susanne Meier"
      dc:title="Mein Tageslauf"
      dc:description:"Susannes Homepage für ihre fernen Freunde"
      dc:date="2000-04-01" />
</rdf:RDF>
```

Und so einfach sieht ein vollständiger Metadatensatz gemäß Dublin Core aus:

Dublin Core Metadata	
Title	GDZ – Göttinger DigitalisierungsZentrum an der SUB Göttingen
Creator	Klaproth, Frank
Publisher	Staats- und Universitätsbibliothek Goettingen
Subject	Digitalisierung; digitization; scannen; Beratung; Service; digitale Bibliothek
Description	Service- und Kompetenzzentrum der Staats- und Universitätsbibliothek Göttingen
Identifier	http://www.SUB.Uni-Goettingen.de/GDZ/
Type	text/plain
Format	text/html
Language	English
Date	1998-08-12

Wie wird Text digitalisiert?

Wörtlich heißt *digitalisieren* »in Ziffern ausdrücken« – gemeint sind Ziffern, die der Computer verarbeiten kann –, und genau das ist es, was beim Digitalisieren geschieht. Welche Methoden stehen zur Wahl?

Digital ist nicht gleich digital. Es gibt schlichte und es gibt aufwendige Methoden der Digitalisierung von Text, und dementsprechend gibt es minderwertige und hochwertige Digitalisate. Je größer der Aufwand, um nicht nur den Text selbst akkurat in den digitalen Aggregatzustand zu überführen, sondern mit ihm zusammen die Selbstverständlichkeiten einer tausendjährigen Buchkultur, umso hochwertiger sind sie. Wir werden uns angewöhnen müssen, die Unterschiede zu erkennen und in Rechnung zu stellen, so wie wir an Dutzenden von Kleinigkeiten auf einen Blick ein ramschiges von einem wertvollen Buch zu unterscheiden wissen.

Die nächstliegende Methode, einen Text zu digitalisieren, also computergerecht zu verziffern, ist das schlichte Eintippen (oder Eintasten, wie es offiziell heißt, wenn es mit mehr als zwei Fingern geschieht), pompös Keyboarding genannt oder Single Key oder manuelle Erfassung: ihn auf dem Computer abzuschreiben und so in ein Compuskript zu verwandeln.

Digitalisieren durch Abtippen ist keineswegs die naive und primitive Methode, als die sie auf den ersten Blick erscheinen mag. Die digitalen Textsammlungen des *Project Gutenberg**, des amerikanischen wie seines deutschen Gegenstücks, sind alle so ent-

standen: Freiwillige haben ihre Nächte damit verbracht, Gedichte und ganze Romane in ihren Computer zu tippen. Auch für die Telefonbuch-CDs, denen nicht die digitalen Daten der Telekom zur Verfügung standen, wurden irgendwo in einem Billiglohnland die gedruckten Telefonbücher abgeschrieben.
Natürlich kommen bei jedem Abschreiben Fehler vor, besonders dann, wenn die Schreibkräfte die betreffende Sprache gar nicht verstehen. Durch Keyboarding digitalisierte Texte sind nur so gut wie das Korrektorat, das sie anschließend durchlaufen. Keine maschinelle Rechtschreibkontrolle (Spelling Checker) kann den menschlichen Korrektor ersetzen. Manuelles Erfassen und gründliches Korrektorat – das ist noch immer die zuverlässigste Methode, Text zu digitalisieren, allerdings auch die teuerste, da sie den meisten »manuellen«, will sagen menschlichen Aufwand erfordert.
Um den Korrekturaufwand einzuschränken, gibt es für anspruchsvolle Textdigitalisierungsjobs das Double-Key-Verfahren. Hinter dem Namen verbirgt sich ein simpler Sachverhalt: Der Text wird von vornherein doppelt erfasst, zweimal abgeschrieben. Dann wird die Dateivergleichsfunktion des Computers auf die beiden Abschriften angesetzt; sie zeigt sämtliche Unterschiede an. Schließlich überprüft ein Korrektor diese Diskrepanzen anhand des Originals. Da die Wahrscheinlichkeit, dass zwei Erfasser genau denselben Fehler machen, relativ gering ist, können die meisten Schreibfehler so aufgespürt werden. Völliger Verlass ist auf das Double-Keying jedoch nicht; es gibt bestimmte Buchstabenverdrehungen, die durchaus mehreren Erfassern unterlaufen können und so bei der Qualitätskontrolle durch die Lappen gehen.
Eine grundsätzlich andere Methode der Digitalisierung ist der Image-Scan: die digitale grafische Abbildung einer Seite. Auch ein Image besteht aus nichts als computergerechten Zahlen. Jede einzelne definiert kein Schriftzeichen, sondern einen Bildpunkt, einen Pixel. Das Image lässt sich am Bildschirm anzeigen und

auf dem Drucker ausgeben. Was man sieht und liest, ist jedoch eigentlich kein Text, sondern eine Grafik. Ein *A* ist nicht der Computerbuchstabe *A*, sondern nur sein Abbild, drei Striche unterschiedlicher Länge und Ausrichtung, ohne Bedeutung. Es gibt Fälle, in denen man nichts anderes will als eine digitale Abbildung, und andere, die einen zwingen, sich mit ihr zufrieden zu geben. Aber da der Text beim Image-Scan nur als grafisches Objekt und nicht im Textmodus des Computers existiert, lässt er sich auch nicht als Text verarbeiten: nicht redigieren, umstellen, löschen, ergänzen (es sei denn durch Bildschirmretuschen), nicht umformatieren und vor allem nicht automatisch nach bestimmten Zeichenfolgen durchsuchen.

Die dritte Methode ist die Konversion: die automatische Umwandlung eines Image in Text. Es geschieht per OCR (Optical Character Recognition, Schriftzeichenerkennung), einem Spezialfall der automatischen Mustererkennung. Aus bestimmten Anordnungen von Bildpunkten schließt der Computer auf das Schriftzeichen, das damit gemeint sein könnte. Heutige Schrifterkennungsprogramme liefern Ergebnisse, die passabel sind und besser, aber nur, solange die Vorlage gut ist: die Schrift gängig und groß, die Buchstaben klar und scharf, nicht gebrochen und nicht miteinander liiert, das Layout nicht zu verschachtelt.

Der Image-Scan erhält das Aussehen des Originals. Bei der Erfassung wie der Konversion gehen die physischen Eigenschaften des Originals vollständig verloren: Der Text wird körperlos, und genau deswegen wird er manipulierbar.

Firmen, die die Digitalisierung professionell betreiben, versprechen bei der Konversion eine Genauigkeit von bis zu 99,95 Prozent. Sie bedeutet, dass unter zehntausend Buchstaben fünf falsch sind, etwa ein Fehler auf einer Seite wie dieser. Mit jedem Problem, das dem Computer die Identifikation der Schriftzeichen erschwert, schnellt die Fehlerquote jedoch empor. Manche Vorlagen sind für die automatische Konversion völlig ungeeignet, bisher zum Beispiel alle Frakturschriften, obwohl erste

OCR-Programme geschrieben wurden, die es mit den leichteren von ihnen aufnehmen. Einmaliges manuelles Erfassen in einem fremdsprachigen Billiglohnland produziert Fehlerquoten von bis zu 10 Prozent – jeder zehnte Buchstabe ist falsch, sechs Fehler pro Zeile, und der nötige Korrekturaufwand macht jeden scheinbaren Vorteil zunichte.

Ist ein Dokument einmal digitalisiert, lässt es sich völlig verlustfrei endlos kopieren. Während sich in analogen Kopien von Generation zu Generation immer mehr Fehler ansammeln, bleibt digitalem Material dieser Zersetzungsprozess erspart. Aber die Übertragung aus dem analogen in den digitalen Zustand geht nicht ohne Verluste ab.

Das gilt sogar für Bildmaterial. Jedes Bild enthält eine bestimmte Menge an Information. Sie lässt sich quantifizieren anhand der Parameter Auflösung und Farbtiefe: Je feiner das Korn und je zahlreicher die Farbabstufungen bei der Digitalisierung, desto mehr Speicherplatz belegt das Image. Dem menschlichen Auge stehen für das gesamte Gesichtsfeld 11 000 × 11 000 neuronale Sensoren zur Verfügung; es hat, wenn man so will, eine Auflösungskraft von 121 Millionen Pixel. Ein normales Farbdia hat etwa 2000 dpi (dots per inch, Bildpunkte, Pixel pro Zoll); bei seinem Format von 24 × 36 Millimeter sind das insgesamt 5,4 Millionen Pixel, nach Computermaßen mithin eine Datenmenge von 5,4 Megabyte. Heutige Digitalkameras sind für eine Datenmenge von 1 oder 2 MB pro Bild gerüstet; nur die allerteuersten bringen es auf 6 MB. Die Digitalkameras auf dem Massenmarkt sind Kleinbildkameras in puncto Auflösung also noch weit unterlegen: Die Bilder auch der besseren enthalten nicht einmal halb so viel Detail. Für die Anzeige am Bildschirm aber ist meist auch die niedrigste Menge völlig ausreichend, denn selbst die Auflösung eines guten 17-Zoll-Bildschirms beträgt nur 1024 × 768 Pixel oder umgerechnet 82 dpi und insgesamt knapp 800 K; für den Versand im Web bestimmte Bilddateien haben meist nur 72 dpi, rechnen also mit einer

Bildschirmauflösung von nur 800 × 600 Pixel. (Damit ist der Monitor dem Fernsehbildschirm immer noch haushoch überlegen, dessen Auflösung nur 320 × 525 gleich 168 K beträgt.) Das heißt, ein postkartengroßes Foto am Computerbildschirm braucht auch nur 0,2 MB (200 K) – feinkörniger könnte es gar nicht dargestellt werden. Bessere Farbtintenstrahldrucker haben eine Auflösung von mindestens 600 dpi; die gleiche Postkarte brauchte für ihren optimalen Ausdruck also über 10 MB. Und professionelle Druckmaschinen können bis zu 2400 dpi wiedergeben. Hier müsste die Datei, die die Bildinformation für die Postkarte enthält, für ein optimales Ergebnis 170 MB groß sein. Dies ist der Grund, warum aus dem Web bezogene Abbildungen in den Kompressionsformaten GIF oder JPEG für den Druck von vornherein viel zu »dünn« sind: Am Bildschirm wirken sie dank seiner Leuchtkraft passabel, im Druck sähen sie erbärmlich aus. Bei der Digitalisierung der Gutenberg-Bibel* in Göttingen wurde pro Seite eine Datenmenge von 300 bis 400 MB erzeugt – mehr als genug für jede zur Zeit denkbare Art der Reproduktion und dennoch gegenüber dem Original immer noch ein Verlust an Information.

Auf dem Computer kommt dem Benutzer eText in verschiedenen »Formaten« entgegen, die sich in ihrer Qualität stark voneinander unterscheiden. Wie gut ein eText ist, bemisst sich nicht nur daran, wie fehlerfrei er digitalisiert ist, sondern auch an dem Format, dem er anvertraut wurde. Die schlichteste Form ist gänzlich unformatierter ASCII-Text, entweder US-ASCII bei englischsprachigen Texten oder ASCII/Latin-1 bei europäischen. Hier handelt es sich um den baren Text, bei dem englischsprachigen ohne jede Akzent- oder andere »Sonderzeichen«; die einzigen Auszeichnungsmittel sind die Tabulator- (also die Einzug-) sowie die Absatzmarke, der Carriage Return – oder zwei Carriage Returns, die eine Leerzeile ergeben.

Wenn diese eTexte aus der frühen Nur-ASCII-Zeit dann im Internet versandt wurden, geschah es im Format FTP (File Transfer

Protocol). Wo immer einem heute ein Text als FTP-Datei entgegenkommt, kann man sicher sein, schlichtesten Text zu erhalten. Die damaligen Geschwindigkeiten in der Datenfernübertragung brachten es außerdem mit sich, dass man eText notgedrungen in viele kleine Portionen zerlegte, damit die Wartezeiten beim Herunterladen nicht zu lang wurden. Dieser Umstand wiederum schränkte die Durchsuchbarkeit ein: Lange Romane, überhaupt alle größeren Textkorpora ließen sich in dieser Gestalt nur abschnittweise durchsuchen.

Der eText, der im World Wide Web herumgeschickt wird, hat normalerweise das Format HTML. HTML ist sehr viel sonderzeichenfreundlicher: Es beruht auf dem Zeichensatz Latin-1 und ist MIME-kompatibel, kann also theoretisch die meisten Schriftzeichen der Welt transportieren. Auch lässt HTML einige Formatierungsmöglichkeiten zu: Einzüge, kursive, fette und unterstrichene Hervorhebungen und den Einbau von Tabellen und Illustrationen und anderen grafischen Elementen. Ein eText in HTML könnte also typografisch wesentlich differenzierter sein als der ASCIIplus-Text der FTP-Server. In der Praxis sind viele eTexte im Web nur automatisch in HTML-Dokumente konvertierte FTP-Dateien, machen also von den Möglichkeiten, die HTML eigentlich böte, keinen Gebrauch.

Um die typografischen Beschränkungen zu umgehen, die auch mit HTML noch verbunden sind (und morgen, mit XML und TEI, zumindest weniger eklatant sein werden), gibt es heute nur zwei Möglichkeiten: den eText als voll formatierte Textdatei zum Herunterladen anzubieten (meist werden die Austauschformate RTF oder Word 6.0/95 benutzt) – dann erlaubt er die Auszeichnungen, die die benutzte Textverarbeitung erlaubt hat, lässt sich im Browser selbst aber nicht lesen, sondern nur von einer passenden Textverarbeitung öffnen. Oder man bietet ihn als PDF-Datei mit den raffiniertesten Auszeichnungen dar – dann lässt er sich im Browser ebenfalls nicht lesen, sondern nur mit einer speziellen Anzeige-Software, dem Acrobat Reader, aber dieser tritt im Browser automatisch auf den Plan, sobald aus dem Web eine PDF-Datei eintrifft, sodass der Bildschirmleser den Browser nicht verlassen muss. Außerdem ist das PDF-Format plattformunabhängig (Unix, Windows und MacOs können damit umgehen) und beim Empfänger außer auf den Acrobat Reader auf keine bestimmte Software angewiesen. Das Gros der Fachzeitschriften wird aus diesen Gründen heute in Form von PDF-Dateien ins Web gestellt.

Mit einem Scanner und einem Programm für die automatische Zeichenerkennung kann jeder selber Textvorlagen digitalisieren, ohne sie abschreiben zu müssen. Die OCR-Technik hat sich in den Neunzigerjahren stark verbessert und im gleichen Maße verbilligt. Inzwischen scheint sie jedoch an ihre Grenzen gelangt zu sein, und Wunder sollte niemand erwarten. Die Qualität der automatischen Konversion bleibt stark von der Güte der Vorlage abhängig: Ist einerseits die Schrift der Vorlage gestochen scharf und groß genug (mindestens 10 Punkt) und enthält sie keine gebrochenen oder ineinander verschmierten Buchstaben (sodass das OCR-Programm die Buchstabengrenzen sicher erkennen kann), ist andererseits die Papierseite selbst makellos (jede Verschmutzung sucht das Programm als ein Schriftzeichen zu interpretieren), das Layout der Seite nicht allzu verschachtelt und die Schriftart nicht zu ausgefallen, so kann auch der Nichtprofi die Fehlerquote auf ein Prozent oder weniger drücken, wie es ihm viele OCR-Programme in Aussicht stellen. Aber selten kommen alle diese günstigen Umstände zusammen. Ist die Vorlage in irgendeiner Hinsicht nicht optimal, rechnet man besser mit einer Fehlerquote von 5 bis 15 Prozent. Wird aber jedes zehnte Schriftzeichen nicht erkannt, so hat man mit dem Nachbessern mehr Arbeit, als man bei der manuellen Eingabe gehabt hätte. Die Erkennung von Frakturschriften steckt noch in den Anfängen. Schreibschriften lassen sich in keinem Fall erkennen und damit auch keine handschriftlich korrigierten Seiten – abgesehen von jenen Formularlesern, die eine Normschrift erkennen, wenn je-

der Buchstabe in ein eigenes Kästchen eingetragen ist, und denen selbst dabei noch sonderbare Fehler unterlaufen. Es gibt Fehler, die auch ein perfektes OCR-Programm nicht vermeiden könnte, etwa die Verwechslung von *1* und *1*, besonders in der Schreibmaschinenschrift Courier, oder von *O* und *0*. Und es gibt tückische Schönheitsfehler, die man einer Vorlage auf den ersten Blick gar nicht ansieht, sondern erst erkennt, wenn man sie vergrößert am Computerbildschirm vor sich hat: zum Beispiel gebrochene Buchstaben, etwa ein *m*, in dem das Programm subjektiv völlig zu Recht ein *in* erkennt, weil der Zufall es will, dass zwischen dem ersten und zweiten Abstrich eine kleine Lücke klafft – und das nicht einmal, sondern bei jedem einzelnen *m* eines ganzen Textes.
Aber professionelle Textkonversionsgeräte – in der Regel Aufsichtscanner mit integrierter Schriftzeichenerkennungssoftware – senken die Fehlerquote tatsächlich bis in die Nähe der versprochenen 0,02 Prozent, solange sie es mit wenigstens passablen Vorlagen zu tun haben. 99,98 Prozent Richtige: das ist ein Fehler auf fünftausend Buchstaben oder etwa alle zwei Seiten, weniger, als der zuverlässigste Texterfasser machen würde. Für wertvolle Bücher gibt es Konversionsgeräte mit einem Kipptisch, die es erlauben, das Buch in eine plane Lage relativ zum Objektiv zu bringen, ohne es ganz zu öffnen und ihm dabei möglicherweise das Rückgrat zu brechen.

Der vielsprachige Computer

Nicht jeder Computer und jede Textverarbeitung eignet sich gleich gut für das multilinguale Schreiben und Lesen. Unabdingbare Voraussetzung ist die Unterstützung der universalen Zeichentabelle Unicode. Am weitesten in Sachen Multilingualität war Anfang 2000 *Microsoft Word 2000* (teilweise auch schon *Word 97*) auf dem Betriebssystem Windows 98; wenn auf Windows 2000 die letzten Einschränkungen fallen, dürfte es bis auf weiteres das Nonplusultra sein. Darum und weil Windows mit *Word* auch die international meistverwendete Textverarbeitung ist, sei hier kurz beschrieben, was man mit ihr anfangen kann und wie man es anstellt. Aber auch auf dem Mac ist die vielsprachige Textverarbeitung möglich. MacOS ab Version 8.6 basiert auf Unicode, die WorldScript-Technologie von Apple macht die Einstellung auf verschiedene Sprachzonen möglich, eingeschlossen – phonetische – Eingabemethoden für die ideografischen Sprachen des fernen Ostens, und Zusatzsoftware in Form von *Language Kits* stellt unter anderem die jeweils benötigten Zeichensätze zur Verfügung.
Um eine Sprache schreiben, anzeigen und ausdrucken zu können, die andere Schriftzeichen als die englischen (über die jeder Computer verfügt) und die eigenen (die wahrscheinlich bereits vorhanden sein werden) verwendet, müssen zunächst die entsprechenden grafischen Zeichensätze (Fonts, eigentlich »Setzkästen«) installiert werden, die den Computer instruieren, wie die einzelnen Schriftzeichen am Bildschirm und im Ausdruck dar-

zustellen sind. In der Regel werden es heute Fonts in dem 1991 von Apple und Microsoft entwickelten Seitenbescheibungsformat True Type sein, erkennbar an der Endung TTF. TTF-Fonts zeichnen sich besonders durch ihre freie Skalierbarkeit aus – sie können in jedem beliebigen Schriftgrad angezeigt und ausgedruckt werden; außerdem wird für Bildschirmanzeige und Papierausgabe der gleiche Font verwendet, sodass sich beide vollständig entsprechen.

Fonts unterscheiden sich nicht nur in der Schriftart (Garamond, Times), sondern auch in Umfang und Zeichenauswahl. Von keinem sollte man »alle« erwarten; keine zwei enthalten genau die gleichen. Allerdings arbeitet Microsoft an einem Font, der eines Tages sämtliche Schriftzeichen der Unicode-Tabelle enthalten soll, Arial Unicode MS. Es ist ein Font nur für den Notfall, wenn die gewünschten Zeichen nirgends sonst zu finden sind, denn alle Schriftzeichen der Welt lassen sich bei ihrer unterschiedlichen Größe und Gestalt nur schwer in einem einzigen »Typenkasten« unterbringen, und kein einziges Schriftsystem kann darin in seiner optimalen Gestalt vertreten sein. In der Regel wird man mit wesentlich kleineren Fonts arbeiten. Die verwendeten Fonts sollten aber möglichst die Schriftzeichen aller jener Sprachen enthalten, die man regelmäßig zu schreiben vorhat; dann erspart man sich die Schriftartenwechsel innerhalb eines Dokuments. Achtet man darauf nicht, so kann es einem passieren, dass ein Name wie Stanisław Świętochowski aus verschiedenen Schriftarten zusammengesetzt werden muss: Stanisław Świętochowski.

Welche Zeichen die installierten Schriftarten tatsächlich enthalten, kann man sich anzeigen lassen, und zwar in *Word* unter <Einfügen/Sonderzeichen>. Hier findet man vollständige Zeichensätze aller installierten Schriftarten vor. Der Umfang professioneller Fonts ist selten geringer als die Zeichentabelle Latin-1 (ISO 8859–1) – das heißt, man kann mit ihnen die meisten lateinischen Schriften Mittel- und Westeuropas und ganz Amerikas schreiben. (Viele, ja die meisten Fonts, die als Shareware oder

Freeware kursieren, sind nicht nur dilettantische Nachahmungen der berühmten Schriften, deren Namen sie tragen, sondern auch in ihrem Zeichenumfang viel zu klein für den europäischen Schreiber.) Nicht zählen kann man darauf, dass ein Font auch arabische, baltische, griechische, hebräische, osteuropäische und kyrillische Zeichen enthält. Fehlen die benötigten Zeichen, muss man sich zunächst die Fonts installieren, in denen sie enthalten sind. Dazu findet man in Windows 98 unter <Systemsteuerung/ Software/Windows Setup/Sprachenunterstützung> eine Liste der unterstützten Schriftsprachengruppen. Es sind Baltisch, Griechisch, Kyrillisch, Mitteleuropäisch und Türkisch; »Mitteleuropäisch« ist bei der deutschen Sprachversion von Windows bereits vorhanden. Man wählt die gewünschte Schriftengruppe, muss unter Umständen die Installations-CD von Windows einlegen, und die benötigten Zeichensätze werden installiert.

Word 2000 bietet wesentlich mehr. Zunächst muss man bei der Installation von *Office 2000* (zu dem *Word* gehört) darauf achten, dass <Internationale Unterstützung> und <Tool zur Spracheinstellung> mit installiert werden. Dann findet man unter den Programmen im Startmenü <Microsoft Office Spracheinstellungen> vor. Hier hat man eine sehr viel größere Auswahl als unter Windows. Auch die fernöstlichen Sprachen sind dabei, Chinesisch, Japanisch und Koreanisch. Von dieser Liste wählt man jene, die man verwenden will – möglichst nicht zu viele, und nicht verschiedene Varianten einer Sprache gleichzeitig. Was daraufhin installiert wird, sind nicht nur die betreffenden Schriften, sondern auch die Korrekturwerkzeuge (*proofing tools*) für jede Sprache, also ein Modul für die Worttrennung am Zeilenende, eins für die Rechtschreibprüfung, eins für den »Thesaurus« und so weiter. Auch ein Modul zur Sprachenidentifizierung ist dabei; es ist in der Lage, jede der installierten Sprachen zu erkennen, sobald man mindestens drei Wörter in ihr geschrieben hat, und die Korrekturwerkzeuge automatisch entsprechend umzuschalten.

Nicht aktivieren lassen sich die bidirektionalen Schriftsysteme

Arabisch, Farsi, Hebräisch und Urdu. Um sie schreiben zu können, muss eine Windows-Version für die betreffende Sprache installiert sein, die die Schreibrichtung rechts-links unterstützt. Windows 2000 soll diese Einschränkung aufheben, ebenso gewisse Einschränkungen für Vietnamesisch und Thai. Passiv anzeigen lassen sich jedoch auch die bidirektionalen Schriften auf jedem Computer, sofern dafür Fonts vorhanden sind.

Eine vielbenutzte Schriftart, die über Latin-1 (West- und Mitteleuropa) hinaus Kyrillisch und Griechisch enthält, ist die Antiquaschrift Century Schoolbok. Lucida Sans Unicode, eine serifenlose Schrift, enthält darüber hinaus Hebräisch. In der Groteskschrift Arial (die Microsoft-eigene Bezeichnung für die weitverbreitete Helvetica, deren Name geschützt ist), der Schreibmaschinenschrift New Courier (einer nichtproportionalen Schrift, deren Zeichen alle die gleiche Breite – in der Typografensprache »Dickte« – haben und die darum für manche Listen gebraucht wird), der Antiquaschrift Times New Roman und der im Web vielbenutzten serifenlosen Tahoma findet sich außerdem noch Arabisch. Für CJK gibt es in *Word 2000* vier Fonts: PMingLiU für traditionelles Chinesisch (Taiwan), Simsun für vereinfachtes Chinesisch (Festland), MS Mincho für Japanisch und Batang für Koreanisch.

Ist die gewünschte Schriftart mit den gewünschten Zeichen vorhanden, so lassen diese sich zwar sichtbar machen, auf der eigenen Tastatur schreiben kann man sie jedoch noch nicht. Eingeben ließen sich die fremden Zeichen, wenn man über den Zahlenblock ihre Codezahl eintippte – aber die wird man in der Regel nicht kennen. Einfacher geht es, indem man sie in der Sonderzeichentabelle (<Einfügen/Sonderzeichen>) von *Word* anklickt. Beide Verfahren genügen, wenn nur gelegentlich ein paar Zeichen aus einer fremden Schrift geschrieben werden sollen, etwa ein osteuropäischer Name hin und wieder. Für ein flüssiges Schreiben taugen sie nicht. Wer häufig zusätzlich zu seiner eigenen Sprache längere Texte in einer bestimmten fremden schreiben will, wird nicht umhin kommen, seinen Computer auf deren Tastatureingabe einzurichten.

Eine Computertastatur ist zweierlei: einmal das bekannte einheitliche Eingabegerät mit den beschrifteten Tasten; zum anderen ein Schema, das dem Computer sagt, welche Taste was bedeuten soll. Tatsächlich schickt eine Tastaturtaste nicht etwa das ihr aufgeprägte Zeichen beziehungsweise dessen Nummer an den Computer, zum Beispiel, wenn das <A> gedrückt wird, eine 65, die in der ASCII-Tabelle *A* bedeutet, sondern einen so genannten Scan-Code. Jene Taste, auf der sich bei den lateinischen Tastaturen das *A* befindet, sendet den Scan-Code 30. Der Computer interpretiert die Scan-Codes verschieden, je nachdem, welches Tastaturschema gerade gültig ist; zum Beispiel ordnet er der 30 eine 65 und damit das *A* zu. Tastatur und Tastaturbelegung müssen also nicht übereinstimmen – wie jeder merkt, wenn während des Bootvorgangs seine nationale Tastaturbelegung noch nicht aktiviert ist und der Computer von der Standardbelegung IE (International English) ausgeht. IE hat das Tastaturlayout QWERTY (so genannt nach den ersten Buchstabentasten auf der Schreibmaschine), das deutsche Tastaturlayout dagegen ist QUERTZ. Fordert einen der Computer vor der Initialisierung der nationalen Tastatur auf, <y> für »ja« oder <n> für »nein« einzugeben, so darf man also nicht <y>, sondern muss <z> drücken, das im Tastaturlayout IE ein <y> ist.

Dass jede physische Tastatur mit jedem Tastaturschema belegt werden kann, sogar mit völlig willkürlichen, ist ein großer Vorteil für die multilinguale Textverarbeitung. Man muss nur das Tastaturlayout wechseln, dann kann man auf der eigenen Tastatur schreiben, als wäre es die fremde. Wie wechselt man das Tastaturlayout? Man geht in Windows unter <Systemsteuerung/Tastatur> auf die Registerkarte <Sprache> und dort auf <Hinzufügen>, lässt sich eine Liste der verfügbaren Tastaturlayouts anzeigen (die hier irreführend »Sprachen« heißen), eine lange Reihe von Afrikaans bis Ungarisch, und wählt das gewünschte aus. Zur Wahl stehen allein vier deutsche Tastaturlayouts (Deutschland, Österreich,

Schweiz, Luxemburg) und acht englische. Um jederzeit das international gebräuchlichste englische Tastaturlayout IE parat zu haben, wählt man zunächst <Englisch (USA)>, geht dann auf <Eigenschaften>, wo einem fünf amerikanische Layouts angeboten werden, und wählt IE. Eventuell muss an diesem Punkt die Windows-CD eingelegt werden. Nach Abschluss der Installation erscheint rechts unten im »Tray« der Taskleiste von Windows ein blaues Symbol mit zwei weißen Buchstaben, das die aktive Tastaturbelegung anzeigt, zum Beispiel De für Deutsch. Durch Anklicken dieses Symbols kann man seine Tastatur jederzeit, auch mitten in der Arbeit an einem Dokument, auf eines der anderen installierten Layouts umschalten.

Nunmehr verhält sich die eigene Tastatur, als wäre es die fremde. Wer diese nicht blind beherrscht, steht allerdings vor einem Problem. Er wird in seinem Schreibfluss dadurch behindert, dass viele seiner Tastenkappen jetzt die falsche Aufschrift tragen. Wirkliche Abhilfe lässt sich nur auf unelegante Art schaffen: indem man eine strapazierfähige Klarsichtfolie mit den abweichenden fremden Schriftzeichen auf die entsprechenden eigenen Tasten klebt – oder indem man seine physische Tastatur zeitweilig gegen die fremde auswechselt.

Für diejenigen, die nicht sehr viel in der fremden Schrift schreiben, aber auch nicht nur gelegentlich ein paar Buchstaben, gibt es einen Mittelweg: die virtuelle oder visuelle Tastatur. Es ist ein Abbild der fremden Tastatur, das auf dem Bildschirm klein in das Textfenster eingeblendet wird und das man mit dem Mauszeiger bedient, indem man die visuellen Tasten anklickt. So lässt sich die fremde Schrift wenigstens wie mit der Einfingermethode schreiben. Ansehnliche virtuelle Tastaturen kann man im Web kaufen, etwa KeyMap[1] oder KeyMatic[2], oder man kann sie sich kostenlos vom Microsoft-Server herunterladen[3].

1 www.will-software.com/infos/keymap.htm

2 www.keymatic.de/

3 http://officeupdate.microsoft.com/2000/downloaddetails/viskeyboard.htm

Ebenfalls auf dem Microsoft-Server[1] stehen vier IMEs (Global Input Method Editor) – Eingabewerkzeuge, mit deren Hilfe der Kenner die beiden chinesischen Schriftsysteme sowie Japanisch und Koreanisch auf einer normalen Tastatur schreiben kann.
Der Weg zur rein passiven Multilingualität ist einfacher. Wenn es nicht darum geht, fremde Schriften selber zu schreiben, sondern nur darum, Seiten im Web-Browser richtig angezeigt zu bekommen und sie gegebenenfalls auszudrucken, müssen nur im Internet Explorer 5.x unter <Ansicht/Codierung/Mehr> die gewünschten Schriftsysteme ausgewählt werden. Wenn die dazu benötigten Schriftarten auf dem Computer noch nicht präsent sein sollten, werden sie gleich im Anschluss von der Windows-CD kopiert oder vom Microsoft-Server heruntergeladen. Wird dann unter <Ansicht/Codierung> die Option <Automatische Auswahl> aktiviert, merkt der Browser (meistens) selbst, welcher Schriftsprache die aus dem Internet ankommenden Doppelbytes entstammen, und schaltet sich auf den entsprechenden Font um.

1 www.microsoft.com/windows/ie/features/ime.asp

Schriften und Fonts

Jede Schrift (in Unicode *script*) gehört zu einem Schriftsystem oder ist selbst ein eigenes Schriftsystem. Schriften sind nicht unbedingt etwas Nationales und auch nicht an eine bestimmte Sprache gebunden. Die in Deutschland geschriebene Schrift zum Beispiel gehört zum lateinischen Schriftsystem und die in Russland geschriebene zum kyrillischen; beide gehören zum Großsystem der Buchstaben- oder Alphabetschriften.
Eine Schrift besteht aus einzelnen Schriftzeichen (*characters*). Diese kleinsten Bestandteile können Sprachlaute symbolisieren, wie die Buchstaben unserer Schrift es tun, aber auch Silben oder ganze Wörter; in diesem Fall heißen sie Ideogramme oder Logogramme. Bei Bilderschriften kann ein einzelnes Piktogramm (✂) auch einen ganzen Satz symbolisieren (»Hier solltest du das Blatt mit der Schere zerschneiden«). Gleich welche Spracheinheiten es symbolisiert, ein Schriftzeichen ist definiert als der kleinste Bestandteil einer Schrift, der semantischen Wert hat. (Wenn man das *v* in *viel* gegen ein anderes Schriftzeichen austauscht, geht die Bedeutung von *viel* verloren; stattdessen erhält man etwa *Kiel*. Sie geht sogar verloren, wenn das Austauschzeichen den gleichen Laut symbolisiert: *fiel*.)
Jedes dieser Zeichen kann auf vielfältige Weise geschrieben werden und ist zunächst etwas Abstraktes, ein Schema, eine Idee noch ohne konkrete Gestalt: die Idee eines *A*, eines *B*, eines ***Ю***. Für die Zwecke des Computers werden die abstrakten Schriftzeichen einzelner Schriften in Zeichen- oder Codetabellen (*code*

pages, *character sets*, *charsets*) versammelt, in denen jedem Einzelnen eine bestimmte Zahl zugewiesen ist, die nur ihm allein gehört. So weit ist ein Schriftzeichen also nur eine Nummer in einer Tabelle.

Die universale Zeichentabelle Unicode, die den Verhältnissen in allen Schriftsystemen der Welt Rechnung tragen muss, nennt die abstrakten Zeichen einer Schrift *characters*, die kleinsten grafischen Einheiten aber *glyphs* (Glyphen). Eine Glyphe kann aus mehreren Zeichen bestehen oder ein Zeichen aus mehreren Glyphen. In den Buchstabenschriften sind gewöhnlich Glyphen und Zeichen identisch. In unserer Schrift ist das *ß* historisch eine Glyphe aus den Zeichen *s* und *z*, aber da es sich nicht mehr in *s* und *z* auflösen und nicht aus *s* und *z* zusammensetzen lässt, wird es als eigenes Zeichen neben *s* und *z* behandelt.

Wenn sie geschrieben werden, müssen diese Schemen unbestimmter Gestalt bestimmte grafische Formen annehmen: Der Computer muss sie »rendern« (von englisch *to render*, wiedergeben). Ein bestimmter Vorrat von grafischen Schriftzeichen (»Typen«) heißt in der englischen Typografensprache ein *type case* oder *type font* (»Setz-« oder »Typenkasten«); zu Zeiten der Bleilettern war es tatsächlich ein Kasten mit vielen kleinen Fächern, jener, der heute nur noch als Wandschmuck dient; seine Fächer waren ungleich groß, weil die Lettern nicht gleich häufig gebraucht wurden und in verschiedener Zahl bereit stehen mussten. Welcher Zeichensatz sich auf dem Computer schreiben lässt, hängt davon ab, welche Zeichen die gerade gültige Zeichentabelle (US-ASCII, Latin-1) enthält und welche der verwendete Font. Schreiben lässt sich die von der Zeichentabelle erschlossene Menge der Zeichen in seinen Fonts. Fonts können mehr Zeichen haben als die gültige Tabelle; schreiben lassen sich diese nicht.

Im Deutschen werden Fonts irreführenderweise oft als Schriftarten bezeichnet. Eine Schriftart aber wäre englisch ein *typeface* und nicht ein Font. Schriftarten sind keine grafischen Zeichenvorräte, keine Setzkästen, sondern bestimmte ideale Formen

einzelner Schreib- oder Druckschriften (»Sütterlin«, »kursive Times«). Theoretisch könnten Fonts ein Gemenge von Schriftarten enthalten, praktisch setzen sie in der Regel eine bestimmte Schriftart auf mehr oder weniger gelungene Weise um und heißen dann meist auch nach ihr.
Dass ein Betriebssystem oder ein Anwendungsprogramm eine Zeichentabelle – zum Beispiel Unicode – »unterstützt«, heißt, dass diese ihm von vornherein eingebaut ist oder dass es sich bei Bedarf auf sie umstellen lässt oder automatisch umstellt. Die Web-Sprache HTML beruht auf der Zeichentabelle Latin-1, aber moderne Web-Browser erkennen, wenn (in codierter Form) Unicode-Zeichen eintreffen, die nicht zum Umfang von Latin-1 gehören, decodieren sie, und sofern die nötigen Fonts vorhanden sind, zeigen sie sie an.

Der Versand mehrsprachiger Texte

Angenommen, man hat seinen Computer so weit präpariert, dass man darauf nicht nur die Schrift der eigenen Sprache darstellen und schreiben kann, sondern auch noch das eine oder andere fremde Schriftsystem – wie lässt sich dieser multilinguale Text aber nun auf andere Computer übertragen? Wie lässt er sich elektronisch versenden?

Die Voraussetzung ist in jedem Fall, dass der Zielcomputer die gleiche Zeichentabelle verwendet wie der Quellcomputer und über Fonts mit dem gleichen Zeichenumfang verfügt; oder dass er zumindest die fremden Zeichennummern richtig umsetzen kann. Man sollte meinen, dass die hoffnungslosen Transferprobleme der Vergangenheit angehören und zumindest im Bereich der west- und mitteleuropäischen Alphabete heute keine Schwierigkeiten mehr auftreten – dass alle Computer aller Plattformen also zumindest die Schriftzeichen der Tabelle Latin-1 erkennen und richtig interpretieren und auch die nötigen Zeichen vorrätig haben. Im Großen und Ganzen ist das auch der Fall, aber »im Großen und Ganzen« ist hier leider nicht genug. In der Praxis treten die meisten Schwierigkeiten beim Dateientransfer zwischen Microsoft Windows und Apple Macintosh auf. Er ist häufiger, als man nach den reinen Marktanteilen der beiden Plattformen erwarten sollte. Geschrieben wird zwar der weitaus meiste Text unter Windows, aber für den Druck weiterverarbeitet wird er oft auf Apple-Computern, die auf grafischem Gebiet für überlegen gehalten werden. Die Windows-Mac-Transferkrankheit befällt also gerade solche Textdateien, bei denen sie besonders fatale Folgen hat: solche, die zur Veröffentlichung bestimmt sind. Der Macintosh verwendet eigensinnigerweise nicht Latin-1, mit dem sich der Rest der Computerwelt begnügt, sondern besetzt den gesamten oberen Teil der Zeichentabelle auf völlig andere Art. Manche Zeichen gibt es nur auf einer der beiden Plattformen: die echten Bruchzahlen (¼, ½, ¾), das ¦, das isländische *þ* und *ð* nur bei Windows, das **Ω**, das Ungleich-Zeichen ≠ oder das Unendlich-Zeichen ∞ nur auf dem Macintosh. Sie lassen sich auf der anderen Plattform gar nicht darstellen, es sei denn, dort wären erweiterte Zeichensätze installiert. Aber auch jene Zeichen, die eigentlich auf der anderen Plattform vorhanden sind, werden von deren zwischengeschaltetem Filter oft nicht richtig interpretiert; kein Wunder, da beide Zeichensätze im Laufe der Jahre auch noch mehrfach geändert worden sind. Darum muss jede Textdatei nach dem Transfer überprüft und gegebenenfalls repariert werden, und ein mehrfaches Hin und Her ist mühsam. Erhöhte Aufmerksamkeit ist außer bei den Brüchen geboten bei dem Promillezeichen (‰), den »typografischen« Anführungsstrichen („*a*“, ‚*a*‘), dem Gedankenstrich (–), sämtlichen Bullets (•), den Gedankenpünktchen (…) – und sämtlichen Schriftzeichen außerhalb des Zeichenumfangs von Latin-1 sowieso. So harmlos solche kleinen Missverständnisse zwischen zwei Computerplattformen auf den ersten Blick scheinen: Es ist schon fatal, wenn Promille auf dem Zielcomputer als Prozente ankommen.

Sehr viel radikaler sind die Einschränkungen für den Textversand per eMail. Für den Transport von eMail durchs Internet gilt das Simple Mail Transfer Protocol SMTP. Es schreibt vor, dass eine eMail grundsätzlich nur aus Text bestehen kann (nicht etwa einer Grafik) und der Text nur aus den 94 Schriftzeichen von ASCII. Verlustfrei lässt sich also nur Englisch schreiben. Eine eMail passiert auf ihrem Weg, der unberechenbar ist, viele Computer – Mail Server – und wird auf dem einen oder anderen davon

zwischengelagert. Den meisten ist inzwischen die Zeichentabelle Latin-1 bekannt. Darum besteht heutzutage einige Aussicht, dass nicht nur US-ASCII, sondern auch die zusätzlichen Zeichen von Latin-1 richtig am Ziel eintreffen. Sicher sein kann man jedoch nie. Immer muss damit gerechnet werden, dass zum Beispiel die Akzentzeichen oder die deutschen Umlaute entweder ganz wegfallen oder durch andere Zeichen ersetzt werden. Darum gilt für eMail die allgemeine universale Grundregel: nur ASCII verwenden, Akzente und andere diakritische Zeichen weglassen, die deutschen Umlaute und das *ß* auflösen (*ss*, *aufloesen*).
Ausnahmen sind nur unter bestimmten Voraussetzungen möglich, und bei jeder eMail muss vorher geklärt sein, ob sie bestehen.
Im Prinzip ließen sich alle Schriftzeichen der Welt als eMail versenden, wenn sie für den Postweg in ASCII verwandelt und beim Empfang wieder decodiert würden. Nur im Header, dem Dateikopf, der Informationen über Adressat, Absender, Datum, Leitweg und Dateistruktur enthält, dürfen nie irgendwelche »Sonderzeichen« vorkommen. Darum müssen eMail-Adressen bis heute und auch in aller absehbaren Zukunft aus reinstem Ur-ASCII bestehen – auch wenn in den Mails selbst Sonderzeichen längst selbstverständlich sind, wird sich ein »Jürgen Häßler« noch die eMail-Adresse <juergen.haessler@mail.net> gefallen lassen müssen.
Es gibt zahlreiche Verschlüsselungsverfahren für den Versand von Texten und anderen Daten, die nicht aus reinem ASCII bestehen; weit verbreitet waren und sind BinHex und das von der Unix-Plattform stammende UUencode. Das Problem ist jedoch, dass der Empfänger beziehungsweise sein Mail-Client wissen oder merken müssen, wie und von welcher Stelle an eine eintreffende Mail codiert ist, um dann das richtige Entschlüsselungsverfahren auf sie anzuwenden. Der Mail selbst ist es nicht anzusehen. Das Problem der Grenze zwischen nichtcodiertem und codiertem Text lässt sich am elegantesten dadurch umge-

hen, dass man den verschlüsselten Inhalt einer eMail gar nicht als diese selbst, sondern als deren Anhang (*attachment*) versendet. Dann hängt an einer nichtverschlüsselten Mail eine insgesamt so oder so codierte, und manche Codierungen verraten sich selbst, sodass der eMail-Client im günstigen Fall das richtige Decodierungsverfahren automatisch wählen kann. Trotzdem ist der eMail-Verkehr auf dieser Basis nach wie vor riskant. Man kann nie darauf bauen, dass der Mail-Client des Empfängers den richtigen Schlüssel besitzt. Nicht selten können Mail-Clients verschlüsselte Attachments nicht identifizieren und nicht öffnen, oder sie öffnen sie, decodieren sie aber falsch oder zeigen sie undecodiert in ihrer verschlüsselten ASCII-Gestalt an, also als unverständlichen Buchstabensalat.

Die Situation hat sich erst gebessert, seit Anfang 1992 MIME eingeführt wurde, die *Multipurpose Internet Mail Extensions*. MIME ist kein Programm, sondern ein Bündel von Verschlüsselungsverfahren und eine standardisierte Erweiterung des eMail-Kopfes um Informationen zum Inhalt und zur Struktur der folgenden Datei. Im Header einer mit MIME-Unterstützung versandten Mail steht, welche Datentypen außer ASCII-Text in einer eMail enthalten sein können und wie diese codiert sind. Jeder ebenfalls MIME-kundige Mail-Client weiß dann, was da ankommt und wie damit zu verfahren ist. Dank MIME lassen sich nicht nur Texte mit lateinischen »Sonderzeichen«, sondern auch in anderen Schriftsystemen versenden; und nicht nur Texte, sondern auch Grafiken und viele andere Datenobjekte.

Die Voraussetzung ist nur, dass dem eMail-Programm des Versenders wie dem des Empfängers die MIME-Unterstützung eingebaut ist. Zwar hat sich MIME seit 1995 stark ausgebreitet, und die Chancen, dass eine eMail am anderen Ende auf einen MIME-kundigen Mail-Client stößt, stehen inzwischen mindestens im vielsprachigen Europa nicht mehr schlecht und werden weiter wachsen. Nur kann man leider nie sicher sein. Ehe man im Vertrauen auf MIME also erleichtert alle möglichen »Sonderzeichen« in seinen Mails zu verwenden beginnt, muss man sich unbedingt Klarheit verschaffen, dass sowohl man selber als auch der Empfänger über MIME verfügt. Ob das eigene Mailprogramm MIME-tauglich ist, wird man meistens wissen, entweder aus dem Handbuch oder aus der Praxis – wenn man des öfteren Post mit Umlauten und *ß* enthält, wird es über MIME verfügen. Weiß man es noch nicht, so kann man es feststellen, indem man eine eMail an sich selber schickt. Wenn die Umlaute richtig ankommen, war wahrscheinlich MIME vorhanden. Letzte Zweifel lassen sich durch einen genauen Blick auf den Header der aus dem eigenen System versandten Mail ausräumen; er muss die Zeile <MIME-Version: 1.0> enthalten. Und das Gegenüber? Ehe man sich auf einen längeren eMail-Verkehr einlässt, sollte man höflicherweise nachfragen, ob die eigene Post unentstellt angekommen ist. Briefe voller defekter Umlaute irritieren den Empfänger und sprechen gegen ihren Schreiber; zumindest sagen sie, dass er entweder ahnungs- oder rücksichtslos ist. Die schönsten Grüße sind weniger schön, wenn sie auf dem Postweg zu sch=F6nen Gr=FC=DFen oder schonen Grusen werden; selbst die berechtigtste Empörung wird als Emp=F6rung lächerlich. Auch ein französischer Brief, der anfängt »Peut-=EAtre je viendrai au d=E9but de l' =E9t=E9 ...« gewinnt dem Autor keine Freunde. Im Zweifelsfall bleibe man bei reinem ASCII.

Den auf MIME bezogenen Angaben im Kopf einer eMail lässt sich mehr entnehmen. Ein typischer Eintrag könnte so aussehen:

```
MIME-Version: 1.0
Content-Type: MULTIPART/ALTERNATIVE;
      BOUNDARY="----=_NextPart_000_0004_01BF046D.81CB6480"

This message is in MIME format. The first part should
be readable text, while the remaining parts are likely
unreadable without MIME-aware tools. Send mail to
mime@docserver.cac.washington.edu for more info.

------=_NextPart_000_0004_01BF046D.81CB6480
Content-Type: TEXT/PLAIN; CHARSET=US-ASCII
Content-Transfer-Encoding: quoted-printable
```

Die erste Zeile besagt, dass in dieser Mail der MIME-Standard gilt, die zweite beschreibt ihren Inhalt (*content*), in diesem Fall, dass es sich um eine zweiteilige Mail handelt. »Boundary« bestimmt die genaue Grenze zwischen beiden Teilen. Dann folgt ein Standardkommentar, der dem Leser erklärt, dass er das Folgende wahrscheinlich nur lesen könne, wenn sein Mail-Client mit MIME ausgerüstet ist. Jetzt ist die oben bezeichnete Grenze erreicht, es beginnt der zweite Teil. Wieder wird für diesen der Datentyp (*content-type*) definiert, jetzt als unformatierter (*plain*) Text, geschrieben aufgrund der Zeichentabelle (*charset*) US-ASCII. Außer *plain* könnte der Text auch *html* sein; es lassen sich mit MIME also auch Webseiten als eMails durchs Internet schicken. Als Datentyp könnte auch etwas ganz anderes angegeben sein, nämlich IMAGE (Grafik), AUDIO (Ton), VIDEO (bewegte Bilder) oder APPLICATION (Programmdateien). Die möglichen Grafikformate sind GIF und JPEG. Die letzte Zeile besagt, dass aus irgendwelchen Gründen tatsächlich eine Codierung dieses Teils stattgefunden hat (und der Mail-Client des Empfängers diesen Teil entsprechend entschlüsseln müsste). Auch das Codierverfahren ist genannt: »quoted-printable«. MIME verfügt noch über vier andere Verschlüsselungsarten: »base64«, »7bit«, »8bit« und »binary«. Text wird meist mit »base64« verschlüsselt, Nichttext binär. Mit diesen so knappen wie präzisen Angaben kann der Client des Empfängers die Botschaft hoffentlich richtig entziffern.

Dass Text außer *plain* auch *html* sein kann, eröffnet dem vielsprachigen eMail-Verkehr neue Möglichkeiten. Der Web-Sprache HTML ist MIME eingebaut. Der gesamte interne Steuercode einer HTML-Seite besteht aus netztauglichen ASCII-Zeichen, für die Beförderung durchs Internet wird auch ihr gesamter Inhalt automatisch in ASCII verwandelt und bei der Ankunft ebenso automatisch rückverwandelt. Anfang 2000 rissen sich über fünfhundert Internetfirmen auf der ganzen Welt darum, der Menschheit kostenlose Webmail-Konten zur Verfügung zu stellen (und so vielleicht einen Teil der Aufmerksamkeit auf sich selbst zu lenken), darunter *Hotmail* von Microsoft (der größte Webmaildienst, aber nicht der störungsfreieste), *Yahoo! Mail*, *Email* (als Teil von Snap, dem Portal eines Medienkonglomerats um den Sender NBC), *Webmail* von Netscape oder *Graffiti* in Hongkong[1]. Sie alle ermöglichen den eMail-Verkehr von Web-Browser zu Web-Browser. Aus dem Browser jedes beliebigen Computers der Welt, der online ist, kann man sich in seine eigene Mailbox einloggen und Mails versenden. Vielfach kann man zusätzlich sogar seine anderen Konten einsehen und seine übliche eMail darüber abwickeln; die Vorbedingung ist in der Regel, dass es sich um Konten vom Typ POP3 handelt – was Webmail optimal für Leute macht, die viel unterwegs sind und von überallher an ihr heimisches Postfach kommen möchten.[2] Was auch immer sich im Browser schreiben lässt, kommt auch am Ziel an, vorausgesetzt, dort sind ebenfalls ein Browser und die nötigen grafischen Fonts vorhanden; Umsetzung und Rückumsetzung geschehen automatisch. Die Möglichkeiten von HTML werden bei dieser kostenlosen Web-Mail in der Regel allerdings nur in bescheidenem Maße ausgenutzt; bei *Hotmail* kann man seine Post auf »Briefpapier« schreiben, also eine Art Schmuckblattformular wählen. Auch einige neuere Mail-Clients unterstützen das HTML-Format und lassen dem Benutzer die Wahl, ob er seine Post als »Text« oder als »HTML« versenden will. Text kommt immer richtig an, HTML nur, wenn der Client des Adressaten ebenfalls HTML unterstützt. Aufs Geratewohl verschickt man also besser keine HTML-Briefe.

Die typografischen Gestaltungsmöglichkeiten in HTML sind größer als bei einfachem Text, auch werden keine Schriftzeichen entstellt oder unterdrückt, sofern sie in den Fonts des Empfän-

1 Die URLs dieser fünf Dienste lauten: www.hotmail.com/, www.yahoo.com/, www.email.com/, http://webmail.netscape.com/, www.graffiti.net/

2 Eine Übersicht über das aktuelle Webmail-Angebot findet sich unter dem URL www.emailaddresses.com/email_web1.htm

gers vorhanden sind, aber der Gestaltung sind auch Grenzen gesetzt, und die sind nicht sehr weit: Man hat keine Kontrolle über die Schriftart und -größe, die der Empfänger selber bestimmt, und auch nicht über die Zeilenlänge, die sich aus dem vom Empfänger eingestellten Schriftgrad ergibt. Bisweilen aber will man nicht nur einfachen oder HTML-Text übertragen, sondern zusätzliche typografische Information, die dem Text eine bestimmte unverrückbare Gestalt gibt.

Dann bleibt einem zur Zeit nur übrig, das Dokument mit einer Textverarbeitung zu schreiben, die einem die verschiedensten Formatiermöglichkeiten an die Hand gibt, und es nicht als eMail, sondern als eMail-Anhang zu versenden. Eine solche formatierte Datei enthält außer Text auch interne Steuerbefehle, die man normalerweise nie zu sehen bekommt, und da diese (außer in dem Dateiformat RTF) in der Regel überhaupt nicht aus Schriftzeichen bestehen, werden formatierte Dateien von MIME binär codiert, wie Programmdateien. Die Methode funktioniert zuverlässig, aber der Empfänger muss dieselbe Textverarbeitung wie der Absender auf seinem Computer haben, dieselbe aktive Zeichentabelle und möglichst auch die gleichen Schriftarten – oder zumindest die Filter, die nötig sind, um die Datei auf seinem System wieder zum Leben zu erwecken. Aufs Geratewohl verschickt man auch binäre Anhänge mit formatierten Dokumenten also besser nicht. Ehe man zu dieser Methode greift, sollte man sich bei dem Empfänger erkundigen, ob er die betreffende Art von Dokument auf seinem Computer öffnen kann. Eventuell kann man das eigene Dokument vor dem Versand in ein Format bringen, das den Möglichkeiten des Empfängers entgegenkommt. Als mehr oder weniger plattformunabhängige Formate für formatierte Textdateien, die sogar zwischen der Windows- und der Mac-Welt vermitteln, haben sich Rich Text Format (RTF) und Word 6.0/95 (DOC) einigermaßen bewährt. Die Wahrscheinlichkeit, dass der Adressat wenigstens eines davon öffnen kann, ist recht groß.

Glücklicherweise findet ein speziell für den elektronischen Dokumentenaustausch entwickeltes Format immer weitere Verbreitung, das auch höheren und höchsten Ansprüchen gewachsen ist und viel mehr Probleme löst als nur das der unschreibbaren und unlesbaren Schriftzeichen: das 1993 von der Firma Adobe vorgestellte Format PDF (Portable File Format). Das Softwarebündel, mit dem es erzeugt und gelesen wird, heißt *Acrobat. Acrobat* konvertiert jedes mit der Textverarbeitung *Word*, mit der Tabellenkalkulation *Excel* oder mit Desktop-Publishing-Programmen wie *FreeHand*, *InDesign*, *PageMaker* oder *QuarkXPress* erstellte Dokument in die 1985 von Adobe entwickelte professionelle Seitenbeschreibungssprache PostScript und von dieser weiter in PDF. Dabei bewahrt es sämtliche typografischen Informationen einer Seite so genau, dass es sich sogar als Druckvorstufe eignet: Auf dem Umweg über PDF kann jedes Dokument unmittelbare Druckvorlage werden. Eine PDF-Datei enthält die gesamte textliche und grafische Information, die zu der getreuen grafischen Rekonstruktion einer Seite nötig ist, aber sie enthält sie nicht als Image, nicht als Grafik, wie etwa eine Fax-Seite es tut, sondern in einer speziellen Mischform: den digitalen (also durchsuchbaren, in Grenzen sogar redigierbaren) Text, etwaige Abbildungen in Schwarzweiß wie in Farbe, Tabellen und Diagramme, selbst den kompliziertesten Formelsatz, Angaben über die Anordnung und Positionierung der einzelnen Elemente auf der Seite und sogar die verwendeten Fonts, sofern es sich nicht um die Standardschriften Arial (beim Mac Helvetica), Courier und Times handelt, auf die Acrobat überall rechnen kann – und das alles in komprimierter und sehr kompakter, für die Datenübertragung geeigneter Form.

Der Vorteil ist groß. Er besteht vor allem darin, dass der Empfänger all die Werkzeuge, mit denen ein Dokument erstellt wurde, nicht auf seinem Computer haben muss, nicht einmal die Fonts. Er muss sich auch nicht auf der gleichen Plattform befinden. Es genügt, dass in seinem Computer, ob Unix, Windows oder MacOS, das Lesemodul von *Acrobat* vorhanden ist, *Acrobat Reader*, das überall als Freeware verteilt wird. Zumindest im Prinzip kann jeder *Acrobat Reader* jede PDF-Datei rekonstruieren. Außerdem lässt sich *Acrobat* so in den Web-Browser einbinden, dass dieser automatisch zum *Acrobat Reader* umschaltet, sobald eine PDF-Datei eintrifft. Und in *Word* und andere Anwendungsprogramme lässt sich *Acrobat* so integrieren, dass das Anklicken des Symbols genügt, um die gerade bearbeitete Datei in eine PDF-Datei zu verwandeln. So kann man (im Prinzip jedenfalls) alle in der Unicode-Tabelle definierten Schriftzeichen in jeder denkbaren typografischen Gestalt und Anordnung elektronisch übermitteln, und das in einer Qualität, die hoch genug wäre für den Druck. Wer nicht nur einfachen Text verschicken will, sondern typografisch gestaltete Seiten mit vielen Elementen, sollte also sein Dokument von *Acrobat* in eine PDF-Datei verwandeln lassen und diese als eMail-Attachment versenden.

Wer solche komplexen Dokumente gar nicht versenden will, nur einfach eMails, aber die in Sprachen, für die der Zeichenvorrat von ASCII nicht reicht, hat möglicherweise noch eine andere Option. Es gibt einen eMail-Client der besonderen Art, *LingoMAIL*. Mit ihm lassen sich, wo nötig über mitgelieferte virtuelle Tastaturen, über dreißig Schriftsprachen schreiben und direkt versenden – die allermeisten west-, mittel- und westeuropäischen, auch Kyrillisch, Griechisch und Esperanto, und dazu die bidirektionalen Schriftsysteme Arabisch, Farsi und Hebräisch. Das Problem, dass der Adressat womöglich die entsprechenden Fonts gar nicht hat, löst *LingoMAIL* dadurch, dass der Absender dem Empfänger beim ersten Mal als Attachment ein Betrachtungswerkzeug (*MLX Viewer*) mitschickt, das alle LingoMail-Schriftzeichen darstellt. Ob der Empfänger begeistert ist, wenn eine eMail ihre eigenen Viewer mitbringt, ohne den sie nicht lesbar wäre, ist eine andere Frage. Aber wer zu einer Lösung wie LingoMAIL greift, wird wissen, warum. Er wird darunter gelitten haben, seine eigene Schrift höchstens unter allerlei Vorsichtsmaßregeln elektronisch versenden zu können, und kann darauf vertrauen, dass es seinem Briefpartner ähnlich ergangen sein dürfte und dass der *MLX Viewer* darum nicht ungelegen kommt. *LingoMAIL* gibt es als Shareware im Web[1]. Es hat einen großen Nachteil: Es funktioniert nur unter Windows und nicht plattformübergreifend.

Alle diese Schleichwege mussten ersonnen werden, um die engen Grenzen von ASCII zu überwinden. Sie eröffnen heute eine kleine Palette von Möglichkeiten, auch andere als die eigenen Schriftzeichen elektronisch zu verschicken. Keine von ihnen lässt sich so universal einsetzen wie Text/Plain mit seinem elementaren ASCII, das auf jedem Computer der Welt ohne alle Umstände verstanden wird, alle verlangen vom Briefpartner irgendein Entgegenkommen: einen MIME-tauglichen eMail-Client und die nötigen Fonts, einen Web-Browser mit den richtigen Fonts, den *Acrobat Reader* oder den *MLX Viewer*. Bis alle eMail umstandslos in sämtlichen Schriftzeichen von Unicode geschrieben und versandt werden kann und unverstümmelt auf jedem beliebigen Computer jeder Plattform ankommt, wird noch viel Zeit vergehen.

1 www.lingomail.com

Gebrauchsanweisung für Opacs

Die Umwandlung der Zettelkataloge zu Datenbanken bringt nicht nur den Bibliotheken immense Vorteile bei der Verwaltung ihrer Bestände. Auch der Benutzer hat unmittelbare Vorteile – oder kann sie haben, wenn er mit den Opacs umzugehen weiß.

Moderne Web-Opacs scheinen ein Äußerstes an Komfort zu bieten: Man schreibt das Gesuchte, ob Titel oder Autor, in das einzige Eingabefeld ihrer Benutzeroberfläche, das einem am Bildschirm als Erstes entgegenkommt, und schon werden einem die Nachweise übersichtlich aufgelistet. Aber wenn man sich über einige ihrer Voraussetzungen nicht im Klaren ist, kann jede Suche unbrauchbare Ergebnisse liefern oder ganz ins Leere gehen.

Fast alle Opacs haben eine Zeitgrenze: das Trennjahr, in dem die betreffende Bibliothek die Katalogdaten ihrer Neuerwerbungen digital zu erfassen begann. Jeder Opac hat darum sein Anfangsdatum, in der Regel irgendwann in den Siebziger- oder frühen Achtzigerjahren. Bestände aus der Zeit davor sind in den Opacs meist gar nicht enthalten. In jedem Fall muss man sich Klarheit verschaffen, von wann an der durchsuchte Opac vollständige Daten liefert.

Man macht sich auch besser klar, dass ein Opac eine Datenbank ist. Eine Datenbank ist ein nach einheitlichen Regeln strukturierter Datenbestand aus gleichartigen Datensätzen; jeder Datensatz hat gleichartige Datenfelder. Bei der Suche wird nicht etwa der ganze Inhalt der Datenbank durchsucht, das würde viel zu lange dauern. Durchsucht wird ihr Index: die automatisch erzeugte und ständig aktuell gehaltene Liste der in ihnen enthaltenen Wörter. Opacs haben in der Regel mehrere Indizes. Jeder ist identisch mit einer der Suchkategorien, die man neben dem Eingabefeld auswählen kann. Es gibt einen Index der Autorennamen oder aller Personennamen im Katalog, einen aller vorkommenden Titelwörter, einen der wortgenauen Titelanfänge und so weiter.

Was ist für einen Index ein Wort? Der Computer weiß es nicht; er kennt keine Wörter und keine Wortklassen, er kennt nur Strings, Folgen von Schriftzeichen. Alles, was von zwei Leerzeichen umschlossen ist, ist ein String und für ihn damit ein Wort. Da in der wissenschaftlichen Umschrift russischer Namen das Weichheitszeichen ungünstigerweise durch ein <'> dargestellt wird, das der Computer als Trennzeichen betrachtet, hält er den Namen <gor'kii> für zwei Strings, und wenn die Bibliothek dem Problem nicht vorgebaut hat, kann der Benutzer ihn nur unter <gor> oder <gor kii> finden.

Der Computer hat null Toleranz, falls ihm nicht eigens eine gewisse Unschärfe (*fuzziness*) einprogrammiert wurde: Jeder String, nach dem gesucht wird, muss absolut richtig geschrieben sein. Manche Strings erkennt er dennoch nicht. Es sind die so genannten Stoppwörter – Wörter, die nicht mit indiziert werden: Funktionswörter wie <und>, <oder>, <die>, <ein>, <in> zum Beispiel. Nach Stoppwörtern kann man in einem Index nicht suchen.

Das hat Konsequenzen. Wem es einfiele, im Index der »Titelstichwörter« nach dem Buch *Die Oder* zu suchen, bekäme entweder die Meldung »Zu viele Treffer« oder eine Liste aller jener vielen Titel, in denen irgendwo die Wörter <die> und <oder> vorkommen, zum Beispiel *Der Streit der Fakultäten oder die Idee der Universität*. Ob irgendwo an Platz 5938 auch *Die Oder* auftaucht, wird er kaum in Erfahrung bringen wollen. Um an *Die Oder* zu gelangen, müsste er den Index »Genaue Titelanfänge« wählen und das <die> weglassen, das wahrscheinlich ein Stoppwort ist und als solches nicht zählt, also einfach <oder> eingeben. In einem Index, der auch <oder> als Stoppwort behandelt, wird er *Die Oder* nie finden.

Bei der Namenssuche darf der Computer keine Gelegenheit bekommen, Namen und Vornamen zu verwechseln; im Namenindex indiziert werden Nachnamen. An ihrer Form lassen sich Vornamen und Nachnamen nicht unterscheiden. Was Vor- und Nachname ist, erkennt man letztlich nur an der Position, sonst könnte keiner entscheiden, ob der große Maler Max Ernst heißt oder Ernst Max. Auch der Computer muss auf die Reihenfolge bauen. Es gilt die universale Regel, dass bei der Namenssuche der erste String im Eingabefeld der Nachname ist; dann kommt ein Komma, dann der Vorname. Eigennamen werden also immer in der Form <nachname, vorname> angegeben. Vielmehr: *fast* immer. Die Suche nach <karl may> brächte bei der Autorensuche in der Regel kein einziges Ergebnis; bei der Stichwortsuche verschaffte sie einem alle Fälle, in dem der String <karl may> im Titel vorkommt, nicht als Autorenname – also manches Buch über Karl May. Der Steckbrief kann nur <may, karl> lauten.

Nach zwei Namen gleichzeitig kann der Computer nicht suchen, es sei denn, sie wären mit einem Operator der Booleschen Logik (AND, OR, NOT) verknüpft, der den Computer instruiert, wie er mit ihnen verfahren soll. Die erweiterten Suchmasken gestatten meist die Auswahl Boolescher Operatoren, die einfachen, mit denen man die Opac-Suche normalerweise beginnt, nicht. Darum gilt die Regel: immer nur einen einzigen Nachnamen eingeben, auch wenn das gesuchte Werk mehrere Autoren oder Herausgeber hat.

Der Vorname lässt sich gewöhnlich abkürzen, mit einem Jokerzeichen (<?> oder <*>) oder einem Punkt oder einfach durch Weglassen (<may, k?>, <may, k.>, <may, k>). Wer den Vornamen abkürzt, bekommt aber natürlich sämtliche Fälle aufgelistet, für die dieselbe Abkürzung gilt, also neben den Werken von Karl etwa auch die von allen Kurt Mays.

Wenn man nie nach zwei Namen gleichzeitig suchen kann – wie steht es dann mit Doppelnamen? Natürlich muss man beide Bestandteile eingeben, aber wie? Mit Bindestrich? Mit Leerzeichen? Auf die Idee, sie hintereinander zu schreiben (<garciamarquez>, <schmidtrottluff>, <wiesengrundadorno>), wird niemand kommen, zu Recht, denn in dieser Form verstehen Opacs sie meist auch nicht, obwohl sie sie in ihren Indizes genau so führen und entsprechend alphabetisch einsortieren. Hier hilft nur Probieren: Bindestrich oder Leerzeichen. Mal bringt das eine, mal das andere mehr Treffer.
Ein anderes Problem ist das aller großen Datenbestände: Bei vielen Suchen ist die Trefferzahl zu groß, als dass man mit dem Ergebnis etwas anfangen könnte. Manchmal verrät das System, wie viele Tausend es sind; manchmal kapituliert es von vornherein mit der Meldung »Zu viele Treffer«. Dann bleibt einem nur übrig, die Suche einzuengen. Meist lässt sich das eine universale Eingabefeld näher spezifizieren. Dann werden die Suchwörter nicht irgendwo im ganzen Katalog gesucht, sondern nur bei den Autorennamen oder bei den Titeln. Hilft auch das noch nicht, muss man die Seite mit dem bequemen einzigen Eingabefeld verlassen und eine detailliertere Suchmaske aufrufen, manchmal ausgeschildert als »Profi-Suche«. Hier kann man in der Regel mehrere Suchwörter mit den Operatoren der Booleschen Logik verknüpfen, also etwa den Medientyp wählen (Buch, Periodikum) und dazu Autor und Titel und andere Merkmale eintragen. Je genauere Angaben das Suchformular akzeptiert, um so effektiver wird die Suche eingeengt – vorausgesetzt, man hat diese Angaben bereits und sucht nur noch einen Standort und die Signatur. Hat man sie nicht und muss das Gesuchte erst noch bibliografieren, so muss man in den sauren Apfel beißen und sich unter Umständen durch große Datenmassen kämpfen.
Gibt es keinen Verfasser und nur einen Titel, besteht dieser aus nur einem einzigen Wort, das mit Sicherheit kein Stoppwort ist, und ist dieses gar noch ein Allerweltswort wie bei den Zeitschrif-

ten *Nature* oder *Science* oder den Zeitungen *Die Welt* oder *Die Zeit*, so steht einem in jedem Fall allerlei bevor.

Angenommen, man sucht etwa nach der Wochenzeitung *Die Zeit*. Im Web-Opac der Deutschen Bibliothek führt bei der Standard-»Stichwort«-Suche das Suchwort <Die Zeit> zu null Treffern. Lässt man den Artikel weg, so erhält man die Meldung, die Suche hätte »ein zu umfangreiches Zwischenergebnis« – das heißt, der Opac hat schon mitten in der Suche kapituliert. Daraus kann man nur entnehmen, dass in diesem Opac Artikel offenbar weggelassen werden *müssen*. (Die Artikelfrage ist gar nicht so trivial, wie sie zunächst scheint; man suche nur einmal nach einem Werk mit einem Artikel, den man vielleicht gar nicht als solchen erkennt, etwa da Cunhas brasilianisches Meisterwerk *Os Sertões*.) Schreibt man also nur <Zeit> (beziehungsweise <zeit>, denn Großbuchstaben werden in den Opacs grundsätzlich wie Kleinbuchstaben behandelt) und engt die Suche ein, indem man die Eingabezeile von »Stichwörter« auf »Vollständiger Titel« umschaltet, so erhält man 61 Treffer, darunter auch *Die Zeit*, aber kurioserweise zunächst nur die Ausgabe 31 von 1996. Also muss man wohl oder übel die erweiterte Suchmaske aufrufen und dazu am besten auch gleich die umfangreichen Erläuterungen durchlesen. Dann weiß man, dass Artikel in der Tat wegzulassen sind, dass die Option »Vollständiger Titel« ganz richtig war, dass man aber darüber hinaus auch noch die »Materialart« spezifizieren muss, in diesem Fall mit einem <t> (gleich Zeitschriften). Jetzt landet die Suche nach <zeit> nur noch vier Treffer, Nummer 2 ist die Wochenzeitung gleichen Namens, man ist am Ziel.

Aber welches Suchgeschick man im Web-Opac der Deutschen Bibliothek auch erwirbt, anderswo nützt es einem gar nichts. Auch wenn die Deutsche Bibliothek eine Art Nationalbibliothek ist – im Gegensatz etwa zur amerikanischen Library of Congress hat sie kaum Vorbildfunktion. Beim Regionalkatalog Hamburg zum Beispiel führen die »Titelstichwörter« <Die Welt> und <Welt> zu denselben 9160 Treffern und damit in die Wüste.

Ein Normtitelsatz in zwei digitalen Katalogen

001		72346544 //r904
003		DLC
005		19900618133846.9
008		781030m19721989gw a b 001 0 ger
010	a	72346544 //r904
020	a	351857311X (v. 6)
020	a	3518573233 (v. 6 : pbk.)
040	a	DLC
	c	DLC
	d	DLC
050 00	a	PT2603
	b	E455 1972
100 10	a	Benjamin, Walter,
	d	1892–1940.
240 10	a	Works.
	f	1972
245 10	a	Gesammelte Schriften /
	c	Walter Benjamin ; unter Mitwirkung von Theodor W. Adorno und Gershom Scholem hrsg. von Rolf Tiedemann und Hermann Schweppenhäuser.
250	a	1. Aufl.
260 0	a	Frankfurt am Main :
	b	Suhrkamp,
	c	1972–1989.
300	a	7 v. in 15 :
	b	ill. ;
	c	21 cm.
500	a	Vol. 7 edited with the collaboration of Christoph Gödde, Henri Lonitz and Gary Smith.
500	a	Includes index volume for vols. 1–4.
504	a	Includes bibliographical references and indexes.

Das gleiche Werk in zwei Bibliothekssystemen: Es gibt mehrere maschinenlesbare Katalogkartenformate, und nicht alle sind miteinander kompatibel. In den Vereinigten Staaten ist seit 1969 der von der Kongressbibliothek entwickelte MARC-Standard in Gebrauch, der *MAchine Readable Cataloging record* (oben); seit 1999 ist er mit dem kanadischen, britischen und australischen Kartenformat vereint. In Deutschland wird seit 1972 meist ein eigener, vom MARC-Record stark abweichender Standard verwendet, das MAB (*Maschinelles Austauschformat für Bibliotheken*), aber auch das 1969 in den Niederlanden entwickelte Format Pica (unten), vor allem in der nördlichen Hälfte Deutschlands. Das Feld 0100 enthält die Nummer dieses Datensatzes, das Feld 0500 den Status (Monografie, Serienwerk o. ä.), 1100 das Jahr, 1500 und 1700 Land und Sprache, die Felder 2xxx die Quelldatenbanken. Die Felder 5xxx dienen der Sachklassifizierung, die Felder 7xxx geben die Aufnahmedaten und die Standorte an. Man beachte, dass beide Normtitelsätze durchaus uncodierte Umlaute enthalten, sie aber an den Benutzer aufgelöst weitergeben, da dessen Computer sie sonst möglicherweise nicht richtig interpretieren würden. Das @ dient hier als Sortierzeichen und besagt, dass der betreffende Textstring nach dem auf das @ folgenden »Ordnungswort«, hier dem Nachnamen, eingeordnet wird. Hinter jedem

0100	029112885
0500	Acuaz0
1100	1972 $ 1972–1999
1500	/1de
1700	/1de
2065	550317627
2095	PICA: 784762384
2190	3L88/43X
2199	340100025986
3000	Walter@Benjamin!133801799!Walter@Benjamin
3010	Rolf@Tiedemann
3011	Hermann@Schweppenhäuser
3012	Theodor W.@Adorno !135597838!Theodor Wiesengrund@Adorno
3013	Gershom@Scholem !035211776!Ger s om@ Solem
3200	Sammlung
4000	Gesammelte Schriften / Walter Benjamin. Unter Mitw. von Theodor W. Adorno und Gershom Scholem hrsg. von Rolf Tiedemann und Hermann Schweppenhäuser
4030	Frankfurt am Main : Suhrkamp
4062	21 cm
4201	Literaturangaben
5050	01 ; 10 ; 51
5050	10 ; 53 ; 59 ; 46
5301	!106405047!18.10 Deutsche Literatur
5550	!104624094!Benjamin, Walter

solchen Format steht eine bibliothekarische Weltanschauung. Zwar enthalten beide Titelsätze mehr oder weniger die gleiche Information, aber nicht genau die gleiche und nicht in einer Form, die sich vollständig in der anderen abbilden ließe. Schon ein oberflächlicher Vergleich zeigt, warum es schwierig ist, digitale Kataloge miteinander zu vernetzen. Der Benutzer der Hamburger Staats- und Universitätsbibliothek sieht den Pica-Katalogeintrag am Bildschirm in folgender Form:

Mehrbaend.Werk:	**Gesammelte Schriften** / Walter Benjamin.
	Unter Mitw. von Theodor W. Adorno und Gershom Scholem hrsg. von Rolf Tiedemann und Hermann Schweppenhaeuser
Verfasser:	**Walter Benjamin**
Beteiligt:	**Rolf Tiedemann ; Hermann Schweppenhaeuser ; Theodor W. Adorno ; Gershom Scholem**
Erschienen:	Frankfurt am Main: Suhrkamp, 1972–1999
Umfang:	21 cm
Anmerkung:	Literaturangaben
Schlagwoerter:	*__Benjamin, Walter__
Sachgruppen:	**18.10 Deutsche Literatur**

Schließen lässt sich daraus nur, dass man Artikel hier genauso gut angeben wie weglassen kann. Nimmt man in einer Anwandlung von Schlauheit an, die Umschaltung des Suchfeldes von »Titelstichwörter« auf »Gesamttitel Serie/Zeitschrift« müsste eigentlich ans Ziel führen, so endet man wirklich bei einem einzigen Treffer – der *Reise-Welt* der Sechzigerjahre. Warum, wird man nie erfahren, aber in die Nähe führt einen erst der »Kurztitel« <Welt>. Er erbringt siebzehn Treffer, und Nummer 16 ist die Tageszeitung gleichen Namens, Nummer 17 ihre Mikrofilmausgabe.

Im benachbarten Campus-Katalog der Universität sieht es dann aber wieder ganz anders aus: *Science*, *Nature*, *Die Welt* – mit der Standardoption »Titel, Namen, Themen« erntet man nur die Meldung »Treffermenge zu groß«. <die zeit> dagegen landet sonderbarerweise nur 131 Treffer, aber keiner davon ist die Wochenzeitung: Es sind alle Titel, in denen irgendwo die Wörter <zeit> und <die> vorkommen. Man muss wissen, dass einen hier nur die Option »Titelanfänge« (soll heißen: der genaue Wortlaut des Titelanfangs) zum Ziel führen kann. Aber zu genau darf man das »genau« dabei nicht nehmen: Die Form <die zeit>, mit Artikel, trägt einem keinen einzigen Treffer ein, allein das eine Wort <zeit> zeigt Wirkung. Mit ihm erzielt man 24 Treffer, und die Nummer 5 ist, was man suchte.

Kurz, hier bleibt den Bibliotheken noch vieles an Vereinheitlichung zu leisten. Generelle Verhaltensregeln für die immer wieder unerlässliche Einengung gibt es einstweilen nicht.

Eine andere Frage ohne generelle Antwort ist die nach der Zulässigkeit von Abkürzungen. Muss man <The Journal of the American Medical Association> vollständig eingeben? Mit oder ohne <The>? Oder genügt die Abkürzung, unter der es allgemein zitiert wird, <JAMA>? Oder gibt es ein Eingabefeld, in dem man nur die charakteristischsten Stichwörter des Titels eintippen müsste, etwa <journal american medical>? Oder kann man auch diese noch abkürzen, abhacken, »trunkieren«? Etwa zu <j am med ass>? Und wenn man sie trunkieren kann, mit welchen Zeichen? <?> oder <*>, wie so oft? Und welches davon steht für einen Einzelbuchstaben, welches für eine Zeichenfolge? Oder beide für beides?

Mit der Zeit lernt ein Wissenschaftler die Eigenheiten des Opacs seiner eigenen Institution recht gut kennen, sonst bliebe jede Katalogrecherche ein mühsames Geschäft. Wer aber öfter fremde Kataloge absuchen muss, dem bleibt nur Geduld beim Probieren und das Studium länglicher lokaler Gebrauchsanweisungen, so diese sich online auffinden lassen.

Ständige Schwierigkeiten bereitet auch die Problematik der »Sonderzeichen« – aller jener Schriftzeichen, die nicht zum elementaren Computerzeichensatz ASCII gehören. Wie man einem Opac erklärt, dass man den Schriftsteller Hašek sucht, darüber brauchen sich hierzulande zwar nur wenige den Kopf zu zerbrechen, aber den Namen Müller werden alle schreiben können müssen.

Das Problem hängt damit zusammen, dass die Computer im Verkehr miteinander zuverlässig nur mit den ASCII-Zeichen umgehen können, von denen keines irgendeinen diakritischen Zusatz trägt. In den Normdatensätzen, die zusammen einen digitalen Katalog ausmachen, sind zwar Buchstaben mit diakritischen Zeichen und teilweise auch nichtlateinische Schriftzeichen durchaus miterfasst, aber sie sind nach Methoden codiert, die nur für die jeweilige Bibliothek und dort für eine bestimmte Zeitspanne gelten. Der Benutzer bekommt diese Codierungen in der Regel nicht zu sehen, und wenn er sie sähe, könnte er nichts mit ihnen anfangen. Ehe sie hinausgelassen werden, müssen sie Filter passieren, die sie in eine allgemein transportable und verständliche Form bringen. Die Indizes, die er durchsucht, ignorieren die diakritischen Zeichen vollständig. Wenn sie ihm sichtbar gemacht würden, nützte das dem Benutzer auch nur wenig. Er muss, wenn er danach suchen will, diese Sonderzeichen ja zunächst auf seiner Tastatur selber schreiben können, und wenn sich auf der kein <š> findet, kann er auch nicht nach Hašek suchen.

Darum gilt für die Suche nach Wörtern mit lateinischen »Sonderzeichen« die Grundregel: Nacktes ASCII schreiben, alle diakritischen Zeichen wegscheren! Bjørnson muss für die Suche zu <bjornson> werden, Fouqué zu <fouque>, Gonzáles Tuñon zu <gonzales tunon>, Stanisław zu <stanislaw>, Þjóðólfr (Islandisten werden wissen, wie man das Thorn-Zeichen auflöst) zu <thjodolf>.

Aber nicht Büchner zu <buchner>, jedenfalls nicht in Deutschland! Ein ausländischer Benutzer kann zwar die deutschen Umlaute so wenig schreiben wie andere Zeichen, die sich nicht auf seiner Tastatur befinden, wird also notgedrungen statt nach <büchner> nach <buchner> suchen, und in ausländischen Katalogen hätte er damit auch prompt Erfolg. In deutschen jedoch meistens nicht. Hierzulande werden Umlaute anders behandelt. Sie stellen unter den lateinischen »Sonderzeichen« eine weitere Besonderheit dar: Der Vokal mit den beiden Pünktchen steht eigentlich für eine Buchstabenkombination, den betreffenden Grundvokal mit einem <e> dahinter. Dieses <e> wanderte in Handschriften und frühen Drucken über den Vokal und wurde schließlich zu einem Trema vereinfacht. Jedes <ü> lässt sich auch heute noch ohne weiteres in <ue> auflösen, ist nur eine andere Schreibweise für <ue> und unterscheidet sich damit etwa von dem türkischen <ü>, das sich nicht auflösen lässt. Nach Atatürk kann man also auch in deutschen Katalogen nur in der Form <ataturk> suchen. Für Namen wie Büchner aber gilt generell die aufgelöste Schreibweise, also <buechner>. Wenn es einem einfiele, nach <buchner, georg> zu suchen – die im Ausland obligatorische Form –, bekäme man auch nur Georg Buchners; im Web-Opac der Deutschen Bibliothek stehen ihrer vier.

Einige moderne deutsche Web-Opacs allerdings sind in der Lage, auch <büchner> richtig zu verstehen, geben einem den Namen aber meist aufgelöst als <Buechner> zurück. Mutet man dem Katalog der Library of Congress vorwitzigerweise jedoch ein <büchner> zu, versteht er gar nichts; das heißt, er versteht <b chner>, und so etwas führt er nicht. Manche deutsche Kataloge kommen

dem ausländischen Benutzer entgegen, indem sie auch auf die Suchanfrage <buchner> alle Einträge liefern, die unter <buchner> und <büchner> verzeichnet sind. Etwaige Buechners (echte wie falsche) aber fänden sich auf diese Weise nicht. Würde ein Katalog, um dem Dilemma ein Ende zu machen, kurzerhand <u> und <ü> und <ue> gleichsetzen, so ergäben sich zu viele unsinnige Einträge, und das Chaos wäre noch größer.
Auch das <ß> löst man besser immer zu <ss> auf. Viele deutsche Opacs verstehen es zwar richtig, aber manche eben nicht. Der Nordverbundkatalog GVK zum Beispiel interpretiert es als <ÄŸ>, sucht also statt nach <straße> nach <straÄŸe> oder sonstwas. Ein <ss> dagegen missversteht keiner.
Kein Katalog, keine Datenbank, kein Computerverzeichnis ohne feste Reihenfolge. Auch für die Reihenfolge in deutschen Namenregistern gilt die Sortierregel <ü> gleich <ue>, es gibt dafür sogar eine offizielle Norm (DIN 5007); die Müllers sind im Telefonbuch also eingeordnet, als schrieben sie sich alle Mueller. Deutsche Sachverzeichnisse, Lexika zum Beispiel, folgen dagegen der Regel <ü> gleich <u>, die im Ausland auch für deutsche Namen gilt. Sie führt zu der Reihenfolge Mull, Müll, Muller, Müller.
Eine andere Schwierigkeit ergibt sich durch die Koexistenz verschiedener Namensvarianten. Selbst der Name Goethes kommt in vier verschiedenen Formen daher: <Goethe>, <Göthe>, <Göte> und <Goethius>. Ein guter Katalog musste sie schon immer erkennen und sammeln, eine von ihnen zur Hauptform (»Ansetzungsform«) bestimmen und alle übrigen zu »Verweisungsformen« degradieren und auf die Hauptform beziehen, etwaige Pseudonyme desgleichen. Welche Variante auch immer er dann eingibt, der Benutzer findet zur Ansetzungsform. Ob er im Opac der Deutschen Bibliothek <Büchner, Georg>, <Buechner, Karl Georg>, <Bihner, Georg> oder <Bîökner, Gê®ôrg> schreibt, er findet zu Georg Büchner.
Die verschiedenen Möglichkeiten der Transkription aus nichtlateinischen Schriftsystemen kann zu vielen Namensvarianten füh-

ren. Kyrillische Verfassernamen haben nicht nur auf den Titelseiten der deutschen Übersetzungen ihrer Bücher verschiedenste Gestalt angenommen, eine Bibliothek sammelt auch Übersetzungen in andere Sprachen, und für jede gibt es eigene Umschriftmethoden. So bringt es Tschechow im Katalog der Deutschen Bibliothek, obwohl dieser erst 1946 einsetzt, allein mit seinem Nachnamen zu sechzehn Formen, von <Tchekhov> über <éCechov> zu <Tschéchow>. Wer schlau zu sein meint, hinter dem <éC> zu Recht einen bibliotheksinternen Code für das <Č> der wissenschaftlichen Umschrift vermutet und das nächste Mal gleich <éC> eintippt, geht indessen leer aus.

Durch die Rücktranskription aus fremden Alphabeten vervielfältigen sich sogar deutsche Namen ungemein. Dem Katalog der Deutschen Bibliothek bringt sie zwölf Varianten von <goethe> ein, darunter <Giochan Bolphnkannk phon Gkaite> (aus dem Griechischen, wohl mit einem falschen n in Wolfngang), <Gêtê> (hebräisch), <G¯ete> (japanisch), <Koet'e> (koreanisch) und <Gede-zhuan> (chinesisch). Direkt nach diesen suchen kann man aber nicht, alle finden sich nur in der langen Liste der <goethe>-Einträge.

Das sei aber alles sehr verwirrend? Ist es. Man halte sich an folgende kurze Grundregeln:

1. Namen in der Form <Nachname, (abgekürzter) Vorname> eingeben.
2. Nie Nachnamen zweier Personen eingeben (es sei denn, sie lassen sich mit einem Booleschen Operator verknüpfen).
3. In deutschen Opacs die deutschen Umlaute immer aufloesen, in auslandischen nur den jeweiligen Grundvokal verwenden.
4. Das <ß> immer in <ss> auflösen.
5. Alle diakritischen Zeichen (bis auf die deutschen Umlaute) ignorieren.
6. Bei zu großen Treffermengen die größere, felderreichere Suchmaske verwenden, die nähere Spezifikationen und meist auch Boolesche Operatoren erlaubt.

7. Bei der Titelsuche jene Option wählen, die den genauen Wortlaut des Titels akzeptiert, oder wenigstens seinen Anfang.
8. Artikel weglassen.
9. Bei Namen aus fremden Schriftsystemen die gebräuchlichste deutsche Umschrift verwenden, um am sichersten auf die jeweilige »Ansetzungsform« zu stoßen.
10. Gebrauchsanweisungen lesen. Die Lektüre selbst langer bringt einen beim Abfragen von Datenbanken meist schneller ans Ziel als die Methode Versuch und Irrtum.

Weil man zuerst nie ganz sicher ist, wie man es machen müsste, und auch bei viel Übung nicht sicher sein kann, ob man herausbekommt, was man mit mehr Glück und Geschick herausbekommen könnte, hat die Opac-Recherche immer etwas von einem Abenteuerspiel.

Register und Index

Ein alphabetisches Personen- oder Sachverzeichnis am Ende eines Buches hieß auf Deutsch normalerweise *Register*, auf Englisch *Index* (ein ursprünglich lateinisches Wort, das so viel wie »Anzeiger«, »Zeigefinger« bedeutete). Langsam kommt heute das *Register* aus der Mode. Im Computerdeutsch scheint es nur noch *Indizes* zu geben, und die müssen sich auch noch den Plural *Indexe* gefallen lassen.

In diesem Fall kommt der Wortimport jedoch durchaus gelegen. Im Deutschen kann man nun einen Unterschied zwischen einem Register und einem Index machen. Unter einem Index kann und sollte man eine spezielle Art von Register verstehen, nämlich ein automatisch von einem Computer erzeugtes.

Wozu braucht man Register wie Index? Um in einem größeren Textwerk bestimmte Stellen schneller aufzufinden, als man sie bei dessen Satz-für-Satz-Durchsuchung fände. Was ist ein Register oder Index? Eine alphabetisch sortierte Liste von Wörtern, von denen jedes mit einer Adresse (etwa einer Seitenzahl) versehen ist, die angibt, wo der Begriff in dem Werk steht.

Schon eine solche naive Beschreibung des Selbstverständlichen souffliert die Ahnung, dass es erhebliche Unterschiede zwischen einem Register und einem Index geben wird. Ein von Hand oder besser von Kopf erstelltes Register verzeichnet nicht alle Wörter, sondern nur eine sinnvolle Auswahl, eben die Stichwörter. Es führt jedes nur in seiner lexikalischen Grundform auf, und alle seine flektierten Formen sind auf diese Grundform bezogen.

Vor allem hält es sich überhaupt nicht unbedingt an die Wörter, sondern an deren Bedeutungen: Es ist eine alphabetische Liste von Begriffen, nicht von Wörtern. In einem guten Register gibt es Verweise vom Stichwort auf Stellen, an denen es selbst gar nicht vorkommt, aber gemeint ist. Verschiedene Wörter können zu einem Stichwort zusammengefasst sein. Die Einträge können in sich strukturiert sein, sodass der Benutzer von einem Hauptstichwort aus zu mehreren Ebenen von Unterstichwörtern gelangt. Schließlich ist ein Register nicht einfach die Auswertung eines gegebenen Textes, sondern dessen hypothetische Befragung: Der Autor versucht sich in die Situation der Leser zu versetzen und sich vorzustellen, mit welchen Suchwörtern sie nach welchen seiner Inhalte fahnden würden.
Der Index ist eine alphabetische Wörterliste, die von jedweder Bedeutung absieht. Eigentlich noch nicht einmal eine Liste von Wörtern, sondern nur von Strings – Schriftzeichenfolgen, die auf jeder Seite von einem Leerzeichen begrenzt sind. »Buch«, »Buche«, »Buches«, »Buchs«, »Bücher«, »Büchern« – alles verschiedene Strings und damit verschiedene Einträge im Index; der Eintrag »Buche« führt nicht nur zu Fundstellen, bei denen im Dativ vom »Buch« die Rede ist, sondern auch zu dem Baum, »Buchs« auch zu einem Strauch. In einer Passage kann noch so ausführlich von Büchern die Rede sein – wenn der Begriff dort mit anderen Wörtern benannt ist, etwa mit »Druckwerk« oder »Band« oder »Monografie«, findet man über den Begriff »Buch« aus dem Index nie dorthin. Auch ist ein Index absolut flach: eine einfache Aneinanderreihung von Wörtern ohne begriffliche Zusammenfassungen oder Auffächerungen. Ein Index ist auch keine sinnorientierte Stichwortauswahl. Er führt sämtliche vorkommenden Strings auf, abgesehen von denen, die bei der Indexerstellung von vornherein ausgeschlossen wurden, weil sie zu zahlreich und zu uninteressant sind. Das sind die sogenannten Stoppwörter. Ihr Ausschluss geschieht ohne Rücksicht auf den jeweiligen Inhalt. Wenn die Artikel zu Stoppwörtern gemacht wurden, findet man in einem nicht

nachbehandelten Firmenindex weder das Reisebüro <der> noch die Versicherungsgesellschaft <das>.

Alles das macht Indizes, wie sie etwa für die Hilfedokumentation vieler Software automatisch generiert werden, für ihre Benutzer überaus frustrierend. Man sieht ihnen nicht an, welche Flexionsformen ihrer Einträge zu den relevanten Stellen führen. Wer Schwierigkeiten mit seinem Drucker hat, soll der nun <Druck>, <DRUCK> oder <Druck-> anklicken? Wer kann etwas mit den vielen Einträgen wie <druckende>, <druckenden> anfangen? Und nie kann man sicher sein, dass alle relevanten Stellen im Index verzeichnet sind; manchmal fehlen gerade die wichtigsten, nur weil der betreffende String dort zufällig nicht auftauchte.

»Die Erstellung eines Registers«, schreibt Hans H. Wellisch in seinem erschöpfenden Buch *Indexing from A to Z*, »ist ein geistiger Prozess der intellektuellen Analyse, der auf einem Verständnis des Textes beruht und das Ziel verfolgt, seine begriffliche Struktur in einem leicht durchsuchbaren Format neu zu arrangieren ... Das automatische Indizieren dagegen ist eine Suchstrategie, die die Suchwörter der Benutzer in Volltextdokumenten durch einfaches Vergleichen aufspürt ... Man muss sich darüber im Klaren sein, dass der bloße Vergleich von Wörtern (oder Wortteilen) und Wörtergruppen die relevanten Dokumente nicht unbedingt zutage fördert. Es ist darum nicht unvernünftig, ›automatic indexing‹ für ein Oxymoron zu halten.«

Alle Suchmaschinen suchen in Indizes, ob man sie nun in einem Dokument auf dem eigenen Computer oder im ganzen Internet auf die Suche schickt. Alles andere wäre viel zu zeitraubend. Schickte man erst mit dem Mausklick, der die Suche auslöst, die Agenten auf die Suche im Internet, würden erst nach Stunden erste Funde einzutreffen beginnen. Die eigentliche Suche hat also immer schon vorher stattgefunden. Entweder indiziert die Suchmaschine, was ihr gemeldet wurde, oder sie lässt ständig Roboter, Spinnen, Ameisen, Kriechtiere, kurz, Agenten ausschwärmen, um die auf den obersten Seiten der Web-Sites vorkommenden

Wörter zusammentragen und sie dann alphabetisch anzuordnen; manche Suchmaschinen tun beides. Anders macht es die mit großem Abstand beliebteste Suchmaschine, *Yahoo!*. Sie hat eine Redaktion mit 1600 Mitarbeitern weltweit, die die Web-Sites, welche ihre Agenten finden oder die ihnen gemeldet werden, sichtet, begutachtet, bestimmten Themenkategorien zuordnet und nur verzeichnet, was bestimmten Qualitätskriterien genügt. *Yahoo!* ist darum keine Suchmaschine, sondern ein »Themenkatalog«.

Welches in den Datenfluten des Internet die bessere Methode ist, lässt sich jedoch nicht von vornherein sagen. Die Agenten indizieren bestenfalls 30 Prozent jedes Site; seine Tiefen, die Unterunterunterseiten, bleiben den Suchmaschinen von vornherein verborgen. Anfang 2000 soll es im Web 500 bis 800 Millionen Seiten gegeben haben. Die beiden Suchmaschinen, die die meisten untersucht haben, waren *Altavista* und *excite*; in jeder steckt der Ertrag von 250 Millionen Dokumenten. Das heißt, selbst sie haben nicht einmal ein Drittel des Webs erfasst. Für *Yahoo!* wurden dagegen nur hunderttausend Seiten ausgewertet, ein Achttausendstel des ganzen Web. Es gibt keine Redaktion, die der gesamten Menge gewachsen wäre. Da sich die Seiten in ständigem Fluss befinden und ihre Zahl sich alle halbe Jahre verdoppelt, könnte ein Themenkatalog auch niemals Schritt halten und müsste schon darum viel Relevantes verpassen. Ein Index dagegen begräbt das Relevante leicht unter Unmengen von Unsinn und Irrelevantem. Beide Methoden sind samt ihrer Mankos komplementär. Man muss viele Indizes befragen. Zu genau diesem Zweck gibt es Metasuchmaschinen wie *Profusion*, Suchmaschinen, die ihr Glück zugleich bei vielen Suchmaschinen versuchen. Was auch immer man aber schließlich findet, man kann immer sicher sein, das meiste nicht gefunden zu haben.

Es wäre falsch, den Computer zum Erzfeind des Registers zu erklären. Automatisch kann er es nicht erzeugen, das ist wahr. Aber er kann Werkzeuge bereitstellen, die dem Menschen das mühsame Anlegen von Registern wesentlich erleichtern.

UND. ODER. NICHT.

Als im Jahre 1847 der englische Mathematiker George Boole (1815–1864) seine Algebra auf die Philosophie anzuwenden begann und damit den Grundstein der mathematischen Logik legte, stand der Computer noch in den Sternen, und auch Charles Babbages mechanische »Analytische Maschine« war erst eine bloße Idee. Der Professor an der Universität Cork konnte nicht wissen, wie sich seine zweckfreien Überlegungen eines Tages nützlich machen würden. Ohne Booles philosophische Algebra aber gäbe es die heutigen Computer nicht. Ihre interne Steuerlogik beruht ganz auf ihr. Jedem Computerbenutzer begegnen irgendwann einige ihrer so genannten Operatoren, so wie jedem Taschenrechnerbenutzer die arithmetischen Operatoren × (mal) oder ÷ (durch) begegnen.

Der Grundgedanke von Booles Algebra der Logik bestand darin, die logischen Beziehungen zwischen philosophischen Aussagen dadurch klarer und eindeutiger zu machen, dass sie wie die Zahlen der Arithmetik durch Symbole dargestellt werden (*a*, *b*) – und ihre Verknüpfungen durch logische Funktionen ebenfalls. So wie die Arithmetik etwa die Vergleichsfunktionen durch die Operatoren = (gleich), < (kleiner als), > (größer als), <> (ungleich) ausdrückt, so drückt die Boolesche Algebra die logischen Beziehungen zwischen zwei Aussagen vor allem durch die drei elementaren Operatoren AND (&), OR (¦) und NOT (¬) aus. Alle Booleschen logischen Operationen sind von vornherein so ausgelegt, dass das Ergebnis immer entweder wahr (1) oder falsch

(0) sein muss, nie etwas dazwischen. Werden zum Beispiel zwei Eingangsaussagen (die eine *a*, die andere *b*) durch die Sowohl-als-auch-Verknüpfung AND verbunden, so entsteht eine Ausgangsaussage, die wahr (1) nur ist, wenn *a* und *b* beide wahr sind, sonst aber falsch (0). Die Aussage *a* OR *b* jedoch ist wahr schon, wenn entweder *a* oder *b*, und falsch nur, wenn weder *a* noch *b* wahr ist.

Diese Zweiwertigkeit der Booleschen Logik kam dem binären Wesen des heutigen Computers entgegen, der auf der elementarsten Ebene ebenfalls nur mit den beiden Werten 0 und 1 umgeht. Im Computer werden die elektrischen Signale durch so genannte logische Gatter geschickt, die jeweils einen logischen Operator darauf anwenden und ihm entsprechend aus zwei Eingangssignalen ein Ausgangssignal machen. Ein Gatter, das auf die Funktion AND ausgelegt ist, liefert immer dann ein Signal (1), wenn an beiden Eingängen ein Signal vorhanden ist, stellt also die logische Funktion 1 AND 1 = 1 dar: Wenn 1 wahr ist UND das andere 1 ebenfalls, dann ist auch das Ausgangssignal 1, nämlich wahr. Ein OR-Gatter dagegen liefert schon ein Ausgangssignal, wenn nur an einem der beiden Eingänge ein Signal anliegt (1 OR 0 = 1, 0 OR 1 = 1, 1 OR 1 = 1, aber 0 OR 0 = 0). So nimmt der Computer logische Operationen an den Signalen vor, und zwar auf der untersten Ebene der einzelnen Bits.

Wer Boolesche Operatoren etwa bei der Suche in einem digitalen Katalog oder einer Suchmaschine verwendet, begreift intuitiv, was es mit ihnen auf sich hat. Was er hier mit Booleschen Operatoren verknüpft, sind keine philosophischen Aussagen, sondern Strings, Buchstabenfolgen, die computerintern als Zahlenketten behandelt werden. Sucht er nach <meier>, so sucht er in Wahrheit nach der Zahlenkette <77 69 73 69 82> – den den Buchstaben entsprechenden Nummern in der ASCII-Zeichentabelle. Der Computer übersetzt sich diese Zahlen in die einzige Schreibweise, die er beherrscht, die binäre, die jeden Menschen zur Verzweiflung treiben würde. In binärer Schreibweise lautet der

Name <meier>, in 7-Bit-Gruppen mit einem freien Bit dazwischen ausgedrückt: <1011011 1010011 1001011 1010011 0100111>. Wenn der Opac-Benutzer nicht sicher ist, ob sich der <meier>, den er sucht, mit <e> oder <a> schreibt, aus der Sicht der Maschine also mit <1010011> oder <1000011>, so kann er dem System auftragen, in der Datenbank Soundso nach <meier> OR <maier> zu suchen. Der Computer vergleicht dann die beiden Suchstrings mit allen Strings im Index und listet sämtliche Fälle auf, für die entweder <meier> oder <maier> den Wahrheitswert 1 liefert und somit ein Signal aus dem logischen OR-Gatter kommt, das heißt, er liefert alle Einträge unter Meier und Maier. Ist die Treffermenge zu groß, so lässt sie sich durch zusätzliche Bedingungen eingrenzen, die erfüllt sein müssen. Dafür bietet sich als erste die Funktion AND an. Name <meier> UND Jahr <1999> liefert die Bücher aller Meiers aus dem Jahr 1999, also alle Fälle, in denen sowohl <meier> als auch <1999> wahr sind beziehungsweise den Wert 1 ergeben. Und wenn man bei einer zu großen Treffermenge nur eine bestimmte Bedingung ausschließen will, steht gelegentlich die Funktion NOT zur Verfügung: <goethe> NOT <goethe, joh> führt zu allen Büchern aller Goethes, nur jener nicht, deren Vornamen mit <joh> beginnen.

Man muss nichts von der Booleschen Algebra wissen, um sie anzuwenden. Aber wer etwas von ihr weiß, wird sich ihrer etwas eingeweihter und darum vielleicht weniger missmutig bedienen. Er wird überraschende Ergebnisse auch eher durchschauen als sein tumber Nebenmann.

Die Erfindung der CD

Als Thomas Edison am 6. Dezember 1877 »Mary had a little lamb« in einen großen Trichter sang und eine Nadel die Schallwellen in eine mit Stanniolpapier bespannte rotierende Walze kratzte, war das eine Bilderbucherfindung. Jemand hatte eine Idee gehabt, hatte gebastelt, und siehe da, es funktionierte – der »Tonschreiber«, der Phonograph, war geboren.

Die Compact Disc – die CD – hundert Jahre später: In diesem klassischen Sinne erfunden wurde sie nicht. Wie viele bahnbrechende technische Novitäten wurde sie von mehr oder weniger anonymen Ingenieursteams entwickelt, und am Anfang war keineswegs klar, worauf deren Entwicklungsarbeiten zuliefen. Einen bestimmten Ort aber hatte die Erfindung: die Forschungslabors des Philips-Konzerns in Eindhoven. Das Datum ist schon schwerer zu bestimmen. Immerhin, im März 1981 präsentierte Philips auf dem Pariser Festival du Son die CD erstmals der Öffentlichkeit.

Begonnen hatte es Ende der Sechzigerjahre. Damals versprachen sich Pädagogen überall auf der Welt Wunder von neuen »autchowie-suellen Mädchen« (beide Wörter waren noch neu), und auch Philips wollte mit einem Beitrag zur erhofften audiovisuellen Revolution in den Schulen aufwarten. So fragte die Lehrmittelgruppe 1969 bei der Gruppe Elektroakustik an, ob sich nicht eine Art Grammofonplatte für Bilder konstruieren ließe. Zunächst dachte man in konventionellen Bahnen: an eine spiralförmige Spur aus winzigen fotografischen Bildern auf einer Scheibe von der Größe einer Langspielplatte. Bald aber stand fest, dass es so nicht ging. Die hochauflösende Fotoschicht auf diesen Scheiben war so empfindlich gegen kleine Fabrikationsmängel, dass eine Massenfertigung nicht in Frage kam.

»Da haben wir nachgedacht«, sagt Piet Kramer, damals Leiter der Gruppe Optik in den Philips-Laboratorien, später Forschungsdirektor. Als Bilder ließen sich die Bilder auf der Platte offenbar nicht verwenden. Sie mussten codiert werden, und zwar so robust, dass sie den Strapazen der Massenfertigung gewachsen wären. »Eine binäre Signalspur, das war die Idee!« Binär, das hieß: die gesamte Bildinformation durch nicht mehr als zwei Zeichen auszudrücken, nämlich durch verschieden lange *pits* (Gruben) auf einer ebenen Oberfläche und den *lands* dazwischen; die Abfolge von *pits* und *lands* moduliert dann ein FM-Signal. »Dass es Materialien gab, so homogen, dass sich diese winzigen Vertiefungen sauber einpressen ließen – das war das eigentliche Wunder.« Von vornherein war klar, dass diese nur knapp einen Mikrometer breite und nur unter einem Mikroskop sichtbare binäre Signalspur nicht mechanisch ausgelesen werden könnte, mit einem Abtaststift, wie eine Schallplatte. Sie musste optisch ausgelesen werden. Ein scharfes Lichtbündel wird von den silbern spiegelnden *lands* reflektiert, von den *pits* gebeugt, verschluckt. Es muss also nur noch ein Detektor in Form einer Fotodiode her, der registriert, wann und wie lange der Abtaststrahl nicht zurückkommt. Zunächst dachte man, ein normaler Lichtstrahl würde reichen. Wieder Fehlanzeige: Mehr als Rauschen war nicht zu sehen. Normales Licht, zu einem so feinen Strahl gebündelt, war einfach zu schwach. Da traf es sich gut, dass eine andere Firmenabteilung Erfahrungen mit dem (1958 patentierten) Laser hatte, der das Nötige lieferte: einen gebündelten, intensiven, frequenzscharfen Strahl monochromen Lichts. Nur war der Laser damals noch etwas Feines für Labors der Grundlagenforschung; dass er den Weg in die Haushalte finden könnte, mochte sich noch niemand vorstellen. Also mussten Philips-Ingenieure erst einmal

eine Variante für den Hausgebrauch entwickeln, schlicht, narrensicher, billig (heute wird durchweg ein Infrarot-Halbleiterlaser verwendet). Aber als sie dann da war, funktionierte es prompt, und schon 1972 stellte Philips eine binär codierte, mit Laserlicht gelesene Video-Langspielplatte (VLP) vor. Bis zur Marktreife brauchte sie noch sechs Jahre, und unter dem Namen LaserVision gab es sie noch lange. Ein Erfolg war sie nie.
Schon 1972 wurde erwogen, ob sich die neue Laser-Lesetechnik wohl für Tonaufnahmen eigne. Aber damals bestand noch kein Interesse, die Forschung mit Macht voranzutreiben – die Langspielplatte schien gut genug.
Es musste erst noch eine Idee hinzukommen: den Ton nicht analog auf die Platte zu schreiben wie bei der herkömmlichen LP (die die Schwingungen der Klangwellen als Wellungen einer Rille abbildet), sondern digital. Die digitale Aufzeichnungstechnik (bei der die Spannung des Schallereignisses 44 100 mal pro Sekunde gemessen – »gesampelt« – und jede dieser Messzahlen wiederum binär codiert wird) war damals nur in Tonstudios gebräuchlich. Philips gedachte auch sie in die Haushalte zu schaffen. 1978 wurden die Spezifikationen definiert: eine Stunde Stereoklang auf einer bierfilzgroßen Silberscheibe. 1979 einigte man sich mit Sony auf einen gemeinsamen Standard; 1981 trat ihm der japanische Elektronikriese Matsushita bei. Und schon 1983 war die CD mitsamt dem dazugehörigen Abspielgerät auf dem Markt. Die internationale Koordination in dieser Phase, die einem Debakel wie bei den Bildspeichermedien mit ihren sechs sich gegenseitig behindernden Standards vorbeugte, war wohl der prekärste Teil der Entwicklung.
Die Vorteile ließen sich auf der Stelle hören: Die CD ist relativ unempfindlich gegen Kratzer und Schmutz, der Laserstrahl verschleißt die Signalspur nicht wie ein Abtaststift die Schallplatte, die digitale Aufzeichnung unterdrückt alles Rauschen, die Plastikscheibe ist billig und leicht zu pressen. Den jähen Totalsieg über die gute und noch gar nicht so alte LP hätte damals dennoch

niemand vorhergesagt. Den anderen großen Vorteil benennt schon der Name: die Kompaktheit. Die (von innen nach außen gelesene) Spiralspur auf der Unterseite der oben verspiegelten Scheibe ist so fein, dass sechshundert von ihnen auf einen Millimeter kommen; die ganze Spur ist etwa fünf Kilometer lang, und darauf passen etwa 630 Millionen Bytes. Dieser Kompaktheit verdankt die Audio-CD die Mutation zum konkurrenzlos billigen Datencontainer des Computers, der CD-ROM.

Nachdem 1990 mit dem Orange Book ein entsprechender Standard verabredet war, kamen bald die ersten »Brenner« auf den Markt, mit dem sich jeder seine eigenen CDs »brennen« konnte, die – anfangs golden verspiegelten – CD-Rs. In der zweiten Hälfte der Neunzigerjahre sank ihr Preis so sehr, dass das CD-R-Laufwerk zu einem Massenprodukt werden konnte und aus der CD nunmehr auch ein Backup-Medium für Computerdaten. Mit der mehrmals beschreibbaren CD-RW wurde schließlich auch der Nachteil aufgehoben, dass sich jeder goldene »Rohling« nur einmal verwenden ließ.

Seit 1996 hätte der Nachkomme der CD, die DVD (Digital Versatile Disc) dem enormen Speicherbedarf audiovisueller Inhalte genügen können. Sie ist nicht größer als eine CD und sieht äußerlich kaum anders aus, aber fasst, da bei ihr zwei Datenschichten sandwichartig übereinander liegen, 4,7 plus 3,8 gleich 8,5 Gigabyte, fast vierzehn Mal so viel wie eine CD – und bei beidseitiger Ausnutzung (mit vier Datenschichten) sogar das Doppelte. Eine einzige DVD kann einen ganzen Spielfilm in besserer als Fernsehqualität aufnehmen – und genau dieser Umstand und die mit ihm verbundenen Rechte- und Normenstreiteren haben ihren Siegeszug jahrelang aufgehalten.

Anhang

Die Digitale Bibliothek
Ein kommentierter Linkkatalog

Ein Linkkatalog, der hinausweist ins World Wide Web, gedruckt, und dann noch in einem Buch? Es ist weniger paradox, als es auf den ersten Blick scheinen mag. Die Vorteile des Internet kommen dort am besten zum Zuge, wo man an der schieren unsortierten Masse interessiert ist oder möglichst direkt auf eine bestimmte Information zusteuert. Zum unscharf gezielten Suchen aber (zum Herumstöbern) eignet sich die gedruckte Form besser – nicht nur, weil sie angenehmer zu lesen ist, sondern weil sich in ihr auch besser Übersicht gewinnen und behalten lässt als am Bildschirm. Erst beim sichtenden Lesen kann ein Katalog wie dieser ausspielen, was möglicherweise seine Stärke ist: einen Überblick zu geben, hier über besonders geeignete Internetressourcen zu einzelnen Fragestellungen im Zusammenhang mit Bibliotheken und eTexten.

Aber die Printmedien sind auf jeden Fall langsamer, und das World Wide Web ist ständig in Bewegung. Nichts garantiert, dass man eine einmal gefundene Seite im gleichen Zustand und unter der gleichen Adresse jemals wiederfindet. Darum verfällt notwendig jedes Adressbuch zum Internet relativ schnell, auch dieser Linkkatalog, obwohl darauf geachtet wurde, nur solche Adressen aufzunehmen, die von einiger Solidität und Dauerhaftigkeit schienen. Sie wird gelegentlich überprüft und aktualisiert. Die jeweils aktuellste Version findet sich online auf den Seiten der Wochenzeitung DIE ZEIT, Web-Adresse www.zeit.de/digbib/.

Stand: 25. April 2000

Empfehlungen

Katalogrecherche in deutschen Verbundkatalogen?
Karlsruher Virtueller Katalog!
http://www.ubka.uni-karlsruhe.de/hylib/kvk_help.html
Homepages von deutschen Bibliotheken?
HBZ-NRW! http://www.hbz-nrw.de/hbz/germlst/Welcome.html
Informationen über Nationalbibliotheken?
Gabriel! http://www.ddb.de/gabriel/de/welcome.html
Homepages von Bibliotheken weltweit?
Libweb! http://sunsite.berkeley.edu/Libweb/
Homepages von (nicht nur deutschen) Buchverlagen?
BooksPro! http://www.BooksPro.de
Bestellung von Zeitschriftenaufsätzen?
subito! http://www.subito-doc.de/
Verzeichnis von elektronischen Fachzeitschriften?
EBZ Regensburg! http://www.bibliothek.uni-regensburg.de/ezeit/
eTexte der deutschen Literatur?
Litlinks! http://www.geocities.com/~aristipp/litlinks/litlinks.htm
Mustergültige eTexte im Web?
Project Bartleby! http://www.hbz-nrw.de/hbz/germlst/Welcome.html
eTexte der englischen Literatur?
The On-Line Books Page http://digital.library.upenn.edu/books/
eTexte der französischen Literatur?
Gallica! http://gallica.bnf.fr/
eTexte der italienischen Literatur?
Progetto Manuzio! http://www.liberliber.it/
eTexte der skandinavischen Literatur?
Project Runeberg! http://www.lysator.liu.se/runeberg/
eTexte der antiken Literatur?
Perseus Digital Library! http://perseus.mpiwg-berlin.mpg.de
eTexte in vielen, teils sehr fremden Sprachen?
Wordtheque! http://www.logos.it/literature/literature.html
Zu den Web-Domänen einzelner Verlage?
BooksPro! http://www.BooksPro.de
Zugang zu wissenschaftlichen Datenbanken?
FIZ Karlsruhe! (kostenpflichtig) http://www.fiz-karlsruhe.de/
Übersicht über alles Literarische im Web?
Yahoo! http://dir.yahoo.com/Arts/Humanities/Literature/

Das beste universale Nachschlagewerk im Web?
Britannica Online! http://www.britannica.com/
Online-Wörterbücher im Web?
A Web of On-line Dictionaries!
http://www.facstaff.bucknell.edu/rbeard/diction.html
Die beste Anwendung des Hypertextprinzips?
Perseus Digital Library! http://perseus.mpiwg-berlin.mpg.de/

Die Computerisierung der Bibliothek

D-Lib Forum

Dieser Web-Site der amerikanischen Digital Libraries Initiative (unter Federführung der DARPA, der Defense Advanced Research Projects Initiative) wendet sich an Wissenschaftler, die sich mit der Schaffung digitaler Bibliotheken befassen (und in minderem Maß auch an deren Benutzer). Er bietet u. a. internationale Web-Adressen zum Thema und vor allem das *D-Lib Magazine*, eine monatlich erscheinende Fachzeitschrift; zurückliegende Ausgaben liegen in einem Archiv.
http://www.dlib.org/

eLib Electronic Libraries Programme

Das 1995 aufgrund des Follett-Berichts (1993) ins Leben gerufene staatlich finanzierte britische Programm, das im Vereinigten Königreich den Weg zur vollelektronischen Bibliothek der Zukunft bahnen soll. Im Netz steht vor allem die seit 1996 erscheinende Zweimonatsschrift *Ariadne*, eine frei zugängliche Zeitschrift zu allen Fragen rund um die digitale Bibliothek.
http://www.ariadne.ac.uk/about/intro.html

FIZ Fachinformationszentrum Karlsruhe

Eine gemeinnützige Einrichtung zur Beförderung des internationalen Informationsflusses in Forschung & Entwicklung, getragen u. a. vom Bund, den meisten Bundesländern, der Max-Planck-Gesellschaft und der Fraunhofer-Gesellschaft. Vor allem verschafft sie Zugang zu über 200 wissenschaftlichen, technischen, wirtschaftlichen und patentrechtlichen Datenbanken auf der ganzen Welt, und zwar über das Informationsnetzwerk STN International (The Scientific and Technical Information Network), der gemeinsam vom FIZ Karlsruhe selbst, der American Chemical Society (ACS) in Columbus, Ohio, und der Japan Science and Technology Corporation

(JST) in Tokyo unterhalten wird. Ein Benutzerkonto kostet 50 DM, die Rechercheminute je nach Datenbank 0,57 bis 8,47 DM.
http://www.fiz-karlsruhe.de/

Scholarly Electronic Publishing Bibliography, von Charles W. Bailey, Jr.
Eine 1996 an der Universität Houston, Texas, entstandene und seitdem ständig aktualisierte Bibliografie, die ausgewählte Bücher und Aufsätze zu Fragen des wissenschaftlichen elektronischen Publizierens auflistet.
http://info.lib.uh.edu/sepb/sepb.html

Die unendliche Bibliothek
Ein im November 1995 veranstaltetes Symposion über »digitale Information in Wissenschaft, Verlag und Bibliothek«, als Buch 1996 im Verlag Harrassowitz, Wiesbaden, erschienen (38 DM). Einige seiner Beiträge hat die Deutsche Bibliothek online veröffentlicht, so die von Wolfgang Frühwald, Dietrich Götze, Martin Grötschel/Joachim Lügger, Jürgen Mittelstraß und Klaus G. Saur.
http://www.ddb.de/service/index.htm

OCLC Online Computer Library Center
Das OCLC ist eine nichtkommerzielle bibliothekarische Dienstleistungsorganisation, beheimatet in Dublin, Ohio. Es ging 1977 aus dem zehn Jahre vorher gegründeten Ohio College Library Center hervor, das die Computerisierung der Bibliotheken in Ohio vorangetrieben hatte. Heute zählt das OCLC etwa 36 000 Mitgliedsbibliotheken in den USA und 65 anderen Ländern, davon 900 in Europa, Afrika und dem Nahen Osten; in Deutschland sind es nur die SUB Göttingen, die UB Karlsruhe und die UB Konstanz. Unter seinem Gründer und ersten Vorsitzenden Frederick G. Kilgour hat es wesentlich zur Entwicklung von Standards für das elektronische Bibliografieren beigetragen. Seine Hauptaufgabe war die Retrokonversion von Zettelkatalogen; später kam die Online-Abwicklung der inneramerikanischen Fernleihe dazu. Die kumulierten Titelsätze gehen mit Standortnachweisen in den Online Union Catalog ein (im Web als *WorldCat* bezeichnet), die mit Abstand größte bibliografische Datenbasis der Welt. Der Höchststand waren über 40 Millionen Titelsätze. Die systematische Ausmerzung von Dubletten hatte den *WorldCat* zur Mitte der 90er Jahre um mehrere Millionen schrumpfen lassen; da er aber um über 2 Millionen Neuzugänge pro Jahr wächst, war er 1999 wieder bei 37,1 Millionen mit 741 Millionen Standortnachweisen angekommen. Die Abfrage des WorldCat

und der anderen Datenbanken des OCLC erfolgt über die Benutzeroberfläche FirstSearch. Zugriff haben nur die Mitgliedsbibliotheken. Das FIZ Karlsruhe (s. dort) erlaubt seinen eingetragenen Nutzern die WorldCat-Recherche (Kosten: 2,98 DM pro Minute). In FirstSearch integriert wurden auch 2200 elektronische Zeitschriften im Volltext eingebunden; Zugriff haben nur die Mitgliedsbibliotheken, die sie abonniert haben.
http://www.oclc.org/oclc/menu/home1.htm
In Europa (Birmingham):
http://www.oclc.org/oclc/europe/home.htm

***Wissenschaftliche Information am Wendepunkt? Zwänge, Krise und Chancen aus der Sicht der Mathematik*, von Martin Grötschel, Joachim Lügger, Uwe Zimmermann**
Die Kurzfassung eines Referats, das die Autoren 1995 auf dem Vierten Bibliothekartreffen in Weinheim (und an manchen anderen Orten) gehalten haben und das beschreibt und mit Zahlen untermauert, wie man der Informationsüberlast in der Wissenschaft elektronisch Herr werden könnte.
http://www.wiley-vch.de/books/lib_meet_95/bib04.html

Bibliotheken und Bibliothekskataloge (Opacs)

Bayerische Staatsbibliothek (BSB), München
Die BSB ist zwar nur die zweitgrößte deutsche Universalbibliothek (die größte ist die Staatsbibliothek zu Berlin), aber da sie einige Jahrhunderte früher gegründet wurde (1558), zeichnet sie sich vor allem durch ihre Altbestände und ihre Handschriftensammlung aus. Insgesamt verwahrt sie 10,2 Millionen Medieneinheiten: 7,3 Millionen Bücher, 42 000 Zeitschriften und Zeitungen, 79 000 Handschriften, 367 000 Kartenblätter, 1,2 Millionen Fotos, 250 000 Musikdrucke, 60 000 Tonträger und 900 000 Mikroformen. Ihre Webseiten geben unter anderem unentbehrliche Auskünfte über die Suche in ihren verschiedenen Katalogen. Online abfragbar sind ihr Opac, der ihren Bestand seit 1982 verzeichnet (eingestellte Zeitungen und Zeitschriften aber nicht), der gescannte Kartenkatalog der Jahre 1953 bis 1981 und der Katalog der Altbestände 1501 bis 1840. Zwischen 1840 und 1953 klafft eine große Lücke: Die Bestände aus dieser Zeit sind in handschriftlichen Katalogen verzeichnet, die nur die Bibliothekare der BSB benutzen können und dürfen. Die Benutzbarkeit ihrer Online-Kataloge ist bisher leider stark eingeschränkt: Der Server ist zu den meisten Tageszeiten schwer

zu erreichen und reagiert sehr träge, die Suchmaske der (immerhin gemeinsam abfragbaren) Opacs der alten und der neuesten Bestände ist hoch idiosynkratisch, der Start des Applets, das den digitalen Kartenkatalog in Gang setzen soll, ist Glückssache, und dessen Suchfunktionen sind seltsam unpraktisch angelegt. Den Katalog der Altbestände gibt es jedoch auch als CD-Rom (Saur Verlag, München; 2980 DM).
http://www.bsb.badw-muenchen.de/

Bibliothèque nationale de France (BnF), Paris
Sehr elegant und dabei doch praktisch gestalteter Web-Site der aus der Fusion von Bibliothèque Nationale und Bibliothèque de France hervorgegangenen Nationalbibliothek Frankreichs, deren Hauptsitz seit 1996 Paris François-Mitterand/Tolbiac ist, mit Zugang zu ihren Online-Katalogen und virtuellen Ausstellungen zur Kultur- und Mediengeschichte. Das Haupthaus in Tolbiac verwahrt 10 Mio Bücher, 350 000 Zeitschriftentitel, 76 000 Mikroformen, 100 000 digitale und 1,3 Mio audiovisuelle Dokumente, der frühere Sitz rue Richelieu 17 Mio Karten, Musikalien, Kunstdrucke, Fotos und Manuskripte. Mit ihren weiteren Spezialsammlungen in anderen Häusern befinden sich etwa 32 Mio »Bestandseinheiten« im Besitz der BnF. Die Katalogsituation in einer Bibliothek dieses Umfangs und dieses Alters (die Sammlungen wurden 1368 von Karl V. begonnen) ist notwendigerweise außerordentlich kompliziert.
http://www.bnf.fr/
Die beiden bisherigen umständlichen Telnet-Kataloge der BnF (BN-OPALE und BN-OPALINE) werden Anfang 2000 ergänzt und zu dem im Mai 1999 freigeschalteten Web-Opac BN-OPALE PLUS zusammengefasst, der dann etwa 7 Mio Nachweise zu 8 Mio Bestandseinheiten enthalten wird, vorwiegend die Bücher ab 1970, die Zeitschriften seit 1960 und die elektronischen Dokumente seit 1994.
http://catalogue.bnf.fr/

ALEPH Katalog (Österreichischer Verbundkatalog)
Der Österreichische Bibliotheksverbund bietet eine Homepage mit Links zu den Online-Katalogen der 22 größten wissenschaftlichen Bibliotheken des Landes und dazu ALEPH, einen gemeinsamen Opac, der Teile ihrer Bestände verzeichnet.
http://www.bibvb.ac.at/verbund-opac.htm

berliner allegroCatalog (bac)

Ein Lichtblick in der so reichen wie konfusen und online bisher nur dürftig erschlossenen Berliner Bibliothekslandschaft: der Web-Opac der Zentral- und Landesbibliothek Berlin (das heißt der 1995 mit der [Ost]-Berliner Stadtbibliothek vereinten [West-Berliner] Amerika Gedenkbibliothek) und der Bezirksbibliotheken, der mit über 5 Millionen Medieneinheiten deren Bestände recht vollständig verzeichnet.

http://www.biblio.tu-bs.de/acwww25u/bac/bac.htm

Biblioteca Nacional, Madrid

Die 1712 von Phillip V. gegründete spanische Nationalbibliothek am Boulevard Recoletos hat 11,1 Mio Bestandseinheiten, davon 4 Mio Bücher.

http://www.bne.es/

Ihr Web-Opac namens ARIADNA zählte Anfang 2000 1,7 Mio Titelsätze; miterschlossen sind auch Altbestände aus früheren Jahrhunderten.

http://www.bne.es/cgi-bin/wsirtex?FOR=WIUSEVI4

British Library, London

Die 1973 durch den Zusammenschluss der zentralen britischen Bibliotheken gebildete und seit November 1997 in ihrem neuen Hauptgebäude in St.Pancras ansässige British Library – den Kern bildet die 1753 gegründete Bibliothek des Britischen Museums – ist mit 150 Mio Bestandseinheiten eine der größten Bibliothek der Welt. Sie hat etwa 400 000 leibhaftige Besucher im Jahr, ihr Web-Site 9,4 Millionen.

http://www.bl.uk/

Jenseits der Homepage ist der Web-Auftritt der British Library recht verwirrend; insbesondere ist nicht leicht zu erkennen, welche Kataloge hier welche Bestände erschließen. Seit 1995 ist ein Opac namens Blaise mit 19 Millionen Titelsätzen aus 21 Datenbanken im Internet zu finden (zunächst nur im Telnet, jetzt auch im WWW), aber nur für registrierte und zahlende Benutzer mit Passwort.

http://www.bl.uk/services/bsds/nbs/blaise/

Freien Zugang für jedermann bietet allein ihr im Mai 1997 eingerichteter und von der Internetbuchhandlung amazon.com gesponserter OPAC '97, in dem die neueren Bestände ihrer Reference Collection (Benutzungssammlung) – Druckschriften ab 1975, Musikalien ab 1980 – und ihre Dokumentenlieferungs-Sammlung in Boston Spa verzeichnet sind (Bücher ab 1980, Periodika ab 1700).

http://opac97.bl.uk/

buch+medien Online

Der Web-Site der Buchhändler-Vereinigung in Frankfurt am Main. Sie enthält neben Adressenverzeichnissen von Buchhandlungen und Verlagen fünf Datenbanken, nämlich das Verzeichnis Lieferbarer Bücher (VLB) mit tendenziell sämtlichen 750 000 derzeit im Buchhandel erhältlichen deutschsprachigen Büchern aus 14 000 Verlagen, mit Preisangabe und Bestellmöglichkeit, einem Verzeichnis Lieferbarer Musikalien (VLM), einem Verzeichnis Lieferbarer Schulbücher (VLS) und einem Verzeichnis Lieferbarer Zeitschriften (VLZ).
http://www.buchhandel.de/

Die Deutsche Bibliothek (DDB)

Eine Art deutsche Nationalbibliothek, 1946 als westdeutsches Pendant zur Deutschen Bücherei Leipzig gegründet, die seitdem sämtliche deutschsprachigen Veröffentlichungen bibliografiert und archiviert. 1990 wurde sie institutionell mit der Deutschen Bücherei Leipzig zusammengelegt. Heute besteht sie aus drei Teilen, der Deutschen Bibliothek Frankfurt (DBF), der Deutschen Bücherei Leipzig (DBL) und dem Deutschen Musikarchiv Berlin (das seit 1970 650 000 Tonträger und 340 000 Notendrucke gesammelt hat). Die Deutsche Bibliothek hat seit 1995 eine einnehmende Homepage im Web, über die man auch zu ihren diversen Dienstleistungen gelangt.
http://www.ddb.de/
Am 1. Oktober 1998 hat die Deutsche Bibliothek ihren Web-Opac für die Öffentlichkeit freigeschaltet, der einen komfortablen Zugriff auf zur Zeit etwa 4,5 Millionen Titelsätze erlaubt und direkt angesteuert werden kann.
http://www.ddb.de/online/index.htm

Deutsche Bücherei Leipzig (DBL)

Seit 1913 die deutsche Pflichtbibliothek, mit unvollständigen Beständen nur aus der Zeit der deutschen Spaltung, seit 1990 institutionell mit der Deutschen Bibliothek in Frankfurt vereint. Von den 8,5 Millionen Titeln ihres Katalogs sind 2,9 Millionen Titelsätze (ab 1974) in einem Web-Opac enthalten, der den altertümlichen Telnet-Katalog abgelöst hat.
http://www.ddb.de/online/index.htm

Deutsches Bibliotheksinstitut (DBI), Berlin

Das 1978 gegründete und von Bund und Ländern getragene DBI hatte die Aufgabe, nicht Bibliotheksbenutzer, sondern Bibliotheken technisch zu beraten und mit verschiedenerlei Serviceleistungen zu unterstützen, nicht

nur, aber hauptsächlich beim Übergang ins digitale Zeitalter. Aufgrund eines negativen Gutachtens des Wissenschaftsrats vom November 1997 wurde es aus der »Blauen Liste« gestrichen und im September 1999 durch ein Gesetz des Berliner Senats aufgelöst. Seit 1. Januar 2000 meldet sich sein Server mit EDBI – Ehemaliges Deutsches Bibliotheksinstitut. Die Abwicklung wird sich über das ganze Jahr 2000 hinziehen. Es ist ein kleineres Nachfolgeinstitut geplant, das sich um die überregionale bibliothekarische Infrastruktur kümmern soll, aber weniger und anders als das DBI; es soll bei der Stiftung Preußischer Kulturbesitz angesiedelt werden. Die unverzichtbarste Dienstleistung des DBI, die Zeitschriftendatenbank (ZDB, s. dort), soll die Staatsbibliothek zu Berlin fortführen, den Dokumentenlieferdienst subito (s. dort) eine Arbeitsgemeinschaft der beteiligten Lieferbibliotheken.
http://www.dbi-berlin.de/
Online bietet das EDIB wahrscheinlich noch bis Ende 2000 unter dem Sammelnamen DBI-LINK u. a. den Dokumentenlieferdienst subito und mehrere bibliothekarische Datenbanken, so die Zeitschriftendatenbank (ZDB), den DBIopac (ehemals Verbundkatalog VK97) für Publikationen vorwiegend zwischen 1966 und 1996, mit 46 Millionen Standortnachweisen in 1000 deutschen Bibliotheken, aber auch ein elektronisches Verzeichnis mittelalterlicher Handschriften und eines von Landkarten vor 1850. Anfang 2000 war ein kostenfreies Logon als »Guest« möglich.
http://www.dbilink.de/homepage.html
Login-Seite für die Datenbanken:
http://dbix01.dbi-berlin.de:6100/DBI/login.html

GABRIEL GAteway and BRidge to Europe's National Libraries
Ein von der Konferenz europäischer Nationalbibliothekare (CENL) ins Leben gerufener und in Deutschland von der Deutschen Bibliothek Frankfurt getragener Informationsdienst, in dem man zur Zeit Links zu 42 europäischen Nationalbibliotheken und ihren Online-Angeboten findet.
http://www.ddb.de/gabriel/de/welcome.html

HBZ Hochschulbibliothekszentrum des Landes Nordrhein-Westfalen
Neben einem Online-Gesamtkatalog der wissenschaftlichen Bibliotheken Nordrhein-Westfalens (7,2 Millionen Titel mit doppelt so vielen Standortnachweisen) und anderen auf Nordrhein-Westfalen bezogenen bibliothekarischen Hilfsmitteln findet sich auf diesem übersichtlichen Web-Site auch eine Linkliste zu den Internet-Diensten und Online-Katalogen sämtlicher

deutscher Bibliotheken, in der man sich davon überzeugen kann, dass diese inzwischen gar nicht mehr so wenig zu bieten haben.
http://www.hbz-nrw.de/
Deutsche Bibliotheken Online:
http://www.hbz-nrw.de/hbz/germlst/Welcome.html

Karlsruher Virtueller Katalog (KVK)

Die Universitätsbibliothek Karlsruhe hat sich unsterbliche Verdienste erworben durch ihren im Sommer 1996 für die Öffentlichkeit freigegebenen KVK, ein »Meta-Suchinterface für WWW-Opacs«. Über ihn hat jedermann über eine einzige Suchmaske leichten Zugriff auf die im Web vertretenen deutschsprachigen Verbundkataloge, auf den Web-Opac der Deutschen Bibliothek (Frankfurt und Leipzig) und dazu auf den britischen Verbundkatalog COpac, die Online-Kataloge der französischen und der spanischen Nationalbibliothek sowie der Library of Congress, auf den Buchhandelskatalog VLB, den des Buchgrossisten Koch, Neff & Oetinger und der amerikanischen Webbuchhandlung amazon.com. Zusammen weisen diese Kataloge die Standorte von rund 60 Millionen Büchern und Zeitschriften nach (das Gros natürlich mehrfach). Der KVK hat monatlich etwa eine halbe Million Suchanfragen zu bewältigen. Die deutschen Verbundkataloge, die sich über den KVK abfragen lassen, sind: der Bayerische Bibliotheksverbund BVB (8,5 Mio Titel), der Gemeinsame Bibliotheksverbund GBV der Länder Niedersachsen (federführend), Bremen, Hamburg, Mecklenburg-Vorpommern, Sachsen-Anhalt, Schleswig-Holstein, Thüringen (7,5 Mio Titel), das Hochschulbibliothekszentrum HBZ des Landes Nordrhein-Westfalen (7,2 Mio Titel), das Hessische Bibliotheks-Informationssystem Hebis (1,9 Mio Titel), der Südwestdeutsche Bibliotheksverbund SWB der Länder Baden-Württemberg, Rheinland-Pfalz und Sachsen (21 Mio Standortnachweise) und der im Aufbau befindliche Kooperative Bibliotheksverbund Berlin-Brandenburg KOBV. Ein direkter Zugriff auf die Zeitschriftendatenbank (s. dort) ist leider nicht mehr möglich.
http://www.ubka.uni-karlsruhe.de/hylib/kvk_help.html

KNO/K&V

Der Online-Katalog des Grossohauses Koch, Neff & Oetinger (Stuttgart) und Koehler & Volckmar (Köln), der 450 000 lieferbare deutschsprachige Bücher verzeichnet. Auch eine Million französische, amerikanische und spanische Titel lassen sich über KNO beschaffen.
http://www.buchkatalog.de/

Library of Congress, Washington

Mit etwa 120 Mio Bestandseinheiten in 450 Sprachen ist die 1800 gegründete Kongressbibliothek die größte Bibliothek der Welt (die zweitgrößte ist die Russische Staatsbibliothek in Moskau, s. dort), maßgebend auch bei der Weichenstellung hin zur digitalen Bibliothek der Zukunft und bei der Entwicklung von Standards für den Austausch digitaler bibliothekarischer Daten. Die LoC besitzt etwa 17 Mio Bücher, 50 Mio Manuskripte, 12 Mio Fotos, 4 Mio Karten, 2 Mio Tonträger und 0,5 Mio Filme. Ihre Sammlungen wachsen um mehr als 10 000 Titel täglich. Seit Anfang 1995 ist sie mit einem angemessen inhaltsreichen Site im Web vertreten.

http://lcweb.loc.gov/

Im August 1999 wurde der 1997 eingeweihte experimentelle Web-Opac ESS durch den endgültigen Online Catalog ersetzt. Anfang 2000 enthielt er etwa 12 Mio Titelsätze.

http://catalog.loc.gov/

Libri

Der Online-Katalog des grossen norddeutschen Grossohauses Lingenbrink in Hamburg enthält »1 Million Bücher, CD-Roms und Videos«. Außerdem bietet Lingenbrink einen Books on Demand-Service: Jeder kann hier, nach digitalen Vorlagen, eigene Bücher (Paperbacks) herstellen und vertreiben lassen.

http://www.libri.de/

Libweb

An der University of California Berkeley (Berkeley Digital Library SunSITE) erarbeitetes und aktuell gehaltenes gelinktes Verzeichnis tendenziell aller Bibliotheken und bibliothekarischer Institutionen von wissenschaftlicher Bedeutung weltweit, die im Web vertreten sind, zur Zeit etwa 3000 in 90 Ländern, das Gros natürlich in den USA, 500 in Europa, davon 90 in Deutschland. Nicht alle Opacs dieser Bibliotheken allerdings sind von außen frei zugänglich.

http://sunsite.berkeley.edu/Libweb/

Medline

Die unermessliche biomedizinische Datenbank mit globalen Literaturnachweisen seit 1966 (großteils mit Abstracts), zur Zeit über 9 Millionen Aufsätzen aus 3900 biomedizinischen Zeitschriften und Sammelwerken, wird im Web u. a. von einem ihrem Urheber selbst, der U.S. National Library of

Medicine in Bethesda, Maryland, im Rahmen ihres PubMed-Projekts frei zugänglich und bequem abfragbar angeboten.
http://www4.ncbi.nlm.nih.gov/PubMed/

MELVYL® Union Catalog
Der seit April 1997 bestehende Online-Gesamtkatalog aller ca. 100 Bibliotheken der University of California an allen ihren neun Standorten (allein Berkeley zählt mit über 9 Mio Titeln zu den größten Bibliothekssystemen der Welt) und einiger anderer großer wissenschaftlicher Bibliotheken in Kalifornien, mit zusammen über 29 Mio Bänden und 1 Mio Zeitschriftennachweisen – schnell, praktisch und für jedermann frei zugänglich. Großer Vorteil: Er vergleicht auch die Altbestände. Seit 1996 ist Melvyl der Hauptdienst der California Digital Library (CDL), die den über 300 000 Angehörigen der Universität Kaliforniens digitale Dokumente zugänglich macht.
http://www.melvyl.ucop.edu/

New York Public Library
Die 1895 gegründete, 1911 eröffnete Bibliothek der Stadt New York ist eigentlich ein ganzes Bibliothekssystem, bestehend aus 4 Forschungsbibliotheken und 85 Stadtteilbüchereien mit zusammen 52 Mio Bestandseinheiten.
http://www.nypl.org/
Allein die 4 Forschungsbibliotheken der New York Public Library besitzen etwa 41 Millionen Bestandseinheiten, darunter 13 Millionen Bücher; ihr gedruckter Katalog umfasst 800 Bände. In ihrem Web-Opac (CATNYP) sind alle Neuzugänge seit 1972 und einiges retrokatalogisierte Material verzeichnet; er ist frei zugänglich und erlaubt eine bequeme Suche. Die älteren Bestände werden nach und nach eingearbeitet.
http://catnyp.nypl.org/

Russische Staatsbibliothek, Moskau
Die 1862 gegründete Rossiiskaja Gossudarstwennaja Biblioteka (von 1925 bis 1992 Lenin-Bibliothek) ist nach eigener Aussage die zweitgrößte Bibliothek der Welt, mit 175 Mio Einzelobjekten, darunter 16,5 Mio Büchern und 540 000 Manuskripten, in 41 Mio Bestandseinheiten. Sie hat auch russisch- und englischsprachige Webseiten, aber keinen Online-Katalog.
http://www.rsl.ru/

Staatsbibliothek zu Berlin Preußischer Kulturbesitz (SBB/PK)
Die 1661 vom Großen Kurfürsten gegründete, im Zweiten Weltkrieg teilweise ausgelagerte, nach 1945 geteilte und nach 1990 wieder zusammengefügte ehemalige preußische Staatsbibliothek ist mit etwa 11 Millionen Medieneinheiten, darunter etwa 9 Millionen Büchern und Zeitschriftenbänden, Deutschlands größte Universalbibliothek. Seit 1998 ist sie im Internet endlich mit einem eigenen Web-Site vertreten, und inzwischen lässt sich über den BerlinOpac (bis Ende 2000 wahrscheinlich bei dem DBI [s. dort]) ein größerer Teil ihrer Bestände online abfragen: Bücher ab 1985 vollständig für das Haus Postdamer Straße und fast vollständig für das Haus Unter den Linden, Bücher von 1908 bis 1985 zu 70 Prozent, Zeitschriften und Zeitungen für das Haus Potsdamer Straße vollständig und für Unter den Linden ab 1975 vollständig.
http://www.sbb.spk-berlin.de/
DBI-LINK-Kataloge:
http://www.dbilink.de/homepage.html

Staats- und Universitätsbibliothek (SUB) Hamburg
Die Hamburger SUB war eine der ersten in Deutschland, die ihre 1973 einsetzende Katalogdatenbank auch online anbot und so zu einem echten Opac machte. Heute ist ihr Web-Opac nur noch einer unter vielen. Wie die der meisten anderen Hochschulbibliotheken bieten ihre Webseiten viel mehr als ein Online-Verzeichnis der eigenen Bücher und Periodika, nämlich u.a. Zugang zum Regionalkatalog Hamburg, zum Gemeinsamen Bibliotheksverbund GBV, der ganz Norddeutschland und dazu Sachsen-Anhalt und Thüringen umfasst, für Universitätsangehörige zu über 120 bibliografischen Datenbanken des OCLC, die Volltextrecherche in über 800 lizenzierten und etwa 1700 frei im Netz verfügbaren wissenschaftlichen Zeitschriften und den elektronischen Dissertationen der Universität Hamburg sowie Links zu Bibliothekskatalogen europa- und weltweit.
http://www.sub.uni-hamburg.de/

subito
Der im Oktober 1997 ans Netz gegangene gemeinsame Dokumentlieferdienst deutscher wissenschaftlicher Bibliotheken, über den jedermann online Fachzeitschriftenaufsätze und Bücher aus derzeit 21 großen und sehr großen Bibliotheken bestellen kann, die er innerhalb von drei Tagen erhält. Zu den teilnehmenden Bibliotheken gehören die Technische Informationsbibliothek in Hannover, die Deutsche Zentralbibliothek für Medizin in

Köln, die Deutsche Zentralbibliothek für Wirtschaftswissenschaften in Kiel und die Staatsbibliothek zu Berlin. Die Federführung lag beim Deutschen Bibliotheksinstitut Berlin (DBI, s. dort), in dessen Zeitschriftendatenbank ZDB1 man (als subito-Nutzer kostenlos) die nötigen Standortnachweise erhält. Da sich das DBI seit Anfang 2000 in Abwicklung befindet, wurde Ende 1999 die subito-AG gegründet, eine Arbeitsgemeinschaft von voraussichtlich 19 der teilnehmenden Bibliotheken, die das Projekt zusammen weiterführen wollen. Es war erfolgreich: 1998 erledigte subito 102 000 Bestellungen, 1999 215 000. Schüler, Studenten, Hochschulangehörige zahlen für die ersten 20 Seiten 5 DM bei elektronischer Übermittlung der Seiten-Images, 8 DM für Fotokopien per Post, 10 DM per Fax; jede weitere Seite kostet 0,20 DM (per Fax 0,50 DM).
http://www.subito-doc.de/
Für sporadische Bestellungen empfiehlt sich der »Gastzugang«:
http://www.subito-doc.de/subito/admin/login.htm

Verzeichnis Lieferbarer Bücher (VLB)
s. buch+medien Online
http://www.buchhandel.de/

webis Sammelschwerpunkte an deutschen Bibliotheken
Um sicherzustellen, dass jedes Fachgebiet an wenigstens einer deutschen Universitätsbibliothek annähernd vollständig gesammelt wird, hat die Deutsche Forschungsgemeinschaft (DFG) einzelnen Bibliotheken »Sondersammelgebiete« zugewiesen und unterstützt sie finanziell bei der Akquisition der Fachpublikationen. Wo findet sich was? Wer Fachliteratur sucht, tut gut daran zu wissen, wo sein spezielles Fach gesammelt wird. webis verrät es ihm. Es wird ebenfalls von der DFG gefördert und an der Staats- und Universitätsbibliothek Hamburg koordiniert und redigiert. Unter anderem enthält es Links zu den online abfragbaren Katalogen der einzelnen Sondersammelgebiete.
http://webis.sub.uni-hamburg.de/

WorldCat
Der Web-Name für den Online Union Catalog des OCLC (s. dort).
http://www.oclc.org/

Zeitschriftendatenbank (ZDB)
Wer wissen will, welche Zeitschrift wo in Deutschland zu finden ist, braucht die Zeitschriftendatenbank des ehemaligen Deutschen Bibliotheks-

instituts (DBI), Berlin; sie ist eins der ganz unentbehrlichen Werkzeuge der Bibliotheksrecherche. Ab 2001 wird sie wahrscheinlich von der Staatsbibliothek zu Berlin fortgeführt werden. Z. Zt. enthält sie um die vier Millionen Standortnachweise für etwa eine Million Zeitschriftentitel in etwa 3000 deutschen Bibliotheken. Ihre Abfrage im Internet ist eingeschriebenen Benutzern vorbehalten. Anfang 2000 war jedoch ein kostenloses Logon als »Guest« möglich. Der Karlsruher Virtuelle Katalog (s. dort) darf sie nicht mehr zugänglich machen.
http://dbix01.dbi-berlin.de:6100/DBI/login.html

Literatur im Web (eText)

Alex

Diese Sammlung englischsprachiger elektronischer Texte aus Literatur, Geschichte und Philosophie wurde 1993 an der Universität Oxford von Hunter Monroe begonnen und wird heute von Eric Lease Morgan von der Staatsuniversität North Carolina fortgeführt; Host ist die Universität Kalifornien, Berkeley. In ihrer erneuerten Form umfasst sie bisher 665 Werke von 133 Autoren, von Gedichten über Dokumente und Erzählungen bis zu Romanen. Sie bietet etwas, das so keine der anderen eText-Sammlungen bietet: Jeden Text kann man sich nicht nur in schlichtem ASCII/HTML anzeigen, man kann ihn auch nach eigenen Wünschen formatieren und als PDF-Datei ausgeben lassen. Und man kann nicht nur die gesamte Sammlung durchsuchen, sondern sich zu jedem Werk eine Konkordanz anzeigen oder erstellen lassen.
http://sunsite.berkeley.edu/alex/

American Memory

Mit diesem Projekt zur Digitalisierung von Sammlungsbeständen erfüllt die Library of Congress (LoC) in Washington ihre Pilotfunktion im National Digital Library Program. Bisher enthalten die unter dem Namen *American Memory* zusammengefassten, inhaltlich sehr heterogenen 71 Sammlungen zur amerikanischen Geschichte etwa 1 Mio Objekte: Dokumente, Handschriften (u. a. von George Washington und Abraham Lincoln), Filme, Tonaufnahmen, Karten, Bücher, Pamphlete, Parlamentsprotokolle, von einer Sammlung von Flugschriften zum Leben der Afroamerikaner im 19. Jahrhundert bis W. J. Jacksons Fotos von Transportmitteln in aller Welt von 1894/96. Alle Dokumente werden als Image-Scans digitalisiert, nicht als

Text, erlauben also kein Volltext-Retrieval. *American Memory* ist hauptsächlich den Schülern und Studenten der Vereinigten Staaten zugedacht.
http://lcweb2.loc.gov/ammem/amhome.html

ARTFL Project
Die US-amerikanische Version von Frantext (s. dort).
http://humanities.uchicago.edu/ARTFL/artfl.flyer.html

Athena
Eine an der Universität Genf beheimatete private Digitalisierungsinitiative, die sich auf Texte der Schweizer Literatur und der französischen Literatur konzentriert; selbst hat sie bisher etwa 100 vorwiegend französischsprachige Bücher in elektronische Form überführt, die meisten als formatierten Text (RTF) und HTML. Die Texte werden ständig überprüft und wo nötig korrigiert.
http://un2sg1.unige.ch/athena/html/athome.html
Ihre vorbildlich aufgeräumten Webseiten bieten Links zu etwa 900 französischsprachigen eTexten von etwa 300 Autoren aus den Gebieten Belletristik, Geschichte, Philosophie und Wissenschaft.
http://un2sg1.unige.ch/athena/html/athtexts.html
Über 120 Schweizer Titel, vorwiegend auf Französisch und Deutsch, findet man unter der Adresse:
http://un2sg1.unige.ch/athena/html/swis_txt.html
Links verweisen auf die Volltexte von mehreren Hundert historischen wissenschaftlichen Werken, viele von ihnen auf Englisch; sie lassen sich auch direkt ansteuern:
http://un2sg1.unige.ch/athena/html/sc_txt.html

Bibliotheken, Bücher und Berichte (BBB)
Ein übersichtliches Link-Verzeichnis von Markus Neteler, Diplom-Geograf bei der Gesellschaft für Datenanalyse und Fernerkundung in Hannover, das nicht nur den Weg zu universitären Online-Katalogen (seinem Schwerpunkt), zu Wörterbüchern und Lexika weist, sondern auch zu Zeitungsarchiven, Bundesämtern und Bundesanstalten, also weit über den Literaturbereich hinaus. Insgesamt wendet sich BBB hauptsächlich an Studierende, wirkt recht professionell und enthält etwa 800 fast ausschließlich deutsche Links. Seine Hauptstärke spielt es bei der Suche nach einzelnen deutschen Bibliotheken aus; 31 seiner Links verweisen auf Volltexte im Internet.
http://www.grass-gis.de/bibliotheken/

bibliomania

60 »klassische« – das heißt auch: gemeinfreie – englischsprachige Romane, der komplette Lewis Carroll, Shakespeares Gesamtwerk sowie Gedichte (unter anderem William Blake, Rupert Brooke und Walt Whitman), mehrere Nachschlagewerke und einige andere Bücher (so Adam Smith's *Wealth of Nations*), alles in HTML eigens für diese Ausgabe ediert, sozusagen ein digitaler Buchclub als Aushängeschild einer britischen Firma für elektronische Publikation, Maytech Publishing Ltd. in East Sussex.

http://www.bibliomania.com/

Bibliotheca Augustana

Lateinische Texte von 140 Autoren (darunter ein anzügliches lateinisches Gedicht von Goethe), vorwiegend aus dem Perseus Project (s. dort), dazu etliche griechische, deutsche, englische und französische, grafisch ganz exquisit dargeboten von Microsoft-Hasser Ulrich Harsch, Professor für Kommunikationsdesign und elektronisches Publizieren an der Fachhochschule Augsburg. Besonders kommunikativ gibt sich dieser Site leider nicht: Wie so mancher *situs retis* identifiziert er sich nicht, erklärt er sich nicht, sagt er nicht, woher er was hat und was er damit will, sondern ist einfach da, von irgendwoher kommend und nach irgendwelchen undurchsichtigen Kriterien zu irgendwelchen unerkennbaren Zwecken zusammengestellt. Der Witz dieser *bibliotheca* besteht darin, dass sie und auch ihr schmaler erklärender Rahmen vollständig in Latein daherkommen, eingeschlossen gute Ratschläge wie *AppleMac et Netscape his paginis optimum visum dant. cave Gatem et Exploratorem!* Wer *Billem Gatem* weniger *cavet* als der Internet-Anthologist dieses Site, hat übrigens nicht weniger davon.

http://www.fh-augsburg.de/~harsch/augusta.html

Bodleian Library

Die 1602 gegründete Hauptbibliothek der Universität Oxford, nach der British Library (s. dort) die zweitgrößte in England, bietet als Vorgeschmack aufs digitale Zeitalter im Web vor allem eine Sammlung lateinischer Papyri, keltischer und anderer mittelalterlicher Handschriften, sechs englische Zeitschriften des 18. und 19. Jahrhunderts im Volltext, von jeder mindestens zwanzig Jahrgänge, alte Karten und Atlanten, Tausende von Bildern von Autos und anderen Verkehrsmitteln aus der Sammlung John Johnson und, als laufendes Projekt, die *Broadside Ballads*, volkstümliche englische Balladen als Image-Scans aus alten Büchern.

http://www.rsl.ox.ac.uk/

Book Lovers – Fine Books and Literature
Eingerichtet und unterhalten von dem Amsterdamer Antiquar Piet Wesselman, wäre dies das beste unter den Liebhaberverzeichnissen von Web-Adressen, die mit Schriftstellern, Dichtern, Bibliotheken, Buchhandlungen und Verlagen zu tun haben: reichhaltig und doch übersichtlich, und elegant präsentiert dazu – »wäre«, aber die Seiten sind leider seit 1997 nicht mehr aktualisiert worden. Sie ist auf Englisch und teilweise auf Niederländisch; für speziell deutsche Web-Adressen sind deutsche Linklisten wie OLLi (s. dort) ergiebiger.
http://www.xs4all.nl/~pwessel/

BooksPro
Eine Anfang 2000 von Martin Kremp, Frankfurt, eingerichtete vielversprechende Domäne: mit einem gelinkten, systematischen Verzeichnis von Verlags-Homepages (der deutsche Teil tendenziell vollständig), digitalen Textarchiven, Online-Bibliotheks- und Buchhandelskatalogen, bibliothekarischen und buchhändlerischen Organisationen und Verbänden, mit einem Link auch zu Hans-Dieter Hartges' Bibliografischer Toolbox beim HBZ-NRW, das Ganze übersichtlich gegliedert in die drei Abteilungen »Informieren«, »Suchen« und »Beschaffen«.
http://www.BooksPro.de

Chadwyck-Healey, Cambridge
Dieser 1973 gegründete britische Verlag spezialisiert sich seit Jahren auf die höchsten Zuverlässigkeitsansprüchen genügende Digitalisierung von klassischer Literatur und sozialwissenschaftlichen Referenzwerken, mit Vorliebe auf Großprojekte. 1998 erschien zum Beispiel sein Offizielles Register zu *The Times 1906–1980.* Seine Publikationen, parallel auf CD-ROM und im WWW, sind von vornherein nicht für Einzelanwender bestimmt (für die sie viel zu teuer wären), sondern für Bibliotheken und Forschungsinstitute. Das Erfassungsverfahren ist in der Regel das aufwendige *double keying*: Der Text wird von der Druckvorlage in Fernost zweimal manuell abgeschrieben, dann werden die Abweichungen verglichen. Die Sprachen, in denen sich Chadwyck-Healey betätigt, sind außer Englisch Französisch, Spanisch und Deutsch. In der Sparte Deutsche Literatur Online liegen vor: *Goethes Werke* (alle 143 Bände der Weimarer Ausgabe), *Schillers Werke* (die Nationalausgabe), *Luthers Werke* (die Weimarer Ausgabe), die auf hundert Dichter angelegte *Deutsche Lyrik aus dreihundert Jahren* sowie die gesammelten Werke von Kafka und Brecht. Die Editionen sind im Volltext durchsuchbar und

werden miteinander verlinkt. Die Preise zeigen, was Digitalisierung in hoher Qualität wert ist und dass schon darum niemand hoffen oder befürchten kann, ganze Bibliotheken würden demnächst digitalisiert vorliegen: Goethe ca. 13 000 DM, Schiller ca. 16 600, Lyrik ca. 20 000, dazu eine jährliche WWW-Nutzungsgebühr von einigen hundert Mark; Kafka und Brecht sind aber für unter 1000 Mark zu haben.
http://www.chadwyck.co.uk/

The British Library Digital Library
Die Nationalbibliothek Großbritanniens hat begonnen, einige Schätze ihrer Sammlungen zu digitalisieren und sorgfältig kommentiert der Allgemeinheit im Web zugänglich zu machen: die (einzige erhaltene) Handschrift des *Beowulf* und sechs andere kostbare Manuskripte (darunter die *Magna Carta*, ein Skizzenbuch Leonardos, Tyndales Wormser *Neues Testament* und das Stundenbuch der Sforza) und, als Anfang einer Universalbibliothek, Material über die erste britische Gesandtschaft in China 1814.
http://www.bl.uk/

colorado digitization project
Eine nützliche Übersicht über den Stand der Dinge in Sachen Retrodigitalisierung von Bibliotheksbüchern: über das Scannen, die sich entwickelnden Metadatennormen und die urheberrechtlichen Aspekte, mit Links zu den jeweils maßgebenden Quellen.
http://coloradodigital.coalliance.org/

Digitale Bibliothek – »Deutsche Literatur von Lessing bis Kafka«
102000 Bildschirmseiten (oder 56000 Buchseiten) Text enthält diese CD-ROM, mit dem der junge Berliner Verlag Directmedia Publishing Ende 1997 seine »Digitale Bibliothek« eröffnete: das Äquivalent von gut 200 Büchern, den Lesekanon für mehr als ein halbes Germanistikstudium, dreimal so viel wie das *Projekt Gutenberg-DE* (s. dort), alle Werke nach gemeinfreien Ausgaben in HTML übersetzt. Die schlichte Erfassungsmethode (Scannen und automatische Konversion), die den niedrigen Preis (99 DM) ermöglicht, bringt eine Fehlerquote von etwa einem Fehler alle drei Bildschirmseiten mit sich. Realistischerweise nimmt der Verlag nicht an, dass elektronische Texte primär zum Lesen benutzt werden. Darum hat er seine Digitale Bibliothek mit einer zur Textarbeit einladenden Benutzeroberfläche, einem laufenden Seitenverweis auf die entsprechende gedruckte Ausgabe und einer Suchmaschine ausgestattet, mit der sich der Inhalt der gesamten CD blitzschnell nach

jedem Wort durchsuchen lässt. War diese eine CD für sich genommen schon eine kleine Bibliothek, so war die Digitale Bibliothek Anfang 2000 auf 27 CDs und damit zu einer wirklichen Grundbibliothek für Lehrer, Studenten, Schüler und Literaturfreunde angewachsen: zwei philosophische Textsammlungen (je 99 DM), sieben Werkausgaben (Fontane, Goethe, Heine, Hoffmann, Lessing, jede mit der entsprechenden Rowohlt-Monografie samt deren Bildmaterial sowie einem Hörtext (49,90 DM), Marx/Engels und Tucholsky (je 99 DM) und, in Lizenzen der Originalverlage, eine ganze Reihe von Standardnachschlagewerken, so *Killys Literatur Lexikon* (198 DM), die *Propyläen-Weltgeschichte* (99 DM), das *Lexikon der Antike* (49,90 DM), ein historisches *Bilderlexikon der Erotik* (99 DM), Dokumente zur *Deutschen Einheit* (49,90 DM), *Kindlers Malereilexikon* (99 DM), eine *Enzyklopädie des Nationalsozialismus* (49,90 DM) und *Religion in Geschichte und Gegenwart* (249 DM). In nur zwei Jahren hat Directmedia damit eine veritable digitale Bibliothek zu erschwinglichen Preisen auf die Beine gestellt. Dank seiner Initiative stellt das Jahr 1997 eine Wegmarke der Verlagsgeschichte dar, wie 1950 die Erfindung des modernen Taschenbuchs durch Rowohlt: die Erfindung der ersten wirklichen deutschen Taschenbibliothek. Über die Homepage des Verlages kommt man nicht an den Inhalt der CDs, aber an nähere Informationen darüber, auch über Bezugsmöglichkeiten. (Übrigens: Die CDs gibt es bisher nur für Windows; eine Portierung auf den Mac ist geplant. Und: *Kindlers Neues Literaturlexikon* gibt es digital bei dem Verlag Systhema, München, Preis 498 DM.)
http://www.digitale-bibliothek.de/

eBookNet
Eine Anfang 2000 von Martin Kremp, Frankfurt, eingerichtete Domäne mit Links zur entstehenden und vorerst nur amerikanischen eBook-Szene: zu Studien, Standards, Hardwareherstellern und Inhaltsprovidern.
http://www.eBookNet.de

Electronic Text Center
Die Alderman-Bibliothek der Universität Virginia in Charlottesville hat Maßstäbe für die Digitalisierung (belletristischer) Bücher gesetzt und setzt sie weiter. Ihr 1992 begonnenes Electronic Text Center enthält 45 000 eTexte in 12 Sprachen mit 50 000 Illustrationen, darunter 2722 englische Titel. Da viele dieser Texte urheberrechtlich geschützt sind, sind sie nur für Universitätsangehörige zugänglich; aber auch der frei zugängliche Teil des Archivs kann sich sehen lassen.
http://etext.lib.virginia.edu/

Wer auf möglichst direktem Weg in Erfahrung bringen will, welche Texte welcher Autoren in 17 westeuropäischen Sprachen (außer Englisch) in elektronischer Form verfügbar sind, tut gut daran, die Suche bei der an der Universität Virginia beheimateten und von den Profis der Association of College and Research Libraries zusammengestellten Link-Liste WESS Web (Western European Specialists Section) zu beginnen. Unter den Sprachen sind auch Galizisch, Katalanisch und Provenzalisch.
http://www.lib.virginia.edu/wess/etexts.html
Die deutsche Sonderseite, die sich auch direkt ansteuern lässt, enthält 28 Links, nach Zahl und Qualität insgesamt kein Ruhmesblatt für Deutschland. Die eTexte der Digitalen Bibliothek (s. dort) fehlen, da sie ebenso wie die Werkausgaben von Chadwyck-Healey (s. dort) nur auf CD-ROM verfügbar sind; ebenso die von der Firma InteLex in Charlottesville, Virginia, angebotenen Nietzsche- und Wittgenstein-Ausgaben. Ein paar Texte von Kafka, Morgenstern und Wieland wurden an der Universitätsbibliothek Virginia digitalisiert.
http://etext.lib.virginia.edu/german.html

Erlanger Liste
Eine etwa 12 Schreibmaschinenseite lange, sehr übersichtliche Liste von Links zu literarischen Web-Ressourcen, von Germanisten für Germanisten, aber nicht nur (es finden sich auch Links zu einer Zitatendatenbank und zu einer Sammlung von Fußballersprüchen).
http://www.phil.uni-erlangen.de/~p2gerlw/ressourc/eltext.html

Everybook
Unter den bisher vorgestellten Lesegeräten für eBooks ist das von Everybook das buchähnlichste: in Leder gebunden, aufklappbar, mit zwei gegenüberliegenden Farbdisplays. Dargestellt werden sollen PDF-Dateien, sodass im Prinzip Satzdateien der Verlage unverändert übernommen werden könnten. Die Markteinführung des größeren, »professionellen« Geräts (ca. 1600 Dollar) ist für das Frühjahr 2000 geplant, die eines kleineren und billigeren Ende 2000.
http://www.everybook.net

Frantext
Als 1957 der Grundstein eines *Thesaurus der französischen Sprache* gelegt wurde, brauchte man ein großes Textkorpus, und sehr früh wurde beschlossen, dieses digital zu erstellen. Mitte der 80er Jahre ging aus dieser Textsamm-

lung die Datenbasis *Frantext* des Institut National de la Langue Française (INaLF) in Saint-Cloud hervor. Sie umfasst derzeit rund 3000 Texteinheiten vom 16. bis zum 20. Jahrhundert, zu 80 Prozent Belletristik, aber auch aus Philosophie, Kunst und Naturwissenschaften. Zugänglich ist sie nur für Hochschulen und Forschungsinstitute, zu einer Abonnementgebühr von 2000 Francs pro Jahr. Weltweit hat sie heute 93 Subskribenten, in Deutschland die TU Berlin und die Universitäten Erlangen-Nürnberg, Gießen, Heidelberg, Köln, Konstanz, Mainz, Potsdam, Regensburg, Stuttgart und Trier. In den USA kooperiert das INaLF mit der University of Chicago im *ARTFL Project* (American and French Research on the Treasury of the French Language), das etwa 165 Subskribenten hat (500 Dollar pro Jahr) und im wesentlichen *Frantext* spiegelt, aber auch Eigenes bietet, seit 1998 etwa Diderots gesamte *Encyclopédie*.
http://www.ciril.fr/INALF
ARTFL Project:
http://humanities.uchicago.edu/ARTFL/artfl.flyer.html

Gallica
Die Nationalbibliothek Frankreichs (BnF) hat 86 000 ihrer Bücher (30 Mio Textseiten) und 300 000 Abbildungen als Image-Scans digitalisiert, ein Drittel davon aus dem 19. Jahrhundert. Einen Teil dieser Sammlung will sie unter dem Namen »Gallica« für jedermann frei zugänglich machen. Anfang 2000 standen 1000 Werke der klassischen französischen Literatur (oder 2 Mio Seiten) und 10 000 Abbildungen unter dem Titel »Gallica ›Classique‹« auf dem 1997 gestarteten experimentellen Gallica-Server, dazu 250 Bücher von »Frantext« als Text.
http://gallica.bnf.fr/

Gutenberg Digital
Eine 42-zeilige Gutenberg-Bibel wurde vom Göttinger Digitalisierungs-Zentrum 1999/2000 aufwändig und schonend gescannt, jede Seite mit höchstmöglicher Auflösung (300 bis 400 Megabyte). Eine ausgedünnte Fassung gibt es seit Frühjahr 2000 auf einer CD-ROM und online.
www.gutenbergdigital.de/bibel.html

The Internet Public Library (IPL)
1995 aus einem bibliothekswissenschaftlichen Seminar an der Universität Michigan hervorgegangen, inzwischen aber solide etabliert und mit einem festen Mitarbeiterstab versehen, enthält diese erste öffentliche Bücherei des

Internet selbst keine eTexte, weist aber vorbildlich übersichtlich den Weg zu frei zugänglichen eTexten im Web: Anfang 2000 zu 3200 Online-Nachschlagewerken, 2300 Zeitungen in aller Welt, 3100 Zeitschriften und über 9000 Büchern. Ständig finden mehrere Buchausstellungen statt. Inzwischen wird die IPL im Jahr etwa sieben Millionen mal frequentiert.
http://www.ipl.org/
Ein europäischer Spiegel existiert an der Universität Lund in Schweden:
http://ipl.ub.lu.se/

Litlinks
Eine außerordentlich reichhaltige, wahrscheinlich nahezu vollständige Linkliste, die zu fast 21 000 deutschsprachigen eTexten von über 1300 Autoren führt, begonnen und unterhalten von Helmut Schulze, einem heute bei Rom lebenden deutschen Dichter und Internet-Enthusiasten.
http://www.geocities.com/~aristipp/litlinks/litlinks.htm

LuBiC Literatur und Bücher im Cyberspace
Unter diesem Namen ist 1999 die Bibliomaniac List (BL) wiederauferstanden, die 1998 sang- und klanglos verschollen war: eine sehr reichhaltige deutsche Sammlung von Web-Links rund um Bücher und Literatur. Angelegt wurde sie von Markus Kolbeck, einem gelernten Koch und Krankenpfleger in Leipzig, der damit seine eigene Literaturbegeisterung für andere nutzbar machen wollte. Im Sammelprinzip unterscheidet sich LuBiC stark von der Konkurrenz OLLi (s. dort) und BBB (s. dort): möglichst viel, was irgend mit Literatur zu tun hat, möglichst alles, aber keine Kommentare, keine Bewertungen. Nützlich und so sonst nirgends zu finden sind nach wie vor vor allem die Links zu Webseiten über etwa dreihundert Autoren.
http://www.carpe.com/links/

Luther-Bibel
Luthers Bibelübersetzung in der revidierten Fassung von 1984, dargeboten vom christlichen internet dienst (cid) in Berlin, der den »Evangelien selber zur Internetpräsenz verhelfen« will. Es handelt sich um den offiziellen Text der Deutschen Bibelgesellschaft, Stuttgart; er ist vollständig durchsuchbar und mit gelinkten Querverweisen versehen. Als Zugabe gibt es ein Trakat mit dem Titel »Wie wird man Christ?«.
http://bibel.cid.net/
Der Bibeltext in neun Sprachen (englisch in sieben verschiedenen Überset-

zungen), darunter der deutsche Text der Elberfelder Bibel, findet sich, allerdings nur häppchenweise, beim Bible Gateway des Gospel Communications Network in Muskegon, Michigan:
http://bible.gospelcom.net/

Making of America (MOA)
Eine reichhaltige Sammlung von digitalisierten Zeugnissen zur amerikanischen Sozial- und Kulturgeschichte mit dem Schwerpunkt auf Pädagogik, Psychologie, Soziologie, Geschichte, Religion, Wissenschaft und Technik um die Mitte des 19. Jahrhunderts, zunächst ein Gemeinschaftswerk der Universitäten Michigan und Cornell, jetzt von der University of Michigan mit Stiftungsmitteln allein weitergeführt. Eines Tages soll sie etwa anderthalb Millionen Seiten umfassen; fertig waren Anfang 2000 634 000: 1600 Bücher und 50 000 Zeitschriftenartikel aus dem 19. Jahrhundert. Die Texte werden gescannt und als Seiten-Images angeboten; um sie durchsuchbar zu machen, hat jedes Image einen per OCR erstellten Textsatelliten; in einigen Fällen wurden diese Texte im Web-Format HTML aufbereitet.
http://moa.umdl.umich.edu/

MATEO – Editio Theodoro-Palatina
Als erste deutsche Bibliothek hat die Universitätsbibliothek Mannheim 1995 begonnen, einige besonders wertvolle Stücke aus ihren Sammlungen im Web auszustellen. In ihrem Projekt MATEO (Alte Drucke aus der Universitätsbibliothek Mannheim) fanden sich Anfang 2000 gut 5000 Buchseiten-Images; sie sind auch als CD-ROM erhältlich.
http://www.uni-mannheim.de/mateo/epo.html

A Brief Collection of Middle High German Poetry
20 mittelhochdeutsche Gedichte auf Pergamenthintergrund und mit einigen Miniaturen aus der Manessischen Handschrift, dargeboten (so geht's im Web) vom öffentlichen Schulsystem der Stadt Springfield in Missouri:
http://sps.k12.mo.us/khs/gmcling/medpoet.htm

Multilingual E-Translation Portal
Ein Dienst der italienischen Übersetzungsagentur Logos, die ihre eigene terminologische Datenbank benutzerfreundlich aufbereitet kostenfrei ins Netz gestellt hat. Sie enthält über 7,5 Mio Einträge aus 21 Sprachen. Wer ein Wort in einer Sprache eingibt, bekommt einen ganzen Satz in mehreren

Sprachen angezeigt, in dem dieses Wort vorkommt. Außerdem kann man sich alle Verben in allen Sprachen vollständig konjugieren lassen.
http://www.logos.it/index.html

OLLi – Olivers Links zur Literatur

Eine Sammelarbeit hauptsächlich von Oliver Gassner in Vaihingen/Enz, dem Herausgeber der Literaturzeitschrift *Wandler*, die einen Haufen kommentierte und benotete literarische Links ins Web bietet, zu Autoren, Bibliotheken, Verlagen, Buchhandlungen und vor allem zu den Netz-Foren der laufenden Literaturdiskussion. Eine verwirrende Anlage und zuweilen flapsige Kommentare im Chat-Gruppen-Ton (»muss ich noch nachsehen«, »muss noch eine Hand voll Links reinfummeln«) sowie zahllose Tippfehler deuten auf große postgutenbergische Hektik.
http://www.carpe.com/olli/

The On-Line Books Page

Ein 1993 von John Mark Ockerbloom von der für ihre computerwissenschaftliche Abteilung berühmten Carnegie-Mellon-Universität (Pittsburgh) eingerichtetes, heute an der University of Pennsylvania beheimatetes, ständig aktuell gehaltenes, sehr reichhaltiges und übersichtliches Verzeichnis, dessen Links den Weg zu über 10 000 frei zugänglichen englischsprachigen eTexten (Büchern, Dokumenten, etwa 100 Zeitschriften) weisen.
http://digital.library.upenn.edu/books/

OTA Oxford Text Archive

Eine der ältesten und auch der ersten Adressen für eTexte. Das OTA wurde bereits 1976 von Lou Burnard begründet, wird an der Universität Oxford betreut und enthält inzwischen etwa 2500 englischsprachige eTexte: literarische Werke, Nachschlagewerke und Korpora. Sein Kennzeichen: Digitalisate höchster und beispielhafter Qualität, vor allem für Forschungszwecke. Die meisten Texte kann man sich in verschiedenen Formaten ausgeben lassen, auch in SGML/TEI. Gleichzeitig wirbt das OTA mit Informationen für das anspruchsvolle Digitalisieren von Literatur.
http://ota.ahds.ac.uk/

Perseus Digital Library

Ein schon 1985 begonnenes und entsprechend weit vorangekommenes Projekt an der Tufts University in Somerville, Massachusetts, unter der Leitung von Gregory Crane, das Materialien zum Studium der Antike

online zur Verfügung stellt: Texte, Abbildungen, Karten, Nachschlagewerke. Es ist also nicht nur eine Textsammlung, sondern ein vielseitiges Studienwerkzeug, und zwar ein ganz hervorragendes, das nicht nur ahnen lässt, sondern exemplarisch vorführt, was Hypertext zu leisten vermag. Die Perseus Digital Library hat vor allem 420 Werke der griechischen Literatur zu bieten, von 33 Autoren von Aeschines bis Xenophon, in Griechisch, in lateinischer Umschrift und in englischer Übersetzung. Seit Mitte der 90er Jahre wächst sein Archiv lateinischer Werke – Anfang 2000 zählte es zehn römische Autoren, von Caesar bis Vergil. Damit steht in *Perseus* ein großer Teil der antiken Literatur als eText (in HTML) zur Verfügung. Von praktisch jedem Wort aus gibt es Links zu Wörterbucheinträgen und Wörterstatistiken. Außer Texten enthält das Archiv etwa 24 000 Abbildungen von archäologischen Fundorten, Architektur, Skulpturen, Vasen und Münzen, alles aufs übersichtliche angeordnet und sinnvoll kreuz und quer verlinkt. Über die Yale University Press gibt es große Teile des Archivs – das inzwischen insgesamt 225 Gigabyte umfasst – auch auf vier CD-ROMs (350 USD).
http://www.perseus.tufts.edu/
Ein deutscher Spiegel-Site existiert beim Max-Planck-Institut für Wissenschaftsgeschichte in Berlin:
http://perseus.mpiwg-berlin.mpg.de/

Progetto Manuzio
Das 1995 gegründete Manuzio-Projekt (benannt nach dem berühmten venezianischen Drucker Aldus Manutius, um 1500) ist das italienische Gegenstück zum amerikanischen Project Gutenberg (s. dort), eine lockere und wachsende Sammlung digitalisierter klassischer italienischsprachiger Werke. Im Web bietet es der gemeinnützige römische Verein Liber Liber auf einem Server der Universität Mailand an. Es umfasst zur Zeit Texte von etwa 220 Autoren, die meisten als FTP- oder als formatierte Textdateien (RTF), aber einige auch in HTML: unter anderem von Dante, Galilei, Goldoni, Machiavelli, Petrarca, Pirandello, Marco Polo, Italo Svevo und Torquato Tasso. Der Zugriff ist kostenlos.
http://www.liberliber.it/

Project Bartleby
Das im Januar 1993 an der Columbia-Universität, New York, von Steven H. van Leeuwen mit Walt Whitmans *Leaves of Grass* begonnene Project Bartleby unterscheidet sich vorteilhaft von jenen frühen Initiativen, die

mehr oder weniger aufs Geratewohl möglichst viele eTexte in nacktem ASCII bereitgestellt haben. Es verstand sich als ein regelrechter Verlag, allerdings ein elektronischer. Die Bücher der etwa 70 hier versammelten klassischen englischsprachigen Autoren wurden mit professioneller Sorgfalt ausgewählt, lektoriert, korrekturgelesen; teilweise sind sie illustriert oder mit Tondokumenten versehen; und sie lassen sich in ihrer Gesamtheit automatisch nach einzelnen Wörtern durchsuchen. Der Schwerpunkt der Sammlung liegt auf englischsprachiger Lyrik. Acht Millionen Leser im Jahr beweisen, dass sich die Mühe gelohnt hat.
http://www.hbz-nrw.de/hbz/germlst/Welcome.html

Project Gutenberg
Die erste und bisher größte Digitalisierungsinitiative für gemeinfreie englischsprachige Literatur, zählt das 1971 von Michael Hart in Urbana, Illinois, mit der amerikanischen Unabhängigkeitserklärung begonnene Archiv heute gut 2200 eTexte, alle in schlichtem 7-Bit-ASCII. Das Project Gutenberg hat ständige Finanzsorgen, aber in dem Hoster Promo.net in Rom inzwischen einen Host im Wortsinn gefunden, der stolz darauf zu sein scheint.
http://promo.net/pg/pgframed_index.html
Zu den Texten selbst hat jeder im Web freien Zugang über mehrere FTP-Server, deren Adresse man am einfachsten auf den Gutenberg-Seiten von Promo.net findet, und mindestens einen HTML-Server.
http://www.promo.net/pg/index.html
Einen bequemen Zugang zu den Gutenberg-Texten bietet auch Sailor, »Maryland's Online Public Information Network«, das für Michael Hart eine eigene Domäne eingerichtet hat:
http://sailor.gutenberg.org/

Project Runeberg
1992 als skandinavische Antwort auf das amerikanische Project Gutenberg (s. dort) gestartet und beheimatet an der Universitätsbibliothek Linköping in Schweden, bietet das Project Runeberg inzwischen freien Zugang zu etwa 300 gemeinfreien schwedischen, dänischen und norwegischen eTexten, darunter dem Gesamtwerk von Selma Lagerlöf, alles in HTML.
http://www.lysator.liu.se/runeberg/

Projekt Gutenberg-DE
Als Pendant zu Michael Harts Project Gutenberg begann Gunter Hille (Hamburg) 1994 ein Digitalisierungsvorhaben für deutschsprachige Litera-

tur. Alle Texte wurden von Freiwilligen in ihre Computer getippt, was die unsystematische Anlage des Ganzen erklärt. Im Lauf der Jahre aber kam allerlei zusammen. Anfang 2000 waren es gut 150000 Buchseiten von über 300 Autoren: 1100 Romane und Erzählungen, 4500 Gedichte und – einmalig – 4800 Märchen, Fabeln und Sagen. Der Bestand (ausnahmslos in HTML) wächst jeden Monat um 5000 Seiten. Zitierbar und in seiner Gesamtheit durchsuchbar ist das Online-Archiv nicht, denn es ist, wie in Zeiten langsamer Verbindungen üblich, in lauter kleine Dateien zerlegt, die man einzeln herunterladen muss, aber es ist frei zugänglich und mit drei Millionen Zugriffen pro Monat ein großer Erfolg. Es existiert auch auf einer CD-ROM (»Gutenberg-DE 2000«, abc.de Internet-Dienste, Hamburg, 39,80 DM).
http://gutenberg.aol.de/gutenb.htm

Projekte im Rahmen des DFG-Förderprogramms »Retrospektive Digitalisierung von Bibliotheksbeständen«
Ein listenförmiger Überblick über laufende deutsche Retrodigitalisierungsvorhaben, vom Münchener Digitalisierungszentrum.
http://www.bsb.badw-muenchen.de/mdz/proj2.htm

Rocket eBook
Die zur Zeit hoffnungsvollste weil billigste eBook-Lösung, Ende 1998 auf den Markt gebracht: das heißt ein Lesegerät für digitalen Text, das in Größe, Form und Gewicht einem Taschenbuch ähnelt, mit einem schwarz-weißen LCD-Display obendrauf. Hersteller ist die Firma NuvoMedia in Mountain View, Kalifornien; in Deutschland soll es ab 2000 von Bertelsmann vermarktet werden. Die amerikanische Standardausführung (199 Dollar) fasst etwa zehn Taschenbuchromane. Anfang 2000 gab es etwa 2000 Titel für das Rocket eBook, fast alle in englischer Sprache. Auf eine gegen Raubkopieren geschützte Art und Weise sollen eTexte aus dem Internet in das eBook herunterladbar sein.
http://www.rocketbook.com/enter.html
Für die künftigen deutschen Kunden hat NuvoMedia eine eigene Domäne eingerichtet:
http://www.rocket-ebook.de
Die meisten Titel (zu Taschenbuchpreisen) sind bisher über die Buchhandlung Powell's in Portland, Oregon, zu beziehen (»die größte Buchhandlung der Welt«, mit einem Sortiment von 1,5 Mio Titeln, neu, antiquarisch und Modernes Antiquariat):
http://www.powells.com/

The Complete Works of William Shakespeare

Von Amerikas angesehenster Technischer Universität, dem MIT in Cambridge, Massachusetts, das Gesamtwerk Shakespeares in durchsuchbarem HTML:
http://tech-two.mit.edu/Shakespeare/works.html

Wordtheque

Eine vielsprachige Bibliothek von frei zugänglichen eTexten, zusammengetragen von der 1979 gegründeten internationalen Übersetzungsagentur Logos mit dem Hauptsitz in Modena, Italien. Anfang 2000 umfasste sie gut 16 000 eTexte in 111 Sprachen, von kleinen Gedichten über Gesetzestexte zu langen Romanen, mit zusammen 425 Millionen Wörtern. Jede Sprache ist im Volltext durchsuchbar. Wer eTexte in ausgefallenen Sprachen wie Baskisch, Guaraní, Quechua oder Tagalog sucht, ist hier genau am richtigen Ort.
http://www.logos.it/literature/literature.html

Yahoo!

Das 1994 von Stanford-Studenten gegründete, aber längst voll professionalisierte (und kommerzialisierte, mit Werbung vollgepflasterte) *Yahoo!* ist nur nebenbei eine Suchmaschine fürs Web. Hauptsächlich ist es ein energisch sortiertes, selektiertes und organisiertes und ständig aktuell gehaltenes Web-Verzeichnis, eine Art Hotelführer für gute Adressen im Internet. Neben vielen anderen hat es eine Rubrik *Arts*, eine Unterrubrik *Humanities*, eine Unterunterrubrik *Literature*; und diese enthält, übersichtlich in 18 Sparten (wie Romane, Lyrik, Dramatiker, Krimi) gegliedert, viele Tausende von Links zu vielen Hunderten von Autoren, sowohl zu ihren Werken wie zu englischsprachigen Webseiten über sie – das vollständigste Verzeichnis seiner Art und ein Muss für jeden, der wissen will, was das Internet zu einem bestimmten Schriftsteller zu bieten hat. Nebenbei ergibt sich aus *Yahoo!* Auskunft darüber, zu welchen Autoren es bisher die meisten Webseiten gibt, eine Art Bestklickerliste, die verrät, welche Literatur aus der Zeit des Drucks bisher den Sprung in das digitale Jahrtausend am erfolgreichsten geschafft hat. Die allermeisten Autoren haben eine einzige Seite irgendwo; einige bringen es auf 2 bis 10; wenige auf 11 bis 20; dann aber gibt es ein paar Ausreißer: Shakespeare hat 235 Links, J.R.R.Tolkien 101, A.A. Milne 64, Robert Jordan 57, H.P. Lovecraft 46, Mark Twain 46, Jane Austen 42, Edgar Allan Poe 33, Charles Dickens 32, K.A. Applegate 31, Lewis Carroll 30, Douglas Adams 31; danach folgen James Joyce, Stephen King und Anne

Rice mit je 29. Dass 19 Links zu Snorri Sturluson führen würden, 8 zu Sappho und 7 zu Hildegard von Bingen, war gewiss nicht zu erwarten. Die Schlussfolgerung ist nicht so frivol, wie sie zunächst scheinen mag; die meisten Webseiten gehen auf die aufopferungsvollen Initiativen einzelner Fans oder Fan-Gemeinden zurück, die ihren Kasus so überzeugend zu vertreten wussten, dass irgendeine vermögende Institution sie bei sich aufgenommen hat.
http://dir.yahoo.com/Arts/Humanities/Literature/Authors/
Die deutsche Version bietet in der entsprechenden Rubrik etwa 1200 Links zu 388 Autoren – oder einige Tausend, wenn man die Seiten einzelner eText-Archive wie Projekt Gutenberg-DE (s. dort) mitzählt. Die Zahl der Links zu einzelnen Autoren unterscheidet sich nicht annähernd so stark wie bei den Links zu den englischsprachigen Seiten. Die deutschen Bestklicker sind: Goethe 20, Bertolt Brecht 9, J.R.R. Tolkien 9, Franz Kafka 8, Novalis 7, Rainer Maria Rilke 7, Fontane, Grass, die Brüder Grimm, Hermann Hesse und Perry Rhodan je 6.
http://de.dir.yahoo.com/Kunst_und_Kultur/

Autorenseiten im Web

Jane Austen Information Page

Henry Churchyards mit vielen Preisen bedachte Informationsseiten zu Jane Austen (»Alles von und über Jane«) sind von der Universität Texas zu einem (etwas verklatschten) Fan-Club in Boston umgezogen.
http://www.pemberley.com/janeinfo/pridprej.html

Borges Studies on Line

Eine ganz Borges gewidmete elektronische Zeitschrift in Englisch, Französisch und Spanisch, vom Jorge Luis Borges Center for Studies & Documentation an der Universität Aarhus, Dänemark:
http://www.hum.au.dk/romansk/borges/borges.htm

Wilhelm-Busch-Seiten

Ein kleiner, sauber und übersichtlich gestalteter Web-Site zu Wilhelm Busch, mit einigen seiner Bildverse, von einem Fan, der als Organisationsprogrammierer in Minden lebt.
http://www.wilhelm-busch-seiten.de/

Lewis Carroll Home Page
Dieser von Joel M. Birenbaum redigierte Site ist im Web die beste Anlaufstelle für jeden, dem es ernst ist mit seiner Zuneigung zu dem Autor von *Alice im Wunderland.* Er enthält so gut wie alle seine Werke (*Alice* in fünf verschiedenen Ausgaben), Essays, Parodien und anderen fun stuff, Fotos, Grafiken, Rätsel, ein Bulletin-Board, Links zu Carroll-Gesellschaften, deren es in der Welt sieben gibt, und Links über Links, auch eine Liste mit ausdrücklich schwachen.
http://www.lewiscarroll.org/carroll.html

Goethe, Göttingen und die Wissenschaft
So hieß eine Ausstellung der Staats- und Universitätsbibliothek Göttingen im Sommer 1999, zu der als Besucherprogramm eine CD gemacht wurde, die frei zugänglich im Web steht. Sie enthält nicht viel, aber immerhin eine Hand voll Web-Links zu Goethe.
http://www.gwdg.de/~goethecd/

Der Dichter Friedrich Hölderlin (1770–1843)
Der Tübinger Germanist Sven Kalbhenn hat mit seinem 1996 begonnenen Hölderlin-Site allein auf weiter Flur bewiesen, dass auch in Deutschland informative und im wahrsten Sinn des Wortes gewinnende Webseiten zu einzelnen Autoren gemacht werden können, wenn Begeisterung für einen Autor und für das neue Medium mit Wissen und technischem Know-how zusammentreffen. Neben vielem anderem finden sich hier auch viele Hölderlin-Texte, in ihrer Gesamtheit durchsuchbar.
http://www.hoelderlin-gesellschaft.de/

Pages of Prophecy (Robert Jordan)
Robert Jordan, geboren 1948, der Autor der (bisher elfbändigen) Fantasy-Serie *Das Rad der Zeit*, ist im Web angeblich der meistdiskutierte lebende Schriftsteller und hat eine Menge Fan-Seiten; diese ist eine der besseren.
http://www.wheeloftime.org/

In Bloom: A James Joyce Homepage
Ein reichhaltiger Web-Site zu Werk, Leben und Studium von James Joyce, mit Essays, Fotos, einem Bulletin Board und vor allem Texten: Hier finden sich *Dubliners*, *A Portrait*, *Ulysses* und (teilweise) *Finnegans Wake* als eTexte!
http://www.joycean.com/

Kafka-Verbindungen
Eine von Detlef Wilske, Deutschdozent an der Universität Vaasa in Finnland, zusammengestellte und seit 1996 betreute Liste, die Links zu etwa mehreren hundert Web-Adressen enthält, welche etwas mit Person und Werk von Franz Kafka zu tun haben, natürlich vor allem zu Kafkas Texten in verschiedenen Sprachen.
http://www.uwasa.fi/~dw/Kafka-Verbindungen.html

The Kafka Project
Mauro Nervi hat sich vorgenommen, alle Kafka-Texte in ihrer (unedierten) Manuskript-Version ins Netz zu stellen. Zehn Bücher liegen bisher vor.
http://www.kafka.org/

Kleist-Archiv Sembdner in Heilbronn (KLAS)
Die Stadt Heilbronn hat 1991 das Arbeitsarchiv des Germanisten und Kleist-Herausgebers Helmut Semdner (1914–1997) übernommen und es an ihrer Stadtbibliothek zu einer internationalen Kleist-Forschungsstätte ausgebaut. Auf ihren sympathischen Webseiten gibt es eine Reihe von Kleist-Werken, Grafiken, Nachrichten, eine Diskussionsliste, einiges an biografischem Material und im Volltext alle Veröffentlichungen des Archivs.
http://www.kleist.org/

The Libyrinth
Eine Sammlung ganz hervorragender Webseiten über einige große Autoren der einmal avantgardistischen und heute klassischen Moderne, zusammengestellt und geschrieben von Allen B. Ruch (der als »The Great Quail« firmiert, die Große Wachtel) und zu Hause bei dem Hoster RPGnet in New York (der wiederum der Firma Vantage Games gehört). Auf den Seiten finden sich kaum Werke (da dem das Urheberrecht entgegensteht), dafür umso reichlicher bio- und bibliografische Informationen, Sekundärliteratur und Rezensionen, Nachrichten über Neuigkeiten (Neuausgaben, Verfilmungen, Veroperungen, Ausstellungen, Kunst, Hörbücher, Tagungen) und vielerlei anderes Material. Wer mit den Seiten noch nicht zufrieden ist, findet auch mehr oder weniger vollständige Linklisten zu anderen Web-Sites über die betreffenden Autoren vor; bei James Joyce, zu dem Yahoo! 48 Links aufführt, sind es hier 150.

The Garden of Forking Paths (Jorge Luis Borges)
http://rpg.net/quail/libyrinth/borges/index.html

Porta Ludovica (Umberto Eco)
http://rpg.net/quail/libyrinth/eco/index.html

Macondo (Gabriel García Marquez)
http://rpg.net/quail/libyrinth/gabo/index.html

The Brazen Head (James Joyce)
http://rpg.net/quail/libyrinth/joyce/index.html

Spermatikus Logos (Thomas Pynchon)
http://rpg.net/quail/libyrinth/pynchon/index.html

Karl May
Der offizielle Web-Site der Karl-May-Gesellschaft, 1995 begonnen, heute von Ralf Schönbach und Frank Starrost redigiert und auf einem Server der Universität Bielefeld zu Hause, unverschmockt, professionell gemacht, wartet, neben vielem anderem, mit 40 Romanen, 20 Erzählungen und mehreren autobiografischen Schriften in ansprechendem HTML auf. Die Einführung gibt es in neun Sprachen, drei Romane auch in Englisch, darunter *Winnetou, the Apache Knight.*
http://www.karl-may-gesellschaft.de/

Winnie the Pooh Bear Club (A. A. Milne)
Als Teil eines niederländischen Web-Site über Teddybären (Teddybear NL) finden sich einige der besseren der vielen Webseiten über Pu den Bären, das klassische Kinderbuch von A. A. Milne.
http://members.tripod.com/~nielsc/
Der vollständige (englische) Text von *Winnie the Pooh* und dazu seine farbigen Illustrationen finden sich in *Winnie the Pooh's Corner*:
http://members.xoom.com/yoarra

Zembla: The Nabokov Butterfly Net (Vladimir Nabokov)
Der beste Web-Site zu dem russisch-amerikanischen Schriftsteller, redigiert von Jeff Edmunds und auf einem Server der Staatsuniversität von Pennsylvanien zu Hause: keine Texte (die urheberrechtlich geschützt sind), kaum Links, sondern eigene Inhalte: biografische, bibliografische, essayistische Materialien, von denen ein großer Teil nirgendwo sonst veröffentlicht oder zugänglich ist.
http://www.libraries.psu.edu/iasweb/nabokov/nsintro.htm

Mr. William Shakespeare
Ein vorzüglicher Startpunkt für die elektronische Beschäftigung mit dem Autor aller Autoren, von dem kleinen Palomar College in Südkalifornien: eine Chronologie, Bibliografien, Studienmaterial zu Werk, Person, Zeit und Wirkung – und Links über Links, Tausende, viele empfohlen, ebenso viele verrissen. Allein die Links zu den verschiedenen eTexten – zu den gesammelten wie einzelnen Werken – zählen nach Hunderten.
http://daphne.palomar.edu/Shakespeare

JRR Tolkien Information Page
Eric Lipperts schon 1993 begonnene Informationsseite bietet keine Inhalte, sondern nur Links zu Tolkien-Seiten im Web, und zwar nicht 101 wie *Yahoo!*, sondern 273: zu Texten, Spielen, Filmen, Musik, Schriften, Gesellschaften, Tagungen, Zeitschriften – der ganzen Tolkien-Welt.
http://www.csclub.uwaterloo.ca/u/relipper/tolkien/rootpage.html

About.com: Mark Twain
Grafisch trocken und anspruchslos und mit einem Shopping-Center im gleichen Bildschirmfenster, bieten Jim Zwicks bei der New Yorker Internetfirma About.com beheimatete Mark-Twain-Seiten doch einen guten Einstieg: Links zu eTexten, Essays, Biografischem, Fotos, Filmen, anderen Sites, unter Betonung von Mark Twains antiimperialistischer Ader.
http://marktwain.miningco.com/arts/marktwain/

Internetliteratur (Hypertext)

Alt-X
Virtueller Verlag des Autors Mark Amerika (*The Kafka Chronicles*, *Sexual Blood*), des Erfinders und Wortführers der post-postmodernen Schreibbewegung Avant-Pop, die nach eigenem Verständnis der Postmoderne voraus hat, dass sich ihre Adepten bewusst als Kinder der Massenmedien verstehen (»in einer mediagenen Realität aufwuchsen«). Motto: »Where the digerati meet the literati.« In Alt-X finden sich vor allem Artikel von Mark Amerika selbst, dazu eine Reihe »virtueller Drucke«, darunter Ronald Sukenicks Roman *Out*, und zwei kleine Sammlungen von Online-Literatur, *The Writerly Web* und *Digital Studies: Being in Cyberspace*.
http://www.altx.com/index2.html

The Landow Literature and Digital Culture Webs

Ein Web-Site einer Hypertexthochburg, der Englisch-Abteilung an der Brown-Universität in Providence, Rhode Island, wo einer der Cheftheoretiker des Hypertext forscht und lehrt, George P. Landow, Professor für Englisch und Digitalkultur. Zu seinen Seiten gehört eine mit dem Namen *cyberspace, hypertext, & critical theory*, auf der sich vorwiegend Arbeiten seiner Studenten finden, 70 000 Dokumente und Bilder.
http://landow.stg.brown.edu/cpace/cspaceov.html

Vannevar Bush: *As We May Think*

Der bahnbrechende Aufsatz des amerikanischen Ingenieurs, dem im Zweiten Weltkrieg die gesamte Militärtechnik der Vereinigten Staaten unterstand und der gleich nach dessen Schluss in Gestalt seiner »Gedächtniserweiterungsmaschine« Memex die Idee (nicht die Technik) des Hypertext erfand, so wie die Zeitschrift *The Atlantic Monthly* (Boston, Massachusetts) ihn im Juli 1945 druckte.
http://www.isg.sfu.ca/~duchier/misc/vbush/

Eastgate Systems, Inc.

Eine in Watertown, Massachusetts, beheimatete Firma, die sich »ernsten Hypertext« zur Aufgabe gemacht hat. Mit ihrem von Michael Joyce mitentwickelten Programm *Storyspace* bietet sie Autoren ein Schreibwerkzeug »für großen, komplexen, anspruchsvollen Hypertext«. Das Programm *Web Squirrel* dient der Verwaltung von Web- und eMail-Adressen und baut aus allen eine Karte zur Visualisierung des eigenen Hyperspace. Eastgate verlegt und verkauft auch Hypertext-Literatur (auf CDs) und Bücher über Hypertext.
http://www.eastgate.com/

EPC Electronic Poetry Center

Von der Staatsuniversität von New York in Buffalo zusammengestellt und weiterentwickelt, bietet EPC ein alphabetisch geordnetes, mit zahlreichen Links versehenes Verzeichnis von etwa 150 englischsprachigen Lyrikern – nicht nur Web-Dichtern, sondern auch anderen, »die für Web-Nutzer von besonderem Interesse sind«, dazu ein Textarchiv mit elektronischer Poesie, vor allem aus der hauseigenen elektronischen Literaturzeitschrift RIF/T.
http://wings.buffalo.edu/epc/

HTC hypertextual consciousness

Gedankensplitter des Avant-Pop-Autors Mark Amerika, in denen er über den neuen »narrativen Raum« reflektiert. Beispiel: »Der Cyborg-Erzähler verarbeitet und generiert rekombinante textuelle Stränge mithilfe mehrwertschaffender Link-Gesten und pseudobiografischer Schicklichkeiten.« Gerichtet ist das »hypertextuelle Bewusstsein« gegen »die rigidere, autoritäre Linearität von konventionellem buchgebundenem Text«. Textprobe: »Avant-Pop-Künstler scheißen auch auf eure gezinkte soziale Wirklichkeit. ›Es war einmal‹ interessiert uns nicht, ob es nun in der Vergangenheit spielt (historische Romane), der Gegenwart (zeitgenössische Klassiker) oder der Zukunft (Cyberschwindel). Wir verlieren uns lieber in den erlesenen Räumen von weitläufigem Sex und zeitlosen narrativen Katastrophen, der spannenden Zerstörung der Syntax und der Deregulierung des Schreibumfelds, sodass ihr euch nicht länger an das Bett kommerzieller Standardisierung gefesselt fühlen müsst.« Dargeboten wird HTC von der Scholarly Technology Group der Brown-Universität in Providence, Rhode Island.
http://landow.stg.brown.edu/111/htc/a-p.html

Hypertext Places

Etwas Nützliches für jeden, der sich mit Hypertext zu befassen beginnt: eine sehr übersichtliche Liste von Web-Adressen, die von Hypertext, Hyperfiction und Hypermedien handeln, etwa zu dem Pionieraufsatz von Vannevar Bush (s. dort), zu Ted Nelsons *Xanadu*-Projekt, das erstmal Bushs Idee auf den Computer übertrug (aber weitgehend Idee blieb), zu Verlagen wie Eastgate (s. dort) oder Voyager, die auf CD oder online Hyperfiction publizieren, zu Büchern und Aufsätzen über die Theorie und vor allem auch die Praxis von Hypertext, zu einigen richtungweisenden Beispielen für Hypertext und zu Sites über das World Wide Web und seine Sprache HTML selbst, natürlich alles auf Englisch. Zusammengestellt und aktuell gehalten wird das Verzeichnis vom Humanities Computing Center der Humanities-Fakultät an der McMaster-Universität in Hamilton, Ontario, Kanada.
http://cheiron.humanities.mcmaster.ca/~htp/

Heiko Idensen: *Hypertext als Utopie – Entwürfe postmoderner Schreibweisen und Kulturtechniken*

Dies war eine Art Essay (oder essayistische Collage), 1995 im Netz veröffentlicht, von dem Leiter des A.M.I.-Computerlabors an der Universität Hildesheim, mit Gedankensplittern zu der Revolution im Denken und

Schreiben, die Hypertext mit sich bringen soll. Er verschwand im Januar 2000 aus dem Internet. Vom gleichen »so genannten Autor« findet sich dort aber noch ein anderes Manifest aus dem Jahr 1996, »Poetry should be made by all: From hypertext utopias to cooperative net-projects«.
http://www.uni-hildesheim.de/ami/hyp-collaborative.html

Internet-Literaturwettbewerbe

Wer die Tiefen und Untiefen deutscher Versuche in Internetliteratur durchmessen möchte, sollte einige der insgesamt 607 Kurzbeiträge ansehen beziehungsweise durchlesen beziehungsweise anklicken, die zu den zunächst von der ZEIT und IBM veranstalteten drei Wettbewerben (1996, 1997, 1998) eingereicht wurden. Das gesamte Archiv der Wettbewerbe steht in der von Herrmann Rotermund eingerichteten Pegasus98-Domäne auf einem Server von Radio Bremen, das an dem 98er Wettbewerb beteiligt war.
www.pegasus98.de
Wenn dieser Server schwer erreichbar ist, finden sich Reste der Wettbewerbe auch auf dem Server der ZEIT:
http://www3.zeit.de/tag/kultur.html

Michael Joyce: *Twelve Blue*

So jung, nämlich 1996 entstanden, und schon sozusagen das klassische Werk der Internetliteratur, ist *Twelve Blue* dichte poetische Prosa *(»web fiction«)*, trotz der radikalen theoretischen Verlautbarungen seines Autors wenig radikal und konventioneller Literatur nicht fern: Es gibt längere (»lineare«) Abschnitte zu lesen als meist im Internet, und sie sind maßvoll und rein intern gelinkt, sodass sich das Ganze auf mehreren Routen durchqueren lässt. Leseprobe: »Alles kann gelesen werden, jede Oberfläche und jede Stille, ... jeder der zwölf blauen Ozeane und der Mond, jedes nirgendwo hinführende Link, jede Hoffnung und jedes Ende, jedes zufällige Zusammentreffen, der ferne Ruf des Seetauchers, vom Licht getroffen durch die hohen Zweige der blauen Kiefern ...« Michael Joyce, 1945 geboren, ist Englisch-Professor am Vassar College und schrieb 1987 mit *afternoon: a story* das erste ernstzunehmende Hypertext-Werk. Seine theoretischen Überlegungen zum Hypertext hat er zusammengefasst in dem Buch *Of two minds: hypertext pedagogy and poetics* (Ann Arbor [University of Michigan Press] 1995). *Twelve Blue* ist seine einzige frei zugängliche Hyperfiction. *Afternoon: a story* und Joyces neuesten Hypertext, *Twilight, a symphony*, gibt es auf CD von seinem Verlag Eastgate Systems (s. dort), nicht im Web.
http://www.eastgate.com/TwelveBlue/Twelve_Blue.html

David Kolb: *Socrates in the Labyrinth*

Reflexionen eines New Yorker Philosophen über lineares und nichtlineares Denken und Argumentieren, also über die Implikationen von Hypertext, als ein Hypertext. Verlegt bei Eastgate (s. dort) und nur auf CD erhältlich.
http://www.eastgate.com/catalog/Socrates.html

Pride and Prejudice

Jane Austens berühmtester Roman, von einem Bostoner Fan-Club (The Republic of Pemberley) kreuz und quer und runter und rauf verlinkt und so zu einem Hypertext dekonstruiert.
http://www.pemberley.com/janeinfo/pridprej.html

Die Säulen von Llacaan

Die Säulen von Llacaan, gestartet und gemanagt von Roger Nelke, ist das bekannteste und wohl auch langlebigste Beispiel für Kollektivliteratur im Internet: Zwischen 1997 und 1999 hat ein Schock Autoren an einer Fantasy-Welt gebastelt. »Erlaubt ist alles.« Jeder durfte an jeder Stelle nach Belieben weiterschreiben. Es entstand ein nichtlinearer Cluster von etwa 160 Kurztexten.
http://www.textbox.de/

Softmoderne

Eine von Hilmar Schmundt in Berlin organisierte Initiative zur Diskussion von Internetliteratur und ihren Implikationen. Sie hat bis 1997 dreimal ein Festival mit Vorträgen und Diskussionen veranstaltet sowie ein Online-Magazin veröffentlicht, die *Elektro-Briefe*. Sie richten sich skeptisch gleichermaßen gegen »das Cyblabla von den Globalen Dörfern an einem und vom Kulturverfall [durch Computerliteratur] am anderen Ufer«. Seit 1997 scheint auf den Webseiten der *Softmoderne* nichts hinzugekommen zu sein.
http://www.icf.de/softmoderne/

Xanadu

Ted Nelson (geboren 1937, heute Dozent an der Keio-Universität in Japan), der als seinen Beruf selber »Designer, Generalist, Querdenker« angibt, griff um 1960 die Memex-Idee von Vannevar Bush (s. dort) auf und übertrug sie auf den Computer. Für durch Links verbundene Texte prägte er 1965 den Begriff »Hypertext«. Seit den 70er Jahren arbeitet er an der konzeptuellen und praktischen Umsetzung der Hypertext- und Hypermedien-Idee, be-

schrieben in seinem Buch *Dream Machines* (1974). Sein großes Software-Projekt – inzwischen mehr ein Traum – heißt Xanadu (benannt nach einem mythischen Ort der Kreativität in einem Gedicht von Coleridge). Xanadu soll Hypermedien zu einem weltweiten »Dokuversum« verschmelzen. Als 1988 die Firma Autodesk Xanadu übernahm, schien es seiner Realisierung nähergekommen; 1991 ließ sie es fallen. Seitdem leistet das World Wide Web manches von dem, was Xanadu leisten sollte, und Nelson ist damit beschäftigt, Xanadu für das Web und unter den Bedingungen des Web weiterzudenken. Im August 1999 hat Nelson den Source-Code von Xanadu veröffentlicht. Information über *Xanadu*:
http://xanadu.net/
Der *Xanadu*-Code steht bei:
http://udanax.com/
Nelsons Homepage:
http://www.sfc.keio.ac.jp/~ted

Elektronische Fachzeitschriften (eJournals)

arXiv.org E-Print archive

Ursprünglich (1991) eine Privatinitiative des Physikers Paul Ginsparg an den Los Alamos National Laboratories, um Preprints ihn erreichender Forschungsberichte elektronisch und damit schnell an Kollegen zu verteilen, weitete es sich seither aus, vor allem nachdem es 1994 auch die ideelle und finanzielle Unterstützung der American Physical Society erhielt, und ist heute eine unverzichtbare zentrale Datenbank für die gesamte Forschungsliteratur der Physik, mit 200 neuen Beiträgen im Monat und über 120 000 Zugriffen pro Werktag.
http://arxiv.org/
Deutscher Spiegel bei Universität Augsburg: http://de.arxiv.org/

ECO Electronic Collections Online

Ein 1996 eingerichteter Service des Online Computer Library Center OCLC (s. Linkliste: Opacs) für seine 30 000 Mitgliedsbibliotheken in den USA und 65 Ländern der Welt: ein Archiv von nahezu 1800 elektronischen Fachzeitschriften im Volltext, einzeln oder in ihrer Gesamtheit automatisch durchsuchbar.
http://www.oclc.org/oclc/menu/eco.htm

EMIS The European Mathematical Information Service

Der elektronische Informationsstand der Europäischen Mathematischen Gesellschaft, unter anderem mit *The Electronic Library of Mathematics*, die Anfang 2000 38 mathematische Fachzeitschriften im Volltext bot.
http://www.emis.de/journals/index.html

EZB Elektronische Zeitschriftenbibliothek

Die Universitätsbibliothek Regensburg ist in eine Bresche gesprungen und sammelt, mit Unterstützung des bayerischen Kultusministeriums, systematisch elektronische Volltextzeitschriften (das heißt Links, die direkt zu ihnen führen), die sie unter einer einheitlichen, absolut schmucklosen, aber außerordentlich leicht zu bedienenden Benutzeroberfläche verwaltet. Nebenbei ist so das vollständigste Verzeichnis von eJournals entstanden, das sich heute irgendwo im Web finden lässt, nachdem einige amerikanische Verzeichnisse aufgegeben zu haben scheinen. Anfang 2000 enthielt es 8350 Titel. Zu jedem gibt es frei zugänglich bibliografische Daten, sehr oft auch Inhaltsverzeichnisse (TOCs, Table of Contents) und Abstracts. Ein knappes Drittel der Zeitschriften ist im Volltext für jedermann frei zugänglich. Zu den übrigen erhalten nur jene (inzwischen über 50) deutschen Hochschul- und Institutsbibliotheken Zugang, die die betreffenden Zeitschriften abonniert haben und ihre eigenen Benutzungshinweise integrieren können. Durch ihre Teilnahme an der EBZ können sie sich den Aufwand einer eigenen elektronischen Bestandserschließung für diese Zeitschriften sparen. 3000 Titelzugriffe täglich beweisen den Erfolg des Pilotprojekts.
http://www.bibliothek.uni-regensburg.de/ezeit/

Hyperjournal

Gut aufgeräumte »Diskussionsliste« zur Theorie und Praxis von eJournals, mit Aufsätzen und Verzeichnissen, u. a. zu den *Directories of Electronic Journals*, über die man u. a. zu John Labovitz' seit 1993 geführtem E-zine-Verzeichnis findet. Insgesamt erweisen sich diese Verzeichnisse allerdings als etwas mager. Über die beiden Links unter dem pompösen Namen *The World Wide-Web Virtual Library: Electronic Journals* findet man zu keiner einzigen Zeitschrift, sondern bestenfalls zu vier Bagels-Cafés in Arizona. Von der Wirtschaftswissenschaftlichen Abteilung der Washington University in St. Louis, Missouri.
http://wuecon.wustl.edu/hyperjrn/contents.htm

JEP the Journal of Electronic Publishing

Das Thema dieses seit Anfang 1995 von der University of Michigan Press herausgegebenen eJournals ist das elektronische Publizieren selbst, und zwar seine allgemeineren Aspekte. Es versteht sich als eine Kreuzung zwischen Fachzeitschrift und Magazin, wendet sich also nicht nur an die Kollegen vom Fach.

http://www.press.umich.edu/jep/

JSTOR Journal Storage

In allen Bibliotheken wird es immer enger. Bis zu 25 Prozent des Magazinplatzes nehmen alte Zeitschriftenjahrgänge in Anspruch. Um das Magazinierungsproblem zu mildern, wurden in den Vereinigten Staaten auf Initiative von William G. Bowen, dem Präsidenten der Andrew-W.-Mellon-Stiftung, vorerst 117 (mindestens drei bis fünf Jahre zurückliegende) vielfrequentierte wissenschaftliche Zeitschriften aus fünfzehn Fachrichtungen vollständig digitalisiert, und zwar als Image-Seiten und automatisch in Text konvertiert, sodass sie – ein begrüßenswerter Nebeneffekt – erstmals im Volltext durchsuchbar wurden. Sie werden in einem zentralen New Yorker Archiv zur Verfügung gehalten, und zahlende Teilnahmebibliotheken (in den USA Anfang 2000: 519) haben freien Zugang zu dem gesamten Bestand. 81 ausländische Bibliotheken nehmen an JSTOR teil, in Deutschland nur die Bayerische Staatsbibliothek München. Hierzulande gibt es noch nichts dergleichen, wird es aber eines Tages geben müssen.

http://www.jstor.org/

New Horizons in Adult Education

Die erste, 1987 gegründete rein elektronische Fachzeitschrift der Welt hat bis 1996 bestanden; sie wurde ihren Abonnenten von einem Listserver als eMail zugeschickt. Man kann sie heute noch nachlesen in dem elektronischen Zeitschriftenarchiv einer Arbeitsgemeinschaft von 13 Universitätsbibliotheken im amerikanischen Mittelwesten (CIC Committee on Institutional Cooperation/Electronic Journals Collection):

http://ejournals.cic.net/journals/n/newhorizons/

Postmodern Culture

Frei zugängliche, rein elektronische Zeitschrift, 1990 gegründet, seit Anfang 1997 von der Johns Hopkins University Press verlegt, für postmoderne kulturtheoretische Quasi-Texte.

http://jefferson.village.virginia.edu/pmc/

PSYCOLOQUY

1990 von Psychologieprofessor und Zeitschriftenherausgeber Steven Harnad (damals an der Universität Princeton, heute in Southampton) gegründetes, »referiertes« und frei zugängliches eJournal für Psychologie und Neurowissenschaften. Die neue WWW-Version entsteht im Multimedia Lab der Universität Southampton.

www.cogsci.soton.ac.uk/psycoloquy/

Bibliografie

Die computerisierte Bibliothek

Baker, Nicholson: »Discards«. *The New Yorker* (New York), April 4, 1994, S. 64–86

Berry, John W.: »Digital Libraries: New Initiatives with Worldwide Implications«. *IFLA Journal*, München (International Federation of Library Associations and Institutions), 22 (1), February 1996, S. 9–17

Bierman, Kenneth John: »Costs of Electronic Information«. In: Allen Kent (Hg.): *Encyclopedia of Library and Information Science*. New York (Dekker) 1994, Band 54, Supplement 17, S. 122–143

Birkerts, Sven: *The Gutenberg Elegies: The Fate of Reading in an Electronic Age*. New York (Fawcett Columbine) 1995. Deutsch: *Die Gutenbergelegien*. Frankfurt/M. (S.Fischer) 1997

Brazda, Monika: »Retrokonversion des Zentralkataloges NRW« (1997). Im Web: www.hbz-nrw.de/hbz/proj/retrozk.htm

Eversberg, Bernhard: »Zur Ordnung und Codierung der Umlautbuchstaben«. *Bibliotheksdienst* (Berlin), 4, 1998, S. 724–735

Eversberg, Bernhard: »Was sind und was sollen Bibliothekarische Datenformate?« *Veröffentlichungen der Universitätsbibliothek Braunschweig*, Heft 9, 1999 (3. Auflage). Im Web: www.biblio-tu-bs.de/allegro/formate/

Heinisch, Christian: »Visionen: CyberLib – die Bibliothek der virtuellen Realität«. *cogito* (Darmstadt), 4, Juli–August 1993, S. 44–48

Helstien, Brian A.: »Libraries: once and future«. *The Electronic Library* (Oxford), 13 (3), June 1995, S. 203–207

Information als Rohstoff für Innovation: Programm der Bundesregierung 1996–2000. Drucksache der Bundesregierung, Bonn 1996

Jochum, Uwe / Gerhard Wagner: »Cyberscience oder vom Nutzen und Nachteil der neuen Informationstechnologie für die Wissenschaft«. *Zeitschrift für Bibliothekswesen und Bibliographie* (Frankfurt/M.), 43 (6), November–Dezember 1996, S. 579–593. Auch in: *Am Ende das Buch – Semiotische und soziale Aspekte des Internet*, Konstanz (Universitätsverlag Konstanz) 1998, S. 139–159. Im Web: home.T-Online.de/home/Vittorio.Klostermann/ jochu_02.htm

Kuhlen, Rainer: »Wie real sind virtuelle Bibliotheken und virtuelle Bücher?« In: Josef Herget (Hg.): *Neue Dimensionen in der Informationsverarbeitung – Proceedings des 1. Konstanzer Informationswissenschaftlichen Kolloquiums*. Konstanz (Universitätsverlag) 1993, S. 41–57

Noam, Eli M.: »Visions of the Media Age: Taming the Information Monster«. Paper presented at the Third Annual Colloquium, Alfred Herrhausen Society for International Dialogue, June 16/17, 1995, Frankfurt/M., Typoskript

Oßwald, Achim: »Die virtuelle Bibliothek: Konzeptionelle Grundlagen und praktischer Nutzen«. In: Martina Reich (Hg.): *Spezialbibliotheken auf dem Weg zur virtuellen Bibliothek?* Karlsruhe (ASpB) 1995, S. 105–119

Rusch-Feja, Diann: »Informationsvermittlung, Informationsretrieval und Informationsqualität im Internet«. *Zeitschrift für Bibliothekswesen und Bibliographie* (Frankfurt/M.), 43 (4), Juli–August 1996, S. 329–360

Schlitt, Gerhard: »Veränderungen im Publikationswesen und ihre Auswirkungen auf die wissenschaftlichen Bibliotheken«. In: Peter Vodosek / Askan Blum / Wolfram Henning / Hellmut Vogler (Hg.): *Bibliothek – Kultur – Information*. München (Saur) 1993, S. 151–160

Steele, Colin: »The digital library: dos, don'ts and developments«. *The Electronic Library* (Oxford), 13 (5), 1995, S. 435–437

Wellisch, Hans H.: *Indexing from A to Z*. New York (Wilson) 1991

Information als Landplage

Carey, Jane M. / Charles J. Kacmar: »The impact of communication mode on ... member satisfaction«. *Computers in Human Behavior* (New York), 13 (1), January 1997, S. 23–49

Enzensberger, Hans Magnus: »Das digitale Evangelium«. *Der Spiegel* (Hamburg), 2, 10. Januar 2000, S. 92–101

Kraut, Robert E. / Michael Patterson / Vicki Lundmark / Sara Kiesler / Tridas Mukopadhyay / William Scherlis: »Internet Paradox: A Social Technology that Reduces Social Involvement and Psychological Well-Being?«. *American Psychologist* (Washington, DC), 53 (9), September 1998, S. 1017–1031

Kraut, Robert E.: »Social impact of the Internet: What Does It Mean?«

Communications of the ACM (Association for Computing Machinery, New York), 41 (12), 1998, S. 21–22

Kroker, Arthur / Michael A. Weinstein: *Datenmüll: die Theorie der virtuellen Klasse*. Wien (Passagen) 1997

Lewis, David: »Dying for Information?«. London (Reuters Business Information) 1996. Im Web: www.bizinfo.reuters.com/overload.html

Noam, Eli M.: »Visions of the Media Age: Taming the Information Monster«. Paper presented at the Third Annual Colloquium, Alfred Herrhausen Society for International Dialogue, June 16/17, 1995, Frankfurt/M. Typoskript

Weil, Michelle M. / Larry D. Rosen: *TechnoStress: Coping With Technology @work @home @play*. New York (Wiley) 1997. Deutsch: *Verflixte Technik!? – So* überwinden *Sie den täglichen Stress mit Computer, Videorecorder & Co*. Landsberg (mvg) 1998

Shenk, David: *Data Smog: Surviving the Information Glut*. San Francisco, CA (HarperEdge) 1997. Deutsch: *Datenmüll und Infosmog – Wege aus der Informationsflut*. München (Lichtenberg) 1998

UNDP Entwicklungsprogramm der Vereinten Nationen: *Bericht über die menschliche Entwicklung 1999*. Bonn (Deutsche Gesellschaft für die Vereinten Nationen) 1999

eBooks

Bill's Vision: Microsoft Researcher Bill Hill explains how electronic books can radically transform society by making books available anytime, anywhere. Microsoft Corporation (Redmond, WA), July 7, 1999. Im Web: www.microsoft.com/typography/links/News.asp?NID=816

E Ink – Website: www.eink.com/index.htm

Fidler, Roger F.: »Newspapers in 2020: Paper vs. Digital Delivery and Display Media«. *Future of Print Media Journal* (Kent, Ohio), January 21, 2000. Im Web: www.futureprint.kent.edu/articles/fidler04.htm

Gibbs, Wayt W.: »The Reinvention of Paper«. *Scientific American* (New York), September 1999. Im Web: http://orion.deusto.es/~abaitua/konzeptu/nlp/gyrcon1.htm

Gyricon Electronic Paper – Webseite: www.parc.xerox.com/dhl/projects/epaper/

Howard, M. E. / E. A. Richley / R. Sprague / N[icholas] K. Sheridon: »Gyricon Electric Paper«, Xerox PARC (Palo Alto, CA) 1998. Im Web: www.sid.org/sid98/data/37_02.pdf

Jacobson, J. / B. Comiskey / C. Turner / J. Albert / P. Tsao: »The last book«. *IBM Systems Journal* (Yorktown Heights, NY), 36 (3), 1997. Im Web: www.research.ibm.com/journal/sj/363/jacobson.html

Lapuente, Chema: »Empieza la fabricación de papel electrónico en serie". *El País* (Madrid), 17 de junio, 1999. Im Web: http://orion.deusto.es/~abaitua/konzeptu/nlp/gyrcon9.htm

Open eBook Initiative – Website: www.openebook.org/

Williams, David J. (Kodak, Rochester, New York): »Organic Light Emitting Diodes (OLEDs): The Display Technology of the Future?« *Electronic Engineering.com*, February 2, 2000. Im Web: www.electronicengineering.com/content/homepage/

eText

Bonn, Maria S.: »Building A Digital Library: The Stories of the Making of America« (1999). Im Web: www.umdl.umich.edu/mbonn-saunders.html

colorado digitization project: guidelines and standards (1999) Website: coloradodigital.coalliance.org/

Curtin, Dennis: *The Foundation of Digital Imaging.* Im Web: www.shortcourses.com/book01/contents.htm

A Gentle Introduction to SGML – Website: http://etext.virginia.edu/bin/tei-docs?DIV1&id=SG

Kaiser, Reinhard: *Mein elektronischer Schreibtisch – Ein Lockbuch für alle, die aus ihrem Computer mehr machen wollen, als die Schreibmaschine immer schon war.* Frankfurt/M. (Eichborn.Berlin) 1999

Schönherr, Hartmut / Paul Tiedemann: *Internet für Germanisten – Eine praxisorientierte Einführung.* Darmstadt (primus) 1999

Simon-Ritz, Frank (Hg.): *Germanistik im Internet: Eine Orientierungshilfe.* Berlin (Deutsches Bibliotheksinstitut) 1998

TEI (Text Encoding Initiative) – Website: www.tei-c.org

Hypertext oder Absage ans Lineare

Aarseth, Espen J.: *Cybertext: Perspectives on Ergodic Literature*. Baltimore, MD (Johns Hopkins University Press) 1997

Barth, John: »The State of the Art«. *WQ The Wilson Quarterly* (Washington, DC), 20 (2), Spring 1996, S. 36, 45

Bush, Vannevar: »As We May Think«. *The Atlantic Monthly* (Boston, MA), July 1945. Im Web: www.isg.sfu.ca/~duchier/misc/vbush/

Coover, Robert: »Hyperfiction: Novels for the Computer«. *New York Times Book Review*, August 29, 1993, S. 1, 2, 5

Idensen, Heiko: »Hypertext als Utopie – Entwürfe postmoderner Schreibweisen und Kulturtechniken«. 1995. Im Web: www.uni-kassel.de/interfiction/projekte/pp/utopie.htm

Landow, George P.: *Hypertext 2.0: The Convergence of Contemporary Critical Theory and Technology*. Baltimore, MD (Johns Hopkins University Press) 1993, 1997

Negroponte, Nicholas: *being digital*. New York (Vintage Books) 1995. Deutsch: *Total digital*. München (Bertelsmann) 1995

Nelson, Ted (Theodor H.): *Computer Lib / Dream Machines*. Selbstverlag 1974, Redmond, WA (Microsoft) 1987. Auch: »Hypertext Paradigm«. Im Web: http://hoshi.cic.sfu.ca/~guay/Paradigm/Hypertext.html

Nielsen, Jakob: *Hypertext and Hypermedia*. Boston (Academic Press) 1990, [2]1993

Nielsen//NetRatings – Website: www.nielsen-netratings.com

Olsen, Lance: »Deathmetal Technomutant Morphing« (1994). Im Web: www.altx.com/interzones2/tonguing/morphing.html

Olsen, Lance: »Freelance & Reverend Amerika Splice the Avant-Pop Gene« (1995). Im Web: www.uidaho.edu/~lolsen/AP.html

eNzyklopädien

Bradbury, Malcolm: »No more shelf life? Can the Encyclopedia Britannica survive in the computer age?« *Sunday Times* (London), May 25, 1995, S. C12

Britannica CD 2000 Standard (englisch), ca. 46 USD (Encyclopædia Britannica)

Britannica DVD 2000 (englisch), ca. 64 USD (Encyclopædia Britannica)

Britannica Online – Website: www.britannica.com/

Der Brockhaus multimedial 2000 (deutsch), 1 CD, 99 DM (BI/Brockhaus)

Der Brockhaus multimedial 2000 premium (deutsch), 3 CDs, 179 DM (BI/Brockhaus)

Compton's Encyclopedia 2000 Standard (englisch), 1 CD, ca. 20 USD (Compton's)

Encarta 2000 (deutsch), 1 CD, 110 DM (Microsoft)

Encarta 2000 (englisch), 1 CD, ca. 25 USD (Microsoft)

Encarta 2000 Deluxe (englisch), 3 CDs oder DVD, ca. 57 USD (Microsoft)

Encarta 2000 Plus (deutsch), 3 CDs, 180 DM (Microsoft)

Farrell, Stephen: »Encyclopaedias online spell death of the salesman«. *The Times* (London), January 13, 1998, S. 10

Gaw, Jonathan: »In Web Gamble, Venerable Britannica Gives It Away«. *International Herald Tribune* (Paris), 20. 10. 1999, S. 1

Grolier Year 2000 Deluxe (englisch), 2 CDs (Grolier), ca. 50 USD

Melcher, Richard A.: »Dusting Off the *Britannica*«. *Business Week* (London), October 27, 1997, S. 80EU2

Samuels, Gary: »CD-ROM's first big victim«. *Forbes* (New York), 153 (5), February 28, 1994, S. 42–44

Wald, Matthew L.: »Library/CD-ROM Encyclopedias«. *New York Times*, February 26, 1998, S. G12

World Book Millenium 2000 (englisch), 3 CDs, ca. 100 USD (World Book/IBM)

Zeitschriften unterwegs von P nach E

Deutsche Forschungsgemeinschaft: »Neue Informations-Infrastrukturen für Forschung und Lehre«. *Zeitschrift für Bibliothekswesen und Bibliographie* (Frankfurt/M.), 43 (2), März–April 1996, S. 133–155

Die unendliche Bibliothek – Digitale Information in Wissenschaft, Verlag und Bibliothek / Börsenverein des Deutschen Buchhandels e.V., Die Deutsche Bibliothek, Bundesvereinigung Deutscher Bibliotheksverbände. Wiesbaden (Harrassowitz) 1996

Ginsparg, Paul: Vortrag auf UNESCO-Konferenz über „Scientists' View of Electronic Publishing and Issues Raised«, February 21, 1999. Im Web: http://arxiv.org/blurb/pg96unesco.html

Götze, Dietrich: »Die Rolle des Verlags«. In: *Die unendliche Bibliothek* ... 1996, S. 68–72. Im Web: ftp://ftp.ddb.de/pub/unendbib/goetze.txt

Grötschel, Martin / Joachim Lügger: »Wissenschaftliche Information und Kommunikation im Umbruch – Über das Internet zu neuen wissenschaftlichen Informationsstrukturen«. *Forschung & Lehre* (Bonn), 1, 1996, S. 194–1988

Harnad, Steven: »Implementing peer review on the net: Scientific quality control in scholarly electronic journals«. In: R. P. Peek / G. B. Newby (Hg.): *The Electronic Frontier.* Cambridge, MA (MIT Press) 1996, S. 103–118. Auch in: Okerson / O'Donnell (Hg.): *Scholarly Journals at the Crossroads* ... 1995 [mit Diskussion]

Harnad, Steven: »On-line journals and financial fire walls«. *Nature* (London), 395, September 10, 1998, S. 127–128

Hitchcock, Steve / Leslie Carr / Wendy Hall: »A survey of STM online journals 1990–1995: the calm before the storm«. In: *Hyperjournal*, Washington University, St. Louis, MO, February 14, 1996. Im Web: http://wuecon.wustl.edu/hyperjrn/contents.htm

Kurzweil, Raymond: »The Future of Libraries«. *Library Journal* (New York), »Part 1: The Technology of the Book«, 117 (1), January 1992, S. 80, 82; »Part 2: The End of Books«, 117 (3), February 15, 1992, S. 140–141; »Part 3: The Virtual Library«, March 15, 1992, S. 63–64

Okerson, Ann / James O'Donnell (Hg.): *Scholarly Journals at the Crossroads: A Subversive Proposal for Electronic Publishing, An Internet Discussion about Scientific and Scholarly Journals and Their Future*. Washington, DC (Office of Scientific & Academic Publishing Association of Research Libraries) 1995

Romano, Frank J. Digital Media: *Publishing Technologies for the 21st Century*. Torrance, CA (Micro Publishing Press) 1996

Saur, Klaus G.: »Die Kosten der elektronischen Information«. In: *Die unendliche Bibliothek* ... 1996, S. 92–101

Software-Lokalisierung

Abramson, Dean: »Globalization of Windows«. *BYTE Magazine*, November 1994

Bowne Global Solutions – Website: www.bowneglobal.com

Haddon, Bruce K: »Software Internationalization Engineering: A presentation made to the Computer Science Colloquium, University Colorado at Boulder, on 1st May, 1997«. Im Web: http://redcape.com/i18n/htm

Kano, Nadine: *Developing International Software*. Redmond, WA (Microsoft Press) 1995

Translingua Language & Technology (Mendez) – Website: www.mendez.de.main_ger.htm

Uren, Emmanuel / Robert Howard / Tiziana Perinotti: *Software Internationalization and Localization: An Introduction*. New York (Van Nostrand Reinhold) 1993

Zeichensätze und Schriftsysteme

Babel – Zur Internationalisierung des Internets (ISOC Internet Society) – Website: www.isoc.org:8080/

Baukhage, Manon: »Jetzt fängt ganz China zu computern an!« *P. M.* (München), 9, 1988, S. 42–49

Becker, Joseph D.: »Multilingual Word Processing«. *Scientific American* (New York), July 1984, S. 82–93

Bemer, R. W.: »Letters: The ›Father of ASCII‹ Speaks«. *BYTE Magazine*, June 1990

Bemer, R. W.: »The American Standard Code for Information Interchange«. *Datamation* (New York), Part 1: 9 (8), August 1963, S. 32–36, Part 2: 9 (9), September 1963, S. 39–44

Campbell, Todd: »The F1rst E-Mail Message«. *preText magazine* (Seattle, Washington), March 1998. Im Web: www.pretext.com/mar98/features/story2.htm

Coulmas, Florian: *Writing Systems of the World*. Oxford (Blackwell) 1989

Coulmas, Florian: *The Blackwell Encyclopedia of Writing Systems*. Oxford (Blackwell) 1996

Czyborra, Roman: *The ISO 8859 Alphabet Soup* – Website: http://czyborra.com/charsets/iso8859.html

Huan, Jack K.T. / Timothy D. Huang: *An Introduction to Chinese, Japanese and Korean Computing*. Singapore (World Scientific) 1989

The Human Languages Page – Website: http://www.june29.com/HLP/

Kostis, Kosta: *ISO 8859–1 (Latin Alphabet No. 1)* – Website: www.kostis.net/charsets/iso8859.1.html

The Languages of the World by Computers and the Internet – Website: www.threeweb.ad.jp/logos

Mendelson, Sumner E.: »ASCII Code«. In: *Encyclopedia of Computer Science and Technology*. New York (Dekker) 1975, Vol. 2, S. 272–278

The Multilingual PC Directory – Website: www.knowledge.co.uk/xxx/mpcdir/book.htm

Pratley, Chris: »Taking Advantage of Office 2000«. *Multilingual Computing & Technology* (Sandpoint, ID), #26, Vol.10, Issue 4, 1999. Im Web: www.multilingual.com

Starr, Irene: »Typing Multilingual and Special Characters«. *Office of Information Technologies, University of Massachusetts Amherst*, Spring 1999. Im Web: http://www2.oit.umass.edu/publications/at_oit/spring99/ starr.html

Sweeney, Douglas: *The Jargon Lexicon*. Im Web: www.wins.uva.nl/~mes/jarg320.old/a/ASCII.html

Taddonio, Lee C.: »ASCII Code«. In: Allen Kent / James G. Williams / Rosalind Kent (Hg.): *Encyclopedia of Microcomputers*. New York (Dekker) 1988, Bd. 1, S. 369–375

The Unicode Consortium: *The Unicode Standard Version 2.0*. Reading, MA (Addison-Wesley) 1996. Website: www.unicode.org

Weiss, Richard: »Dragon Bones to Data Bases: The Digitization of the Chinese Language«. *POINT Whole Earth Review*, December 22, 1987
Woesler, Martin: »Programmierte Zeichen – Der Computer rettet die chinesische Schrift«. *Neue Zürcher Zeitung*, 3. Februar 1996, S. 70

@, der Klammeraffe

Adler, Michael H.: *The Writing Machine*. London (Allen & Unwin) 1973
Adler, Michael: *Antique Typewriters: From Creed to QWERTY*. Atglen, Pennsylvania (Schiffer) 1997
Adobe Systems: »The Ampersand«. Im Web: www.adobe.com/type/topics/theampersand/.html
Etheridge, H./Maxwell Crooks/Frederick Dawson: *The Dictionary of Typewriting*. London (Pitman) 1932
Herron, Scott: »A Natural History of the @ Sign«, 1997. Im Web: www.herodios.com/herron_tc/atsign.html
Kühnert, Hanno: »Woher kommt der Klammeraffe?«. *Die Zeit* (Hamburg), 11, 1997. Im Web: www.zeit.de/.../zeit-archiv/1997/11/klammera.txt.19970307.html. Aktualisierte Fassung vom 8.4.1999: www.passkreuz.de/klammeraffe.htm
Kunzmann, Robert Walter: *Hundert Jahre Schreibmaschinen im Büro – Geschichte des maschinellen Schreibens*. Rinteln (Merkur) 1979
Martin, Ernst: *Die Schreibmaschine und ihre Entwicklungsgeschichte*. Pappenheim (Meyer) 1923, 1949
Opaschowski, Horst W.: »Von der Generation X zur Generation @«. *Aus Politik und Zeitgeschichte* (Bonn), B 41/99, S. 10–16
Ullman, Berthold Louis: *Ancient Writing and Its Influence*. London (Longmans, Green) 1932, Nachdruck Cambridge, Massachusetts (MIT-Press) 1969

Informationsverluste

Behrens, Ulrich: »Das neue Battelle-Verfahren zur Buchkonservierung«. *Spektrum der Wissenschaft* (Heidelberg), September 1995, S. 103–105
Brederick, Karl: »Gefährdung, Restaurierung und Konservierung von Schriftgut«. *Spektrum der Wissenschaft* (Heidelberg), September 1995, S. 96–103
Bund-Länder-Arbeitsgruppe: *Papierzerfall – Bericht über Ursachen, Ausmaß, Wirkungen und Folgen des Papierzerfalls im Bibliotheks-, Archiv- und Verwal-*

tungsbereich sowie Gegenmaßnahmen und Empfehlungen. Berlin (Deutsches Bibliotheksinstitut) 1992

Cerutti, Herbert: »Von sterbenden Büchern und digitalen Verlockungen«. *unizürich Magazin*, 3, 1995. Im Web: www.unizh.ch/upd/magazin/3-95/magazin3-95-19.html

Commission on Preservation and Access (CPA) / Research Libraries Group (RLG): »Preserving Digital Information: Final Report and Recommendations« (1996). Im Web: www.rlg.org/ArchTF/

Ein Bild sagt mehr als tausend Bits. Rundbrief Fotografie (Göppingen), 11–13, 1997 (Homepage Stefan Wülfert, Bern; Rudolf Gschwind, Basel)

Keimer, Barbara: *Mikroverfilmung von Büchern als bestandserhaltende Maßnahme.* Berlin (Deutsches Bibliotheksinstitut) 1997

Liers, Joachim: »Die Erhaltung der Bestände ganzer Archive und Bibliotheken – Illusion oder Realität?«. *Dialog mit Bibliotheken* (Frankfurt/M.), 10 (2), 1998, S. 5–8

Pandaro Project – Website: http://pandora.nla.gov.au/pandora/bpm.html

Permanence, Care, and Handling of CDs. Kodak digital science. Im Web: www.kodak.com/US/digital/techInfo/permanence1.shtml

Pollmeier, Klaus: »Alles oder nichts: Haltbarkeit und Informationsgehalt analoger und digitaler Bilder«. *Rundbrief Fotografie*, Sonderheft 3, 1998, S. 21–26. Im Web: www.foto.unibas.ch/~rundbrief/les35.htm

Rothenberg, Jeff: »Die Konservierung digitaler Dokumente«. *Spektrum der Wissenschaft* (Heidelberg), September 1995, S. 66–71

Schüller, Dietrich: »Behandlung, Lagerung und Konservierung von Audio- und Videoträgern«. *Das audioviduelle Archiv* (Wien), 31–32, 1992 (September 1993), S. 21–62

Stille, Alexander: »Overload: There's just no way to save all the information of the information age«. *The New Yorker*, March 8, 1999, S. 38–44

Unesco-Programm *Memory of the World* – Website: www.unesco.org/webworld/mdm/index.html

Wächter, Wolfgang: »Strategien für die Konservierung und Restaurierung von Schriftgut«. *Spektrum der Wissenschaft* (Heidelberg), September 1995, S. 105–107

Wächter, Wolfgang/Joachim Liers/Ernst Becker: »Der Einsatz von Maschinen zur Papierspaltung – Ein traditionell handwerklicher Prozeß wird industrialisiert«. *Restauro* (München), 7, 1996, S. 464–467

Urheberrecht

Breede, Werner E.: »Copyright + Telematik – Zum Grünbuch der Europäischen Gemeinschaften«. *cogito* (Darmstadt), 5, 1996, S. 5–8

»The Digital Millennium Copyright Act of 1998«. Copyright Office, The Library of Congress, Washington, DC, Pub. L. No. 105–304, 112 Stat. 2860 (October 28, 1998)

Dreier, Thomas: »International Protection of Copyright and Neighboring Rights«. Gutachten für die Friedrich-Ebert-Stiftung, ca. 1997/98. Im Web: www.ipa-uie.org/copyright/copyright_pub/dreier.html

Grötschel, Martin / Joachim Lügger: »Wissenschaftliche Information und Kommunikation im Umbruch – Über das Internet zu neuen wissenschaftlichen Informationsstrukturen«. *Forschung & Lehre* (Bonn), 1, 1996, S. 194–1988

Heker, Harald: »Rechtsfragen des Elektronischen Publizierens«. Vortrag Universitätsbibliothek Bielefeld, 32.1.1996. Im Web: www.ub.uni-bielefeld.de/aktuell/kongress/vortraeg/heker.htm

Juristisches Internetprojekt Saarbrücken – Website: www.jura.uni-sb.de/urheberrecht

Koeve, Dieter: »Urheberrecht im Internet«. Vortrag *Internet World* München, 6. Mai 1997. Im Web: www.raekoeve.de/Urheb.htm

Müller, Harald: »Europäische Entwicklung im Urheberrecht für digitale Medien«. *mb Mitteilungsblatt der Bibliotheken in Niedersachsen und Sachsen-Anhalt*, 111/112, Mai 1999, S. 5–17

Negroponte, Nicholas: *being digital*. New York (Vintage Books) 1995. Deutsch: *Total digital*. München (Bertelsmann) 1995

Netlaw Library (Institut für Informations-, Telekommunikations- und Medienrecht – Zivilrechtliche Abteilung, Universität Münster) – Website: www.jura.uni-muenster.de/netlaw/

O'Mahoney, Benedict (San Mateo, California): *The Copyright Website*: www.benedict.com

Peters, Klaus: »Rechtsfragen der Bestandserhaltung durch Digitalisierung«. *Bibliotheksdienst* (Berlin), 32 (11), 1998, S. 1949–1955

Strong, William A.: »Copyright in a Time of Change«. JEP the Journal of Electronic Publishing, 4 (3), March 1999. Im Web: www.press.umich.edu/jep/04-03/strong.html

Wendel, A. Dominik: »Urheberrechte im Internet«, 18. Dezember 1998. Im Web: www.ra-dr-d-wendel.de/parts/download/inturh.txt

Register

Fette Seitenzahlen verweisen auf Hauptstellen

Denis Guedj

Das Theorem des Papageis
Roman

592 Seiten, gebunden

Mit diesem Papagei können Sie rechnen! Zahlenwerk und geometrische Rätsel entfalten sich in der Erzählung zu einem funkelnden Historienbogen, den man mit Spannung verfolgt und aufblickend bemerkt, dass man plötzlich die großartigsten Dinge verstanden hat. »Guedj erzählt gut: Flüssig und klar, in einfachen Tönen und durchschaubaren Sätzen entwickelt er eine charmant-versponnene Detektivgeschichte mit phantasievollen Bildern und überraschenden Wendungen.« *Die Welt*

Wolf Schneider

Am Puls des Planeten
Expeditionen, Zeitreisen, Kulturgeschichten

304 Seiten, gebunden

Diese Sammlung von achtzehn Reportagen, die der Sachbuchautor und Journalist Wolf Schneider für die Zeitschrift GEO geschrieben hat, beschreibt unprätentiös und präzise gleichermaßen kleine menschliche Dramen wie bedeutende Epochen und Entwicklungen der Weltgeschichte. Es sind klarsichtige Reportagen, hinter deren nüchterner Erzählart extrem genaue Recherche und virtuoses Wissen stehen: über Orte des Schreckens wie Srebrenica; über Europa unter kaltem Nebel im Jahre 1000; über Triumphe, Tragödien und Naturgewalten.